北京西山八大水院

崇文·北京记忆丛书

王雪莲 编著 摄影

中国人民大学出版社
·北京·

本书为北京市哲学社会科学规划项目
"北京城市记忆"（项目编号：15JDZHD028）成果

中国人民大学人文北京研究中心（北京市人文北京研究基地）
组织编写

总　序

记忆，是最稀松平常的东西，在广泛意义上，所有生命体每时每刻都在产生记忆并留存下来影响存在，不管是有意还是本能，可以说生命活在记忆中。记忆，又是最意味深长的东西，对于人而言，它是一切认知和行为的基础，每一点滴的常识、情感、经验和智慧都离不开它的支持，所以，亚里士多德说记忆是灵魂的一部分。和记忆相伴的是遗忘，同样不管是有意还是本能，它总在发生。把该记的记住该忘的忘掉，是人类一直以来的愿望和追求。

大约百年前，有学者提出了集体记忆，后来逐步演化出国家记忆、城市记忆、乡村记忆等概念。比如城市，它是人群及其必需的自然、物质、社会等条件的合成，每一个城市如同一个生命体，有血脉、代谢、欲望和性格，也自然会有记忆和遗忘。这是一种特定的集体记忆，寄附于特定的时间和空间，由城市所有的人和物造就，有建筑、景物，有文字、图片，有习俗、风尚。与个体相比，集体记忆更需要人为建构，由于其记忆系统和影响因素极为复杂，故而记忆和遗忘的控制愈加艰难。

就说北京吧，纵着看，三千多年建城史，悠久绵长，八百多年数代都会，历经更迭；横着看，方正大气，精英荟萃，帝都气象。北京有多少记忆没人说得清，历代的版图、建筑、文献、艺术、习俗和传说遍布京城天地之间，各处缝隙，造就了北京独一无二的古今面貌与气质，融化在一代代北京人的性情中。在郁达夫笔下，北京"典丽堂皇，幽闲清妙"，是"五六百年来文化所聚萃""一年四季无一月不好"的地方；在老舍心中，北京好过欧洲历史都城伦敦、巴黎、罗马、君士坦丁堡的任何一处，北京的"每一小的事件中有个我，我的每一思念中有个北平"。

然而，北京也在自觉或不自觉中恣意遗忘。远的不说，明清以来的皇城古建已所剩无几，胡同、四合院、茶馆、庙会等北京符号黯然褪色，不少传统习俗和特质也渐渐有形无核，有腔无韵了。在现代化的滚滚车轮中，北京的变化

1

之快让人喝彩，也让人感叹。著名古建筑学家罗哲文先生说，如果这一片古城可以存留至今，那将是世界上唯一得以完整保留，规模最宏伟、气势最磅礴的历史文化名城，就连今日之巴黎、罗马也难以企及。这个"如果"包含了多深的遗憾！洪烛先生将所著《北京的前世今生》一书前言命题为"找不着北京"，文中连连用了二十多个"找不着了"叹息老北京的失去。网上一组北京老照片的题目是："看哭了所有北京土著的60张照片！"马路、报廊、百货店、理发摊，那些本是昔日北京平常的景象，为什么要哭？当然，只是因为它们已成为过往，成为曾经陪伴一代人的记忆。

在惋惜、怀旧之余，很多北京人想为挽留北京随时发生的失去做些什么。除了传统的收藏、研究、著述之外，"北京土著""皇城根儿""最爱大北京"等一批网站、微信公众号相继上线，点点滴滴地挖掘和留下北京的过往。"老北京拍记队"抢在胡同拆迁的推土机到来之前拍摄和考察，留下了上千条胡同的七十多万幅照片和数千万字的文字资料。他们想通过图像在网上建立一个胡同的完整世界，他们用业余时间耗心耗力耗财，执着地为北京建立一份"世俗档案"。

中国人民大学人文北京研究中心肩负北京人文研究与传承之使命，如何兼顾书斋耕耘与大众分享？如何集跨学科之力面向过去与未来？大家思虑斟酌后开始做一件"力虽不逮志有余"的事，建立"北京记忆"数字资源平台。我们将北京历史文化这个大至无边的宝藏分解为类别和专题，逐一追寻、解析、展示，并和网友互动，希望经年累月形成一个用图文声像述说北京的资源集，让散落于今夕各方的北京集体记忆多一种相对集中的承载和时空传播的可能。其中尤为耗费心力的是"前站后库"模式，即在专题展示和大众互动网页的后台建立一个尽可能丰富的数字资源库，搜集相关图书、档案、报纸等文献、图片及口述、调查记录资料，经过数字化、著录等加工，使之成为可检索、可关联的活资源。

于是，研究员们带领同样热爱北京历史文化的学生们，蹲图书馆档案馆，访知情知底人，走原址看现貌，盯住一个个专题穷追不舍，竭力网罗，细心推敲，最终各自形成一对成果：线上专题网页及资源汇集，线下纸版图书。与"北京记忆"数字资源平台相对，我们把线下图书总汇定名为"北京记忆丛书"，这套丛书因作者和专题不同可能风格有异，但可以肯定的是，每一本都力图还原一方真实，唤起一种记忆。

在这个过程中，研究员们最深的体会大概集中在两方面。一是被北京文化的浩瀚与厚重所震撼和感动，越来越醉心其中，乐此不疲，享受陶冶与意义感。台湾大学数位人文中心主任项洁教授曾问我这个项目的边界，我以为它无边无界，宽广与深厚无限，有北京就有记忆，人们可以寄情寄趣一直续写下去。二是为与北京发展并发的失忆而惋惜和焦虑，不但是建筑街区，还有很多文献记录、技艺传说、民俗文脉不知所向，几乎每一个专题都要面对资料缺失的困惑和历史空白点。上个月我们访问了京郊爨底下村，这个被称为"黄河以北地区保存最为完好的明清古民居建筑群"排列井然，错落有致，基本上保存了原貌，然而关于这个村的历史文化，村民大多语焉不详，我们几乎找不到稍早一点的图文资料了。村支书带着遗憾和焦急告诉我们，近些年虽然旅游红火，但是丢了不少祖宗的文化，赶快抢救一些传给后人才好！

怀揣着对北京的深深敬意，我们愿意和这位村支书以及钟爱北京文化的所有人一道寻找、抢救、积累和传承。

2017年5月

前　言

"层颠霄汉近，登眺不知劳。双阙晴霞绕，诸陵王气高。远峰悬落日，绝壑响春涛。剩有凌虚想，天风吹鬓毛。"这是出自《长安客话》中明人朱宗吉的登西山绝顶诗。北京大西山，属太行山山脉，历史地理定义为"神京右臂，太行山第八陉"，它像一只臂弯护卫着北京城，是北京城的重要生态源地和生态屏障，而"太行八陉"恰恰是晋、冀、豫地区穿越太行山的咽喉要道，西南通华北大平原，西北径上蒙古高原，东北连贯松辽平原与东部平原直趋海滨。一亿三千万年至七千万年前，大西山随着太行山的隆起而拥有了生命的能量，建构了华夏地理的走势，它是多种文化的交汇带和通连桥，注定要成为中华文明史重要的塑造者和见证者。

大西山涵盖范围宽广，历史文化底蕴深厚，深得历代帝王、文人墨客的青睐，学术上对大西山的研究领域颇为宽泛，有盲点空白，说法莫衷一是。《北京西山八大水院》，试图从北京城的起源发展入手，从都城的肇始代辽金时期的概况、民族的游猎习俗、政治制度和对北京园林的原始建设等视角出发，以宗教文明和中国园林发展史为大的环境背景，最终立足于大西山，来构建八大水院的文化脉络，探求水院的建造缘由和兴存始末。

"大西山"是一全新的人文历史概念，北京"十三五"规划纲要中明确提出北京文化中心建设的重点之一——西山文化带，八大水院正是构建在京西深厚的历史文化底蕴和特色鲜明的历史景观带基础之上。为有着西山情结的读者梳理一些基础的西山文化和相关的知识概念，是笔者谨尽的绵薄之力。希望借水院之题分享一些西山的历史和文化渊源，更希望得到专家的指正和更进一步考证，从而延展北京的历史文化。希望通过多元解读大西山的人文历史，进一步了解北京建城史3 000多年和建都史逾860年的辉煌。

王雪莲

2017年1月

北京西山

目 录

园林略揽

风物逸闻

|京西古道|

|寺庵茶棚|

八大水院

|清水院|

地理环境

西 山

神京右臂，太行山第八陉。

图经亦名小清凉。

王文恪公遨游西山诗：

百二河山势自西，芙蓉朵朵与天齐。

九重日上黄金阙，十里人行白玉堤。

陋洗辽金元殆尽，气凌韩赵魏皆低。

要当尽览全燕胜，绝顶同君一一跻。

又濠梁朱宗吉登西山绝顶诗：

层颠霄汉近，登眺不知劳。

双阙晴霞绕，诸陵王气高。

远峰悬落日，绝壑响春涛。

剩有凌虚想，天风吹鬓毛。

——明·蒋一葵《长安客话》

北京的地势和地貌

北京地处华北大平原西北隅，永定河与潮白河中下游。西倚太行山北端余脉，东北部伸入燕山腹地，属于燕山山脉，南望辽阔的华北大平原。东南距渤海145公里，长城在市境北部东西蜿蜒而过。

北京的地势西北高，东南低，故永定河、温榆河、潮白河等皆由西北向东南流。北京的西部、北部和东北部是山地，南部和东南是平原。北京市的土地面积16 410平方公里，其中山区面积10 072平方公里，约占全市总面积的61.4%；平原区面积6 338平方公里，约占全市总面积的38.6%。山地中以海拔200～1 500米的低、中山居多，约占山地面积的25%。最高峰是位处门头沟区西端的东灵山，其主峰海拔2 303米；其次是位处延庆区西北边界的海坨山，主峰海拔2 241米。平原地区大都在100米以下，尤以海拔在50米以下的地域最广。山地与平原之间过渡急剧，界线分明。

北京的地貌按照成因分为侵蚀构造地貌的山地，剥蚀构造地貌的丘陵、台地，以及堆积构造地貌的平原三种一级地貌类型。其中，山地分为海拔800米以上的中山带、海拔800米以下的低山带、山地沟谷河道三种类型；丘陵、台地相对高度低于200米；平原分为洪积扇、洪积冲积平原、洼地、决口扇及沙丘、平原河道五种类型。西部山区的中山带山体呈东北—西南走向的脉状分布，山顶有平缓台面，向下是陡峭山坡。北部山区的中山带山体多呈块状分散分布，山势陡峭，山顶起伏较大，尖状山峰多见。西部山区低山带在平面上呈条状，展布于中山带之间。北部山区低山带呈环状绕中山带分布。北京市的山地沟谷面积占山地面积的11%，山地沟谷河道是山区居住和生活的主要场所，又是交通道路必经之地，山间有许多险关要塞和交通孔道，以居庸关、古北口最为著名。西部山区的主沟谷河道多呈东北—西南向平行分布，北部山区的主沟谷河道多为东西走向，而次一级的沟谷河道均呈羽状向主沟谷河道两侧的山地发展。北京市的丘陵、台地，主要分布于房山区、昌平区、怀柔区以及延庆一带。顶部地面平缓，外侧与平原区接触有明显的转折线，常呈阶坎状。台地一般为隆起的基岩地块，上覆浅层黄土或红土，占地面积很少。北京平原区的主体是永定河、潮白河、温榆河、拒马河、沟河五大水系的洪积冲积扇，是主要农业区。

阳台山北部山峰

北京的小平原和西部山区

北京在华北大平原的北端，三面重山环绕，中间形成一个小平原，叫做"北京小平原"，是由永定河、潮白河、温榆河、拒马河、泃河等大小河流的洪积冲积扇拼连而成，并与华北大平原紧密相连。因为其西部、北部和东北部三面群山连绵，如屏如壁，势若海湾，所以又叫做"北京湾"。

北京的西部、北部和东北部是连绵起伏、重峦叠嶂的山地。西部属太行山之北端东麓，西北部别称军都山，北部和东北部属燕山山脉之西端南麓，多为低山、中山和丘陵。

北京西山，泛指北京城以西的山地，属太行山北端支脉。广义的北京西山包括房山区西部、丰台区西部、门头沟区、石景山区西北部、海淀区西北部及昌平区西南部的山地。狭义的北京西山是指距北京城较近的丰台区西部、门头沟区东部、石景山区西北部、海淀区西部的山地。大部分是低山丘陵，有少数是中山。地层主要是古生代和中生代的沉积岩，亦有中生代燕山运动形成的岩浆侵入体。北京西山人类活动历史悠久，房山区周口店龙骨山是六七十万年前"北京人"、十万年前"新洞人"和两万年前"山顶洞人"的故乡。门头沟东胡林是新石器时代早期"东胡林人"的故乡。自晋代以来直至明清，佛门僧徒不断地在这里修寺建刹，佛教文化极其昌盛，潭柘寺、戒台寺、云居寺、碧云寺、卧佛寺等都是名扬海内外的古刹。北京西山连绵起伏，重峦叠嶂，泉水喷涌，自金代金章宗辟西山八大水院始，历代皇家在西山或山麓地带辟建行宫别苑，清代建成了香山静宜园、玉泉山静明园、万寿山清漪园（现颐和园）等大型皇家园林。北京西山富于古迹，历史文化积淀极其丰厚辉煌。流出西山的永定河是北京的母亲河，与西山诸泉汇聚而成的玉泉水曾是北京城的主要水源。优越的地理位置和秀丽的自然风光，以"玉泉垂虹"和"西山晴雪"最负盛名，是著名的燕京八景之一。

北京的气候和物候

北京处于暖温带半湿润大陆性季风气候区，气候属于暖温带半湿润半干旱季风气候。主要特点是四季分明：春季干旱多风，夏季炎热多雨，秋季凉爽湿润，冬季寒冷干燥。春秋短，冬夏长。年平均气温平原地区为11～12℃，年降雨量600毫米左右，降雨季节分配不均，70%降雨量集中在7—9月，并多为暴雨。夏季盛行东南风，高温多雨；冬季盛行西北风，晴朗寒冷。

北京的气候近两三千年以来，处于温凉偏干时期，温度明显低于全新世温暖期。秦汉至隋唐时稍有上升，但以后又偏于下降。辽、金时进入较冷的"小冰期"，元代略有回升，清代初期最冷。降水量分布不均，造成丰水年的洪涝灾害和枯水年的旱灾，以后又加上地表原始植被受到自然和人为的破坏，使得水旱灾害及以永定河为主的河流改道频繁，成为北京地区古代都邑发展的重大阻碍。历代对以灅水（即永定河）为主的河流屡加治理，但收效甚微。

动植物的生态能够灵敏地反映季节和气候的变化规律，这种现象称为"物候"。北京四季的物候是：春季野草发青、冬小麦返青，日平均气温上升到3～6℃；牡丹花开、柳絮飞扬、榆钱散落，暮春日均温已升到20℃左右。从野草发青到柳絮飞扬，大致为3月至5月，两月有余。之后洋槐花盛开、小麦抽穗，是北京夏季，日均温上升至20～23℃；而蟋蟀始鸣、芦苇扬花、春玉米和谷子成熟，则是夏季告尽的物候，日均温由高峰26℃回降至21℃，早晚已有凉意。夏季大致为5月上旬至9月初，历时三个多月。棉花吐絮，板栗成熟，是北京秋季开始的生态标志，日均温回降至18℃。待初霜已现，洋槐、桑树之叶变黄，大雁南飞、蟋蟀止鸣时，秋季已告终了。从9月初至10月下旬，秋季仅50天上下。之后日均温继续下降至6℃，夜间已有薄冰出现，冬季到来。从10月下旬至翌年3月初，长冬达四个半月。

5

海淀区的地理环境和山峰

海淀区位于京城西北，地处上风上水，兼有山地、平原，地形西高东低。西部山区统称西山，大部分是低山丘陵，有少数是中山。聂各庄、北安河一带，山势巍峨陡峭，海拔较高。最高峰阳台山主峰海拔1278米，南部诸山海拔为200～600米。西山东部为向东微倾斜的平原，属华北平原的西北边缘。以百望山为界，山南称山前，山北称山后。山前平原为永定河洪积冲积扇，山后平原为南沙河、南口洪积冲积扇，平原海拔35～50米。

海淀区历史上湖、泉众多，河流交错，是金中都、元大都重要地表水源地。至明清两代，玉泉水系成为北京城唯一的地表水源地。丰沛的水源为京都供水、漕运、灌溉之用，对经济、园林、环境起了巨大作用。

海淀区西部山区按山体走向和山脊海拔高程差异以北安河乡寨口沟北东向断层为界，可分为两个部分。

其一，从聂各庄乡北部区界到北安河乡寨口沟称大西山，山体总的走向近于南北向，区境内长约9公里，宽2～3公里。海拔高程以北安河乡西部阳台山为中心，向南向北递减，主体山脊海拔一般为600～1200米。从聂各庄乡北到北安河乡以西海拔为300～600米，山体巍峨，基岩裸露，土层较薄，植被稀少。在平缓的山顶和山坡土层较厚，植被生长茂盛。

其二，北安河乡寨口沟以东山区部分，山体主山脊海拔高程为200～600米，称小西山。植被生长茂盛，山势平缓。山体主山脊从北安河乡寨口沟到白家疃村南，走向为南东；再向东到百望山，山脊走向转为近于东西向。从寨口沟到百望山，长度约13公里，宽2～3公里。山体北坡较缓，山沟较平直；山体南坡较陡。在白家疃村南，主山脊有一分支延向香山、八大处一带，其走向近于南北向，长7～8公里。

海淀区西部山峦起伏，有大小山峰60多座，其中海拔600米以上的18座。整个山势呈南北走向，仅黄道岭处向东稍有延伸至百望山，呈东西走向。

聂各庄、北安河乡西侧一带，山势巍峨，山坡陡峭。温泉、冷泉、韩家川以南及香山、青龙山一带，山势低缓，属低山丘陵，一般海拔200～600米。平原山丘有玉泉山、万寿山、田村山等。

妙峰山　位于门头沟区东北部与昌平区交界处，主峰海拔1 291米。顶部较平缓，东侧陡峭，山脊呈东北—西南走向。山峰挺秀，松柏苍翠，风景优美，多有古刹名寺，尤以金代栖隐寺称名。金章宗辟建西山八大水院，有仰山院在山之东南麓。清末至民国间，山上的碧霞元君庙（俗称娘娘顶）香火极盛。每年农历四月初一开山，至二十八结束，届时环畿三百里间，四方辐辏，奔走络绎，方轨叠迹，日夜不止。沿途茶棚酒肆，张灯结彩，以待行人稍息，故妙峰山庙会名扬幽燕大地。该山盛产玫瑰花，特别是东南坡的涧沟以"玫瑰谷"著称。

香山　在海淀区西侧，海拔571米。山顶有二巨石状如香炉，因名香炉峰，简称香山。其峰顶陡峭，登者望而却步，故俗名"鬼见愁"。辽代已见香山之名，有辽末自立为帝的耶律淳永安陵。金代将香山寺和安集寺合而为大永安寺，香山寺为金章宗的行宫，八大水院之潭水院，曾有章宗的会景楼、祭星台。清康熙、乾隆年间对永安寺进行大规模扩建，成为著名的皇家园林"三山五园"之一的静宜园。附近有健锐营八旗分驻，民国间辟为香山公园，官僚军阀大修宅园别业，并设香山慈幼院。1948年中共中央由西柏坡迁北平，暂住香山双清别墅。山上植被良好，秋天霜叶红于花，成为京都著名景观，游人颇众。碧云寺在其北。

玉泉山　在颐和园西，山呈南北向，长约1 300米，东西最宽处450米。主峰海拔100米，相对高度50米。山多涌泉，泉水晶莹如玉，故名玉泉山。最大的一组泉眼在西南麓，名玉泉，有"天下第一泉"之称。旧日泉水从石穴中喷涌，水柱高达尺许，"玉泉垂虹"或"玉泉趵突"是燕京八景之一。玉泉之水潴为西湖（今昆明湖前身），成为金元明清时期北京城的主要水源，元代开专渠引玉泉水入大都城皇宫，名为金水河。金章宗在此山建有行宫，清代辟建为皇家园林静明园，为"三山五园"之一。山上旧多寺庙，三座宝塔成为颐和园重要借景。

阳台山　亦作旸台山，俗称大阳山、阳山，历史上又称云峰山、妙高峰。位于海淀区西北部与门头沟区交界处，最高峰海拔1 278米。山势高耸，顶部平广如台，故名。植被良好，环境优美，历史上多寺庙，以辽建大觉寺最著名，为金章宗清水院。东坡有鹫峰，是京郊名峰。北有凤凰岭、观石山。清至民国间，妙峰山娘娘庙香火盛时，赴山进香之道多经该山，有中道、中北道、北道三路。

凤凰岭　在海淀区聂各庄台头村西，海拔239米。凤凰岭多奇峰怪石以及神泉流水，花树茂盛，水景秀丽，有"小黄山"之称。有龙泉寺、白塔水库、水帘洞、观景台、金龙潭、上方寺、玲珑塔、甘洌泉等景点多处。黄普院位于凤凰岭南线进香老北道上，是金章宗的八大水院之一"圣水院"。还有桃园杏海、银碎玉、深秋红叶、白玉倒悬等著名景物和人文景观等。凤凰岭山岭北部于昌平西南流村镇与阳坊镇交界处有尖山咀，古称观石山，海拔684米。山地千仞奇峰，怪石嶙峋，千姿百态，故有观石山之名。阳坊镇旧称贯市，即因观石山得名。金章宗曾游此山，镌"驻跸"字，故又名驻跸山。驻跸山有"神山拱佑""神岭千峰"题刻，故又称神山、神岭峰。

追古溯源

历史沿脉

幽燕自昔称雄。左环沧海，右拥太行，南襟河济，北枕居庸。苏秦所谓天府百二之国，杜牧所谓王不得不可为王之地。又云：燕蓟内跨中原，外控朔漠，真天下都会。

——清·孙承泽《天府广记》

北京城的历史沿革

远在史前时期，北京小平原气候温和，水甘土厚，林木茂密，自然环境十分优越，适合古人类的生存、演进，以及渔猎畜牧农林各业的发展。

北京原始聚落的发展，早在周朝以前就已经开始了。公元前11世纪西周初年，周武王克殷灭商，周王朝在这里先后分封了两个诸侯国——蓟与燕，北京地区城市发展的历史由此开始，蓟国的都城"蓟"，是北京地区最早出现的城市。燕国的分封略晚于蓟国，都城是燕。由于燕国势力强于蓟国，故而燕国很快灭掉蓟国，并放弃了原来的都城，而将自己的国都改设在蓟城，北京地区遂出现了以一座中心城市为主的格局。

到了周朝末叶的春秋战国时期，燕国逐渐强大起来，崛起于北方，争霸中原，号称"七雄"之一，历时八百多年。当时已是人口密集、生产发展和交易频繁的北方诸侯领地中心，是"富冠海内"的著名都会。

蓟城发展初期，地理位置优越。建筑在北京小平原上，三面环山，正南面向平坦辽阔的华北大平原。西南一角，沿太行山的东麓，为南通华北大平原的唯一门户，蓟城正是出入这一门户的要冲；西北角的南口，经过口内的居庸关、八达岭，然后穿行一系列宽窄不等的山间盆地，可以径上蒙古高原；东北角的古北口，越过高低不同的丘陵和山地，是通向松辽平原的捷径。蓟城就为山后地区和广大平原之间南来北往所必经的地方枢纽。蓟城地区物产丰饶，是南北货物交流的中心，是汉族与东北少数民族互通有无的贸易中心，是北方各民族融汇之区，也是封建统治者经略东北的前方基地和兵家必争之地。

公元前221年，秦始皇统一中国，废分封，设郡县。蓟城作为东北方的重镇，为广阳郡郡治。经西汉、东汉四百余年，燕地蓟城虽然有时为封国都邑，有时为州郡治所，但一直是统一的中原王朝的北方政治、军事重镇，为汉族与北方少数民族之间经济、文化交流的汇合要津。

晚唐以后，东北许多少数民族先后崛起，连连叩打汉族的门户，首当其冲的就是蓟城。这时蓟城因为是幽州的治所，所以又叫幽州城，是汉族的一个重要的边防中心。由于唐朝的没落，其后五代时期，幽州及其附近地区，落入东北少数民族之一的契丹人手中。契丹兴起于今日西辽河上游西拉木伦河附近的山区，占据燕云十六州后，于公元937年升幽州为南京，又称燕京，建为陪都，为辽朝五京之一，并作为逐鹿中原的前进基地，这就是历史上和北宋对峙的辽。从此以后，北京就从一个华北平原的北方门户逐步发展起来，在中国封建社会的最后数百年间代替了前期长安城的地位，形成了全国最大的一个行政中心。

辽朝占据燕京100多年以后，兴起于松花江上的女真族崛起，于1115年建立了金朝，并代替辽而占据了幽州城，统治中国的北半部。公元1153年，金海陵王把都城从上京迁到了幽州城，改燕京为中都。这样，北京终于发展为一代王朝的正式首都。

公元1215年，蒙古骑兵突破了南口一带的天险，冲入了中都所在的小平原，杀进中都城，大肆抢掠、纵火焚烧，一代豪华的宫阙荡然无存。蒙古人在这里设置了"燕京路"，至1260年，成吉思汗的孙子忽必烈，从蒙古高原上的都城哈拉和林来到了燕京。1263年，改燕京为中都路，府号大兴。随着封建中央集权制的建设，政治的重心进一步南移，燕京已经开始成为事实上的首都。1266年12月，开始了大规模的中都修建工程，重凿金口，导卢沟河以漕运西山木石，加紧了迁都燕京的准备。1267年初，刘秉忠受命筑中都城，筑城工程正式开始，进展十分迅速。公元1271年，改国号为"元"，改中都为大都。1274年正月，大都城宫阙告成，忽必烈始御正殿，受百官朝贺。这就是通常所说的元大都，蒙古人称其为"汗八里"，也就是"大汗之城"的意思。1287年，筑城工程全部告成。1293年最后完成了从大都东连通州的通惠河。全部工程从1267年开始，历时26年，其规模之浩大罕有伦比。

公元1368年，朱元璋在南京称帝，建立明朝。这一年，大将徐达奉命北伐，元朝最后的一个皇帝弃城逃走。徐达胜利地进入大都城，将大都改称北平府。明朝永乐元年（1403年），燕王朱棣做了皇帝之后，决心把都城从南京迁到这里，后把北平府改名叫作北京，北京这个名称就是从这时开始的。永乐四年（1406年）起，开始营建北京宫殿，改造城池，一直到永乐十八年（1420年）全

部落成。次年，正式迁都北京。清军于公元1644年五月进入北京，建立起以满洲贵族为首的清代各民族的统一国家，仍定都北京。

历金、元、明、清，北京均为京师首都，进一步形成统一的多民族国家的政治中心和文化中心。直至辛亥革命之后，民国初年仍一度迁都于北京。北京的城市规模、建筑艺术、宫殿苑囿、坛庙寺观、园林名胜，以及丰富多彩的历史文化瑰宝和近代工业兴起后的一些市政管理设施等，大都是在长达近千年的建都时期内，先后出现并逐步发展起来的。

凤凰岭之春

北京城址的起源和变迁

古史传说中，黄帝有一些重要活动在"涿鹿"。涿鹿是山名，西汉涿鹿县城就在今河北涿鹿县一带，地近北京地区。文献记载中，北京还有"幽陵""幽都""幽州"之称。幽，是尽北之地，"幽州"指北方地区，而"都"是人们聚集的场所或城市的雏形城邑。

考古发现的城邑遗址多属于不同的史前文化，多位于发达文化的中心区，是部落联盟或酋邦的权力中心，是规模比较大的人类群体的聚落，而北京地区不是重大文化发展的核心地带，而是多文化互相穿插、交错、争夺的旋涡地带，可以说北京地区是多文化中的每一种文化的前线地带，不同文化在此交汇。今北京地区在夏、商时代尚未发现筑城的证据，西周初封蓟燕，城市发展的历史由此开始。

蓟国的都城"蓟"，是北京地区最早出现的城市，范围主要在今永定河以北。燕国的分封略晚于蓟国，范围主要在永定河以南的拒马河流域，都城是燕。燕灭蓟之后，放弃了原来的都城，将国都改设在蓟城，南面的城市衰落，而北面的城市蓟城不断发展壮大，很快成为北京地区唯一的中心城市。

北京处于华北平原的北端，华北平原上虽然河流众多，但河道大多很浅，而且善徙善淤，不利于行船。从南到北分布在太行山东麓一带，平原东部大多为湖沼洼地，开发比较缓慢，人口也较为稀少。因此，在古代华北地区居于主要地位的交通形式是陆路运输。它的主要交通线就是太行山东麓大道，华北平原最早的一批城市就是在这条大道上起源和发展的，"蓟"是最北端的城市，地饶物丰，天险地利，是边防重镇和沟通南北的交通枢纽。《吾学编》中记载："京师负重山，面平陆，地饶鱼盐谷马果蓏之利，又转漕东南。财货骈集，天险地利，足制诸胡。汴、洛、关中、江左皆不及也。"

车行大道，是古代陆路交通系统中的骨干，地区间的各类社会交往活动，主要通过这些大道得以完成。车行大道对古代城市的起源和成长，尤其是对城址的选定而言，是影响力最强的因素，沿这些大道所发现的遗址最多，遗物最丰富，反映了道路所经由地区的繁荣面貌。

大道交汇点是考察古代北京城原始城址选定的重要线索，在诸因素中，永定河上的古代渡口是最关键的一个因素。以今卢沟桥一带为代表的古代渡口，是平原地区跨越永定河最为适宜的地点，吸引了大小道路向这里延伸，向南一路是太行山东麓大道，西北一路直上蒙古高原，东北一路出古北口，穿越平缓的山地丘陵地带，通向松辽平原，此外，还有正东一路，横越小平原，沿燕山南麓直趋海滨。

永定河南北两方道路情况是不同的，其南方只有一条南北大道，而北方却有数条大道从渡口向不同的方向延伸。这一现象决定了大道的交汇处宜在永定河之北。但是永定河是一条流量很不稳定的河流，在夏季经常遇到洪水暴涨，泛滥无常，因此古人由南而北的大路在穿越永定河进入北京小平原之后，在距离渡口最近而又最不容易遭受洪水威胁的一个原始的居民点上，才开始分道扬镳，朝着不同的方向前进。这个古代大路分歧之处的居民点，便成为当时沟通南北交通的枢纽——蓟城。这就是蓟城城址最终确立的主要原因。

蓟城因地理位置优越，后人在同一地点反复修建城市，所以早期蓟城的遗址很难保存下来。而燕城因废弃之后再无任何人在这里建立大型城镇，故遗址得以保存至今，即房山董家林古城遗址，它是今北京范围内所见的最早的城市遗存。

自春秋战国以来，历东汉、北魏至唐，蓟城城址并无变化，都是位于今天北京城的西南部莲花池以东的地区，是在同一个原始聚落的基础上，依托着莲花池水系的供水，逐渐发展起来的。其后辽朝，虽以蓟之故城置为南京，但是并无迁移或改筑。只是到了金朝建为中都之后，才于东、西、南三面扩大了城址。元朝另选新址，放弃了莲花池水系上历代相沿的旧址，而在它的东北郊外选择新址，改筑大都。元大都的兴建，城址由莲花池水系转移到水量更丰沛的高粱河水系上来，为元大都宫苑给水提供了更为良好的条件，这标志着北京城址的转移，遂为今日北京内城的前身，在北京城市发展史上是一个极其重要的转折点。

北京的建都和城市建设

　　自公元前11世纪周王朝分封蓟燕，至秦始皇统一中国，废分封、设郡县，经西汉、东汉，燕地蓟城或为封国都邑，或为州郡治所，一直是统一的中原王朝的北方政治、军事重镇，以及汉族与北方少数民族之间经济、文化交流的汇合要津。自魏晋至隋唐、五代的七百多年当中，蓟城为幽州治所，汉族与北方少数民族之间的交往、矛盾和融合，日益增强了幽州蓟城的地位与作用，不断扩大它的影响，蓟城已经出现独自影响、左右中国北部乃至于钳制中原的政治功能。

　　辽契丹统治者在吞并燕云十六州后，在幽州城建立陪都，称为南京，又称燕京。辽南京城基本上还是承袭了唐代幽州城，只是把城墙重加修筑，并没有进行大规模的城市改造。但是隋唐以来普遍兴起的佛教，在辽代大为盛行，辽代统治者崇信佛教，到处兴建寺庙，南京城内也兴建了不少规模宏伟、造型精巧的寺庙殿塔。有些寺庙建筑历经数百年的战乱兵燹，依然保留至今。

　　公元12世纪初，兴起于东北松花江流域的女真族建国称帝，国号金，建都会宁府（今黑龙江省阿城市）。金灭辽和北宋后，势力范围扩大到淮水沿岸，在华北平原上的统治转入相对稳定状态。金海陵王完颜亮于公元1153年正式迁都燕京，改燕京为中都，北京正式成为皇都。从此，北京城在全国的地位发生了根本性的变化。金中都的建立，开启了北京作为全国政治、文化中心的历史，揭开了北京成为全国首都的序幕，历经金、元、明、清各朝至今，已逾860年。

　　金中都以辽燕京城为基础，参照北宋京都汴梁城的规制，进行了大规模的城市改造和扩建。中都城共三重，从内到外分为宫城、皇城和大城。在辽南京子城旧址上，大城城墙向东、西、南方向各展宽约三里[①]，大城周长37里有余。它的范围相当于北京市原宣武区西部的大半。东墙约在今四路通以北到麻线胡

[①] 因资料来源驳杂，为叙述方便，本书一律保留了引用资料中使用的旧制单位。

同、大沟沿一线；南墙在今凤凰嘴、万泉寺、三官庙、四路通一线；西墙则在由凤凰嘴至木楼村的延长线上；北墙变化不大，仍位于今白云观略北的位置。大城略成方形，每边各有三个城门（北城后增开一个城门），每门正面的一个城门特辟三个门洞。位于全城中央的内城是皇帝的宫城，皇帝的宫殿居于正中。宫城规模宏大，四周长9里30步。宫城内殿九重，楼台层叠，鳞次栉比。

皇城是在辽燕京宫室旧址上兴建的，雄伟壮丽，气势非凡。

金中都宫殿所用的建筑材料，多是从汴梁城拆卸而来。据说汴梁城里宋徽宗建"艮岳"的太湖石，也被劫运到中都；建城所需大批木材，除从山上砍伐外，还要从真定府（今河北正定）的潭园和东京汴梁拆来；城墙用土要从涿州挖运；城门楼顶使用灰瓦及琉璃瓦，大批砖、瓦，当时有官窑生产和民窑生产两种；墙壁用砖砌，顶架全是木结构；宫殿建筑极其奢靡，所有宫殿都用黄金

翠拥东脉

16

五彩加以修饰。金中都的建造，耗费大量人力、物力、财力，役使的民夫、工匠有80万之众，另有士兵40万。

金中都城内，除宫城和皇城外还有民居。中都城内西南、西北二隅，计四十二坊，东南、东北二隅，共二十坊。中都城内修建了很多寺院坛庙，城外也有很多著名的寺庙和帝王行乐场所。金世宗完颜雍在位期间，社会相对稳定，经济生产得到恢复和发展，百业兴旺。在国泰民安的形势下，大兴土木，营建皇家苑囿，修建山水宫苑式的离宫——太宁宫，营建琼华岛。太宁宫规模庞大，包括今北海、中海及其东西两岸的大部分地区。太宁宫围绕着太液池而建，池中坐落琼华三岛，池东西沿岸建有大量宫殿。

金章宗完颜璟统治时期，命名了著名的"燕京八景"：居庸叠翠、玉泉垂虹、太液秋风、琼岛春阴、蓟门飞雨、西山积雪、卢沟晓月、道陵夕照。"西山

八大水院"，即八处园林行宫，是金章宗修建的游宴之所。这八大水院现海淀区有六个：圣水院，为凤凰岭黄普院；香水院，为妙高峰法云寺；金水院，为阳台山金仙庵，又名金山寺；清水院，为阳台山下的大觉寺；潭水院，为香山公园的香山寺；泉水院，为玉泉山的芙蓉殿。石景山区有双水院，现为双泉村北的双泉寺。门头沟区有灵水院，现为门头沟仰山的栖隐寺。

中都作为金朝都城虽仅半个多世纪，但它却为元、明、清三个王朝建都北京奠定了基石，在北京古代城市发展史上，居于承上启下地位而备受重视。

金代皇帝

金章宗，是金代汉化程度较深的一位皇帝，也是一个非常喜爱山水的皇帝。他不仅仅满足于金代帝王传统的春水秋山的游猎活动，更是在中都近郊大兴土木，在北京的西山上，兴建了许多行官、寺院与园林，以满足自己随时亲近山水的需求。因此，可以说金章宗是北京西山风景名胜带的重要奠定者。

金朝概况

金朝，是由东北地区的女真族所建。女真人的祖先起源于黑水靺鞨，居住在黑龙江的中下游地区，以渔猎为生。唐朝时称为靺鞨，五代时有完颜部等部落，臣属于渤海国。公元10世纪前期，辽朝攻灭渤海国后，为了削弱女真族的实力，曾把女真族中汉化较深的一部分人迁徙到辽阳以南，编入辽的户籍之内，称作熟女真，而未被迁徙的，也就是留居粟末水（今松花江北流段）以北、宁江州（今吉林扶余县）以东的一支部落，则称作生女真。这样大约过了一个世纪，生女真逐渐从渔猎生活趋向定居，散居在今阿什河附近。这一带"土多林木，田宜麻谷"，女真人种植五谷，制造舟车，修盖屋宇，烧炭炼铁，社会生产力逐渐发达起来。最后完颜部的贵族集团统一了女真族的各个部落，开始了女真族的兴盛时期。

公元1113年，女真族的杰出酋长阿骨打继为完颜部的首领。当时辽朝统治者对女真族盘剥压榨，有加无已。契丹贵族的压榨和奴役迫使生女真的各个部落联合起来，纷纷归附完颜部阿骨打，对辽廷进行武装反抗。阿骨打率众秣马厉兵，经营农业，积蓄了雄厚的物质基础。公元1115年初，阿骨打正式建国称帝，国号为金，建都于会宁（今黑龙江阿城地区）。而后，女真族首领金太祖完颜阿骨打统一女真诸部，金朝和辽朝之间展开了争夺北方统治权的斗争。

金朝建国后，先与北宋定"海上之盟"向辽朝宣战，于公元1125年灭辽，后欺北宋软弱，撕毁与北宋之约，两次南下进攻中原，于公元1127年灭北宋。鼎盛时期的金朝统治疆域包括今天的中国淮河北部、秦岭东北大部分地区和俄罗斯联邦的远东地区，疆域辽阔，使南宋、西夏与漠北塔塔儿、克烈等部落臣服而称霸东亚。

金袭辽制，建五京，置十四总管府，是为十九路。辽朝契丹统治者于各族的居住中心地区设立京城，共有五京，即上京临潢府（为京师所在地，今内蒙古赤峰市林东镇）、东京辽阳府（今辽宁省辽阳市）、南京析津府（今北京市）、中京大定府（今内蒙古赤峰市宁城县）、西京大同府（今山西省大同市）。金海陵王迁都后，在辽五京的基础上逐渐形成金代的一都五京：中都大兴府（今北京）、上京会宁府（今黑龙江阿城南）、南京开封府（今河南省开封市）、东京辽阳府（今辽宁省辽阳市）、北京大定府（今内蒙古赤峰市宁城县）、西京大同府（今山西省大同市）。会宁府是金朝第一个都城，称"上京"，完颜阿骨打于公元1115年肇建；公元1153年海陵王完颜亮迁都大兴府，称"中都"；金朝第八位皇帝金宣宗完颜珣受蒙古帝国掠夺与威胁，于公元1214年宣布向南迁都至开封府，称"南京"。

金朝作为女真族所建的新兴征服王朝，其部落制度的性质浓厚。初期采取贵族合议的勃极烈制度，"又有国论勃极烈，或左右置，所谓国相也"。国相地位很高，是军事部落联盟首领的宰辅。这种制度在金建国后还保留，并进而与女真勃极烈制结合，构成皇帝以下中央统治机构的职称，即国相勃极烈。而后吸收辽朝与宋朝制度，逐渐走向集权的汉官制度，使金朝的政治机构得以精简而强大。

猛安谋克最初是一种军事编制。在氏族社会时期，出猎也就是生产，阿骨打常讲："我国中最乐无如打围。其行军布阵，大概出此。"出猎壮年、老弱都参加，年壮者为正兵，弱小的为阿里喜。其组织按什伍进位编制，有伍长（击柝的）、什长（执旗的）、谋克（百夫长）、猛安（千夫长）。猛安谋克最初是单纯出猎组织，后来为平时射猎、战时作战的组织，最后为常设的军事组织。它再进一步变革，便成为军政合一的地方组织了。

金朝建立之初，女真族尚为渔猎农耕的混合制度，而它所控制的汉地，农业经济早已高度发展。从金熙宗到金章宗的半个多世纪里，北方社会经济有一定程度的恢复和提升。东北地区社会经济比辽时发达，如冶铁业有明显进步。在金世宗与金章宗期间，原来使用奴隶生产的猛安谋克户也逐渐转化成地主，封建经济制度得到更大发展。表现土地占有关系转化的主要方面有限田、授田、征收赋税、区别平民和奴隶等，女真贵族借此扩大土地占有范围。

金朝在文化方面也逐渐趋向汉化，女真贵族改汉姓、着汉服的现象越来越普遍，朝廷屡禁不止。金初没有本族文字，金自制女真字，除用于官方往来文书外，还用于大量翻译汉文经史著作。在辽、宋先进文化的影响下，在很短的时间内，民众的文化素质、文学修养迅速提高。在文学艺术领域，涌现出了一批取得突出成就的汉人、渤海人、契丹人，在诗词歌赋、书法绘画方面女真人中也不乏成就卓著者。医学方面，金元四大家（刘宗素、张从正、李东垣、朱震亨）的学说对中医发展产生了重要的影响。数学方面，天元术的精进对后来元朝数学带来重要的影响。历法方面，《重修大明历》的修编显示了较高的成就，沿用了100年。

金世宗与金章宗时期，金朝政治文化达到最高峰，然而至章宗后期逐渐走下坡路。金军的战斗力持续下降，即使统治者施以丰厚兵饷也无法遏制下降趋势。女真族与汉族的关系也一直没有能够找到契合的道路。金帝完颜永济与金宣宗时期，金朝受到北方新兴大蒙古国的大举入侵，朝廷昏庸内斗，加之河北、山东一带民变不断，最终被迫南迁汴京（今河南开封）。而后为了恢复势力又与西夏、南宋交战，实力消耗殆尽。公元1234年，金朝历经十帝120年，在蒙古和南宋南北夹击之下灭亡。

开国皇帝完颜阿骨打

完颜阿骨打，是金朝的开国皇帝，庙号"金太祖"。出生于公元1068年，公元1115年建国称帝，至公元1123年8月病死，终年56岁，在位9年。年号收国、天辅。

阿骨打，是女真族杰出的领袖，也是一个很有作为的政治家和军事家。他的祖父乌古迺，系生女真首领。辽朝为了控制生女真，封乌古迺为生女真节度使。

生女真族建国前，尽受辽国统治者的残酷民族压迫，不仅要定期向辽廷进贡各种特产，如人参、貂皮、生金、名马、北珠、蜜蜡、麻布等等，而且要忍受辽廷派驻官吏对女真人的人身侮辱。辽天庆二年（1112年）春天，辽主春水在混同江（今松花江）凿冰钓鱼，举行头鱼宴。酒至半酣，辽天祚帝命来朝的各部首领依次跳舞，唯有阿骨打拒绝。天祚帝再三催促，阿骨打也不舞，天祚帝差点将其处死，阿骨打带着愤愤不平的心理回到了自己的部落。

辽天庆三年（1113年）10月，阿骨打继任完颜部落首领，决心抗辽。经过1年左右的准备，阿骨打于公元1114年9月，会合各部的射手2 500人，开始大举进击辽朝，率兵进攻宁江州，与渤海军相遇，辽兵溃败。11月，阿骨打率3 700兵马，在出河店大败辽兵，乘胜占领了宾州（今吉林农安东北）、咸州（今辽宁开原一带）等地。

公元1115年，阿骨打即皇帝位，建国号大金，改年号"收国"，建都会宁府（今黑龙江阿城南）。他说："辽以宾（又作镔，精炼的铁）铁为号，取其坚也。宾铁虽坚，终亦变坏，惟金不变不坏。金之色白，完颜部色尚白。"阿骨打所建立的金王朝，标志着女真族奴隶制社会的确立，同时也标志着它即将代替辽实行全面的统治，它的发展在东北历史乃至整个中国历史上占有重要的地位。

阿骨打确立了由新兴奴隶主贵族组成的领导机构，其施政方针是：在基本上不改易"旧俗"的情况下，依照本朝制度，以农为本，发展奴隶制。金建国后，通过一系列的改革，推进了社会的发展。作为国家形态的军事、政治制度，已经初步地建立起来。

首先废除原来的部落联盟长制度，把部落联盟的最高军事首领改称皇帝，确定了皇权统治；把都勃堇、国相、勃堇发展为中央统治的最高权力机构——勃极烈。这种变革实际上就是把氏族制时的古老的贵族议事机构改造为新的统治机构。勃极烈保留了古老议事制的一些痕迹，但实际上已经是辅佐皇帝的统治机构，是全国最高的行政管理中枢。

改猛安谋克为地方行政组织。猛安、谋克原是一种军事组织，其中猛安是部落单位，谋克是氏族单位，每一猛安包括8～10个谋克，他们是以血缘为纽带建立起来的。金太祖阿骨打继位后，把领兵的千夫长、百夫长改革为受封的地方领地、领户之长，这是对旧氏族制的一个重大改革。与此同时，猛安谋克已与地域性组织的村寨结合起来，这就最后以地缘代替了血缘的氏族组织。此外，还禁止同姓结婚；确定新的法制，实行"刑赎并行"的政策；注意优恤降者，招抚逃亡者，使其安居乐业。这些制度，对刚刚建立起来的金朝稳定统治秩序发挥了积极作用。

女真原来没有文字，与邻族交往借用契丹字。建立金朝后，阿骨打命欢都之子完颜希尹创造女真文字，完颜希尹依据由汉字改制的契丹字拼写女真语言。女真字颁布后，金国有了官方通用的文字，促进了女真与其他民族之间的文化交流。

在进行改革巩固金朝政权的过程中，金太祖阿骨打并没有放松对辽朝的进攻。收国元年（1115年）正月，金太祖刚一称帝建国，就亲自率领兵马向辽朝北边重镇黄龙府（今吉林省长春市农安县）进攻；第二年闰正月，在讨伐渤海人高永昌的过程中，乘机占领了东京全部州县。公元1117年金太祖加号"大圣皇帝"，改年号为"天辅"。当年金军攻占显州，乾、懿、徽、成、川、壕（均在辽宁省境内）等州相继投降。天辅四年（1120年）四月，金军攻下辽朝的上京临潢府，辽天祚帝逃往西京，金军胜利班师。这时，辽朝疆土已被金兵占领了一半以上。天辅五年（1121年）五月，辽都统耶律余睹投降，使金太祖进一步掌握辽朝国内情况，决定再度出兵夺取辽朝全部领土。十二月，金太祖命弟忽鲁勃极烈完颜杲为内外诸军都统，以完颜昱、完颜宗翰、完颜宗干、完颜宗望为副，统领金兵渡辽河西进攻辽。天辅六年（1122年）元月，金完颜杲攻下辽朝中京大定府、西京大同府和南京析津府，辽朝天祚帝被迫逃奔夹山。金太祖在宋军从南路的配合下，进入了辽都燕京，接受了百官朝贺，并命完颜斡鲁、完颜宗望继续追击逃往夹山的辽天祚帝。

天辅七年（1123年）八月，金太祖在返回上京的路上溘然长逝，其弟完颜晟即位，这就是金太宗。公元1125年，辽天祚帝在逃往西夏途中，为追兵所俘，辽朝统治终结。

迁都皇帝完颜亮

完颜亮，为金太祖完颜阿骨打庶长孙，金朝第四位皇帝，谥号"海陵王"。生于公元1122年，公元1150年即位，至公元1161年被乱箭射死，终年40岁。年号天德、贞元、正隆。

完颜亮在位12年，荒淫残暴、杀人无数，但严肃吏治，能够听取臣下的有益建议。迁都燕京之后，加强中央集权，进一步巩固了金王朝的统治。在金朝历史上，完颜亮是一位颇有作为的皇帝。

完颜亮靠政变夺取了皇位，为消除后顾之忧，大肆杀戮宗室贵族，通过残酷镇压大批女真贵族，逐步巩固了他的统治地位。同时，大封家族亲信，并大批任用汉人、契丹人、渤海人和奚人等，与其共同掌握大权，使金朝组成了一个多民族的最高统治集团。

金太祖、太宗时，行汉官制，目的是笼络和安抚降人。熙宗时，为加强皇权，削弱异己力量，改革旧制，仿辽、宋制度设三师、三公，以三省为最高决策机关，诸勃极烈对国事的决定权为三省所取代。完颜亮即位后，把金熙宗期间的三省六部制改为一省六部制。第一，弱化三师、三公作用，将其变为最高荣职，只给俸禄，不给权力，最终废掉了三师、三公兼领三省事制度。第二，实行一省制，在正隆元年（1156年），颁行正隆官制，废除中书省、门下省，只保留尚书省，直属于皇帝，作为中央政权最高执行机构。尚书省以左、右二司分掌六部，左司辖吏、户、礼三部，右司辖兵、刑、工三部，置郎中、员外郎各一员。第三，取消行台尚书省，使政令统一于朝廷。第四，废除元帅府，仿汉制改为枢密院，由朝廷任命枢密使、副枢密使，统管军事，以此来改变都元帅掌重兵，中央难以指挥的局面。海陵王通过对官制的改革，确立了一省六部制的中央官制，机构精简、效率倍增，各机构协同共事、互相制约，更加有利于君主集权。金朝的政治制度，经过这次改革后基本确定下来，海陵王以后的皇帝都再没有重大的变动。

在改革朝廷官制之后，完颜亮采纳多数大臣的意见，决定把金朝的都城由上京迁到燕京。当时有人依阴阳五行规划燕京宫室，完颜亮驳斥说：国家吉凶，在德不在地。如果皇帝不好，占卜善地，又有何用？随后，他任命右丞相张浩主持修建燕京城，三年完工。

贞元元年（1153年），金朝把都城迁到燕京，改燕京为中都，原析津府改名为大兴府，汴京改为南京，中京大定府改为北京。当时张浩修建的中都和金初期的都城上京相比要壮观得多：中都城，城凡三重，大城周长37里有余，中间一重为皇城，皇城之内又有宫城。迁都后还仿照宋朝制度，设立盛大的仪仗队。如公元1152年三月，完颜亮进入中都城的时候，乘玉辂（古代一种大车），服衮冕，仅黄麾仗（出行时的一种仪仗）人就达万余，骑四千余，共分八节，皇帝、皇太后、皇后等在第六节。完颜亮以盛大的仪仗队，浩浩荡荡地进入中都，彰显皇帝的权威。

完颜亮将都城由东北一隅迁入中原，这是改革中的一项重大举措，在金朝历史上具有深远影响，是女真族改革派同守旧派斗争的胜利，也是推进女真族汉化的决定性一步，为女真族全面封建化迈出了决定性的一步。

正隆六年（1161年）九月，完颜亮为了消灭南宋，统一江南，不顾群臣的反对率金兵分四路大举南下，对南宋发动全面进攻。十月初八，正当大军渡过淮水，进兵庐州（今安徽合肥市）的时候，东京留守发生了政变。

东京留守曹国公完颜雍，在女真族中很有声望，乘完颜亮南征中原空虚之际在东京（辽阳）称帝，这就是金世宗。完颜雍称帝后，当即下诏废黜完颜亮的帝位。十一月二日，完颜雍登位的消息传到前线，有南征将士从前线逃回去拥立完颜雍，加之有三路水军被宋军击败，军心动摇，军无斗志。

完颜雍政变后，完颜亮并没有北返，仍率金兵继续向南进军，直取扬州。十一月二十六日，完颜亮决心第二天集中兵力在瓜州渡长江取镇江，当时完颜亮下令说："军士如敢临阵逃脱，杀其将领；部队逃脱，杀其主帅。"为此，许多战士想伺机逃归北去。其中，浙西路都统耶律元宜与猛安唐括乌野商议说："新天子已立于东京，今当行大事，然后举军北还。"二人定计后，在第二天的拂晓，耶律元宜率领将士袭击御营。完颜亮听到帐外大乱，急取弓箭，刚取到弓箭便被乱箭射死。耶律元宜自为左将军副大部督事，派人到镇江与南宋议和后，班师北还。完颜亮死后，被世宗降谥为海陵王。

"小尧舜" 金世宗

完颜雍，金太祖完颜阿骨打之孙，金朝第五位皇帝，庙号"世宗"。生于公元1123年，公元1161年即位，至公元1189年病死，终年67岁，在位29年，年号大定。

在金朝历史上，完颜雍是一个比较开明、有作为的帝王。他即位后，内安百姓，外和邻敌，自身节俭，信用赏罚，注重农桑，使金朝安定富足，金世宗后有"小尧舜"的美誉，议者以为他有"汉文景风"。

完颜雍在东京（辽阳）称帝后，于大定元年（1161年）十二月到达燕京中都，夺取了金国中央政权，开启了金世宗一代帝业。世宗继续定都中都，继续走汉化道路，继承和维护熙宗以来改革的成果。同时，他定都中都，一方面是为了便于对汉地统治，另一方面也向南宋表明，他不再推行完颜亮的南侵政策，而要与南宋结好。

完颜雍即位后，金朝政局内忧外患，内有金朝贵族争权夺利，外有各族人民的起义。面临稳定政局的首要任务，完颜雍一反完颜亶和完颜亮滥杀宗室贵族反对派的做法，一开始就表示维护宗室贵族和对海陵王手下的高官采取宽容大度的政策，安抚、笼络女真宗室贵族；他不计前怨，重视用汉人、契丹人和渤海人等多民族执政，包括反对过他的人以及投降的人和非皇族的女真各部贵族，形成了一个多民族的统治核心，从而巩固了金朝的统治。

完颜雍的各项改革，首推吏治改革。他精于选贤，知人善任，坚持三条政策：一是任人唯贤、唯才，不重资历。他指出："用人之道，当自其壮年心力精强时用之，若拘以资格，则往往至于耆老，此不思之甚也。"按照这种思想，朝中任用了一些出身低微的小吏。二是官吏的升迁以政绩为标准，反对苟且因循。在他统治期间，出现了一批政治上有作为、正直清廉的官吏。三是官吏到了一定年龄，就应当辞官。他认为人到晚年，精力总是不足的，因此他规定朝中大臣"许六十致仕"，也就是允许六十岁辞去官职。他在吏治方面的改革除上述几点外，还有对官吏赏罚分明、中央和地方官经常交流等，都取得了良好的效果。

吏治改革，保证了金世宗在政治、经济等各方面改革的推进。

完颜雍时期的官制，以尚书令、左右丞相和平章政事为宰相官，左右丞、参知政事为执政官。宰相增员，可以分散宰相的权力，以集权于皇帝一人，也可以使更多的官员参与政事。在法制上，完颜雍主张择善而从。他认为旧的法律条文有不合适的地方，应当更改，唐朝、宋朝的法律有可用的才用。他说：制定法律条文，不要拘泥于照搬旧律，而且旧律中的一些条文还很难让人看懂。历史的法律，都是在不断地修订、补充。文化水平低的百姓，常因不懂法律而违法。如果对那些难懂的条文加以删改，让百姓一看就懂，那不是更好吗？根据这个指导思想，在大定年间，金法律经过修订更加完善了。

在经济上，完颜雍积极恢复发展农业生产，恤民救灾，减轻农民税赋，推行移民垦荒之策。为了与民休养生息、安定社会秩序，完颜雍采取放免税户、免奴为良的系列措施，增加农业人口，提高了社会生产的积极性。他还重视农桑、奖励垦荒，进一步开弛禁地，实行增产者奖、减产者罚等一系列措施，有效发展了农业和畜牧业。对于遭遇水旱灾害的地区，实行减免租税的办法，减轻民负，稳定生产。完颜雍本人又提倡节俭，注意兴修水利，鼓励民间发展手工业生产。从大定年间开始，金朝的经济得到了全面的恢复和发展，使世宗时期的社会出现了"户口殷繁充实""仓廪有余"的经济繁荣局面。

金世宗完颜雍在位时，重视人才培养和科举取士，在文化上延续金熙宗、海陵王以来的汉化政策。他本人熟读汉文典籍，治国理政皆尊奉儒家思想，崇尚"民本"，体察民情，爱惜民力。他反对全盘汉化，认为吸收过多的汉文化，会使女真族腐化堕落，丧失尚武本性，因此在大定十一年（1171年）以后，金世宗频频强调维护女真旧俗，掀起一场"女真文化复兴运动"。世宗还大力倡导人们学习和使用女真语、女真文，兴办女真学学，创立女真进士科，以及用女真大小字翻译儒家经典，复兴女真文化。

大定二十九年（1189年）一月，金世宗完颜雍病逝于中都宫中的福安殿，在灵柩前，遵其遗诏所定，由22岁的皇太孙完颜璟继承皇位，这就是金章宗。

极盛金朝金章宗

完颜璟，金世宗完颜雍之孙，金朝第六位皇帝。生于公元1168年，公元1189年一月，金世宗驾崩，完颜璟于同日在灵柩前继位，是为金章宗。至公元1208年病死，终年41岁，在位20年。年号明昌、承安、泰和。

一、女真封建化的最后完成

世宗时期，局部解放了奴隶。《金史·章宗纪》记载：章宗即位后于大定二十九年（1189年）二月，"诏宫籍监户旧系睿宗及大行皇帝、皇考之奴婢者，悉放为良"，"制诸饥民卖身已赎放为良，复与奴生男女，并听为良"。原寺院僧道控制的契丹奴婢也悉放为良，这是对女真奴隶的解放。明昌二年（1191年）二月，更定奴诱良人法，即废除奴隶制并以法律的形式禁止诱良为奴。

完颜璟先后制定了有关猛安谋克的一系列规定，限制女真特权。例如，规定猛安谋克镇边后放免者授官格、军前怠慢者罢世袭格、斗殴杀人遇赦免死者罢世袭格，更定镇防千户谋克放老入除格、承袭程式格等等。所有这些从表面看好像是在加强猛安谋克，实际上通过法制的规定，已削弱和罢除了猛安谋克的种种特权，并淘汰了一批平庸无能的猛安谋克，从而提高了猛安谋克的整体素质。

女真猛安谋克原靠占有围猎地习武，明昌三年（1192年），完颜璟规定猛安谋克只能在冬季率属户畋猎两次，每次不过十日。次年，他下令将行宫禁地和围猎场所尽与民耕种。还地于民、还地于耕，显然有利于封建农业经济的发展。

允许女真人与汉人通婚。明昌二年（1191年），完颜璟同意尚书省建议，认为女真猛安谋克屯田户与当地汉户"若令递相婚姻，实国家长久安宁之计"。泰和六年（1206年），他下诏准许屯田军户与驻地居民互相通婚。通过通婚的纽带，女真民族加速了与中原汉族的融合。

在废除契丹、女真奴隶制，推动社会由奴隶制向封建制转化上，金章宗是最后的完成者。

二、统一与完备各项制度，经济极盛

章宗继承大定盛世，在位期间尊崇孔儒、完备汉官制、完善科举制、健全礼乐制、祭祀先帝、修备法典，用法律形式，把世宗时政治、经济等方面的政策和措施固定下来，并继续推行。这些在完备汉制方面所进行的工作，是金代历史发展的总汇，对于巩固政权、安定社会、发展经济、维护统治阶级利益，都起到了很大的作用。《金史·章宗纪》记载："章宗在位二十年，承世宗治平日久，宇内小康，乃正礼乐，修刑法，定官制，典章文物粲然成一代治规。"这是金朝最为繁荣兴盛的时期，经济发达，人口增长，府库充实，天下富庶，史家称为"宇内小康"。

三、女真汉化，文化发展最高峰

章宗生长于金世宗执政的"大定之治"时期，是世宗生前指定和培养的继承人，自幼对祖父的文韬武略耳濡目染，对儒家文化融会贯通。登位后就在继行祖父"仁政"之治的同时，极力效法北魏孝文帝否定本族旧制的那种翻然改进式的全盘汉化改革，不再因循世宗的民族本位主义做法。

章宗喜书法、精绘画、知音律、擅诗词。他雅好汉族士人的书画作品，书法专学宋徽宗的瘦金体，笔迹酷似，以至后人难分彼此。清人徐釚《词苑丛谈》中甚至认为章宗"南唐李氏父子之流也"。元人燕南芝庵将其与历史上的唐玄宗、后唐庄宗、南唐后主、宋徽宗并称为"帝王知音者五人"。

他崇尚儒雅，国内一时名士层出不穷，执政的大臣大都有文采、学问可取，有能力的官吏和耿直的大臣都得到了任用，政治清明，文治灿然。

章宗是在金朝皇帝中汉化最彻底的一人，在位时"数问群臣汉宣综核名实、唐代考课之法，盖欲跨辽、宋而比迹于汉、唐，亦可谓有志于治者矣"（《金史·章宗纪》）。女真族的汉化也最终在章宗朝宣告完成。

四、军事危机，天灾不断，社会矛盾，盛而转衰

章宗时代，国内文化发展达到最高峰。但军事能力却日益降低，使属国纷

纷离异，并招引邻国侵略。

鞑靼是北方游牧民族部落之一，也是北方最强大的一族，长期保持着对金朝的臣属关系。但自明昌六年（1195年）至承安三年（1198年），不时侵扰金朝边境，破坏了地方人民的生产和安宁，也在军事上直接威胁着金朝政权。章宗采取攻防并举的战略，一面多次出师征讨，重创鞑靼；一面采取防御措施，增设招讨使加强边防，在临潢至泰州一线，开凿绵延九百里的界濠。据考古勘测，金界濠深三至四米，宽十余米，内侧还筑有墙堡，这是一项规模浩大的防御工事，有力地保障了北部边境的安全。

金章宗对南邻宋朝始终极力维护和平局面，遇南宋挑起战端，金朝予以反击。

虽南北两线的战争都以金朝全线获胜而告终，但大量的军费却使金朝财政入不敷出。此外，黄河泛滥等各种天灾相继出现，使国力开始衰退。章宗在位后期蒙古崛起，成为日后金国覆灭的隐患。

泰和八年（1208年）十一月，金章宗因患嗽疾，病死于福安章殿。按其遗诏，由世宗七子、章宗叔完颜永济即位，这就是卫绍王，亦称后废帝。

春水秋山

辽国尽有大漠，浸包长城之境，因宜为治。秋冬违寒，春夏避暑，随水草就畋渔，岁以为常。四时各有行在之所，谓之『捺钵』。

——元·脱脱等《辽史·营卫志》

四时捺钵

西辽河，是辽河的上游，也是辽河的最大支流，由南源老哈河与北源西拉木伦河汇合而成，贯穿内蒙古赤峰市南北。由西向东，河流水系范围恰好处于大兴安岭东南麓和燕山北麓的夹角地带，因此形成了一个完整的扇面形流域——西辽河流域。

这一流域历史上曾诞生过红山文化和夏家店文化等富有生机、极具创造力的优秀文化，是科考已知出现最早的华夏文明。这一地带属于欧亚大陆草原通道南缘东端，濒临北太平洋西岸。古代的西辽河地区处于连接中国南北和沟通世界东西的交通要冲，其多种经济并存、多种民族交融、多种文化荟萃，是我国古代文明起源的中心区域之一。

契丹祖先发源于西辽河流域。10世纪初，契丹人以西辽河一带为中心，建立起了草原帝国。辽代，这里是辽西松漠地带，草原植被繁茂、松柏参天，高山、平原、森林、草原、沙漠、湖沼相间，大河流过，环境面貌属于典型草原。夏季水草肥美、河水湍急，冬季寒风刺骨，春秋两个季节风沙漫天。契丹人生息于此，过着典型的游牧生活。《辽史·营卫志》描述："畜牧畋渔以食，皮毛以衣，转徙随时，车马为家。""广荐之中，毡庐数十，无垣墙沟表，至暮，则使人坐草，襄庐击柝。"宋苏辙《奉使契丹》之十五《虏帐》写道："虏帐冬住沙陀中，索羊织苇称行宫。从官星散依冢阜，毡庐窟室欺霜风。……礼成即日卷庐帐，钓鱼射鹅沧海东。秋山既罢复来此，往返岁岁如旋蓬。"随四季的变化迁徙，逐水草而居是契丹人在游牧和渔猎生活中养成的习俗，"秋冬违寒，春夏避暑"，"四时各有行在之所，谓之'捺钵'"，这些逐水草而形成的"行在所"（或叫行营），用契丹话说就叫"捺钵"。

"捺钵"是契丹语的译音，本义为行宫、行在、行营、行帐。捺钵制度是由契丹传统习俗发展而来的，指辽帝在一年之中所从事的与契丹游牧习俗相关的营地迁徙和游牧渔猎等活动。辽朝建立后，皇帝依然四时游猎，在游猎之地设置行营。辽朝捺钵制度将一年分为春水、秋山、纳凉、坐冬四个阶段，因此也称"四时捺钵"。

《辽史·游幸表》是关于辽代帝王游幸畋猎的记录，逐年记录了从太祖一直到天祚帝辽代各帝一年四季的行猎地与行猎方式。这些行猎地中位于西辽河流域的有潢水（西拉木伦河）、土河（老哈河）、长泊、广平淀、黑山、永安山、木叶山、马盂山等，它们或是茂林广草，或是长泊湖沼，辽帝王四季穿行于其中行猎，这时的西辽河流域不但奔跑着鹿、兔等草原动物，而且水中有鱼，水边有鹅，山中则是虎、熊的世界。

契丹人的游牧行在方式决定了其衣食住行以及信仰习俗，构成了契丹世代的生产方式和生活方式，即捺钵文化。契丹人在祭祀父祖时唱道："冬月时，向阳食，夏月时，向阴食；使我射猎时，多得猪鹿。"这就是对他们冬季就温、夏季就凉的生活习惯的自我描述。《辽史·营卫志》记载："长城以南，多雨多暑，其人耕稼以食，桑麻以衣，宫室以居，城郭以治。大漠之间，多寒多风，畜牧畋渔以食，皮毛以衣，转徙随时，车马为家。此天时地利所以限南北也。辽国尽有大漠，浸包长城之境，因宜为治。秋冬违寒，春夏避暑，随水草就畋渔，岁以为常。"辽西松漠地带，自然环境的多样性，使得契丹族一直保留着游牧、渔猎的生产生活方式。根据不同的季节与气候条件，选择自然环境相对"宜居"的地点安排经济生产与社会生活，促使契丹人选择了有利于发展的生产生活方式，即游猎畋渔的捺钵文化。

契丹"有事则以攻战为务，闲暇则以畋渔为生，无日不营，无在不卫；立国规模，莫重于此"（《辽史·营卫志》）。在游牧社会中，契丹人长期在平地松林一带游牧，娴习射猎，长于战斗，使契丹民族富于尚武精神和创造能力。契丹人进入幽燕地区以后，仍不废鞍马骑射，四时捺钵制一直保持不变，这与北方民族的尚武精神有关，捺钵活动更是契丹人练兵习武的重要方式。

到了辽代中晚期，捺钵已经引申成为国家政体的一种规制，契丹皇帝出行的行宫，成为政治活动的中心。皇帝出行，契丹大小官员、妃嫔侍从和部分汉官扈跸同行，长达数月；"捺钵"之际，也同时临朝听政、接见外国来使，或举办"头鹅宴""头鱼宴"等娱乐活动，规模盛大。皇帝一年四季都游走于捺钵地之间，政治事务基本都在捺钵地处理，冬、夏两季在捺钵地召开两次南北臣僚会议；皇帝"春水秋山"，辽属国、属部首领要到捺钵地朝见辽帝，皇帝以此安抚、控制、考察各属国或属部的政治内容。但两次议政会议后，大部分汉官返回中京居守，处理汉族事务。所以，辽朝政治活动中心不在五京，而在四时捺钵地。这是契丹建立辽朝之后的一项颇具民族特色和地域特色的政治制度。

契丹人进入中原以后，既没有放弃原有的游牧社会的组织结构，也没有照搬中原的政治体制，而是采取二元并存的政治体制，"以国制治契丹，以汉制待汉人"，设立的北、南枢密院是辽代最高行政机关。契丹有崇拜太阳的习俗，以左为尊，皇帝的宫帐坐西朝东，以其牙帐居大内帐殿之北、南，故以北、南面官称之。北、南面官分管契丹人和汉人："北面治宫帐、部族、属国之政，南面治汉人州县、租赋、军马之事。"这明确显示辽帝实行"一国两制"，不是由辽帝"自行统治"或"转委汉族大臣统治"，他们都在辽朝的统一管理之下"因俗而治"。辽五京的兴建和捺钵制度一样，是辽朝兼具"城国"和"行国"特色的国家体制的突出表现。它们都是辽国历史的重要组成和鲜明特征，更突出地体现了契丹人"因俗而治"国策之下的区域管理的原则，五京先后成为政治、经济、文化、军事的中心。

随着时间的推移和国家状态的发展，四时捺钵也不断动态变化，捺钵时间也在不断地被压缩，它原来所具有的紧凑性和连续性在一步步地消失，它越来越成为一种仅具象征性的仪式，到了辽晚期以后，逐渐变成"春水秋山"。

春水秋山

女真人灭辽后，建立金朝，继承了契丹捺钵遗俗，只是与契丹人以游牧为主的生活方式不同，女真人不仅狩猎还从事农耕生产，金代的捺钵没有那么明显的"四时"之分。春水即春猎之水，秋山即秋猎之山，因以春水秋山泛称所有春秋狩猎地点，后来遂成为春猎秋猎的代名词。

一、春水

光春宫外春水生，驾鹅飞下寒犹轻。绿衣探使一鞭信，春风写入鸣鞘声。
龙旗晓日迎天仗，小队长围圆月样。忽闻叠鼓一声飞，轻纹触破桃花浪。
内家最爱海东青，锦韝掣臂翻青冥。晴空一击雪花堕，连延十里风毛腥。
初得头鹅夸得隽，一骑星驰荐陵寝。欢声沸入万年觞，琼毛散上千官鬓。
不才无力答阳春，差作长杨侍从臣。闲与老农歌帝力，欢呼一曲太平人。

——赵秉文《春水行》

这首《春水行》是金代诗人赵秉文描写金代春水猎鹅（鹅雁、天鹅）的实录。金章宗于光春宫外春水，探使鸣鞘报鹅雁之行踪，卫士鸣锣击鼓，鹅雁惊起，左右卫骑举旗麾之，章宗亲纵海东青擒鹅，海东青像箭一样蹿向天空，只见空中羽毛乱飞，鹅雁纷纷坠地。受伤的鹅雁落到地上，守候的虞卒猎夫即将其擒获。捕得头鹅后荐享陵寝，群臣称觞致贺，将鹅毛插在头上欢娱庆祝。以头鹅献宗庙、祭祖先，以祈福盛世的做法，是世宗以后形成的定制。大定四年（1164年），世宗春水于安州，"获头鹅，遣使荐山陵，自是岁以为常"。其他各种规制也大都是世宗以后渐渐形成惯例的。到了章宗时，春水猎鹅的过程已经程式化了。海东青全称海东青鹘，是辽金元时期最受尊崇的一种猎鹰。它产于辽之东北境外五国部以东海上，故称"海东青"，亦称"海青""鹰鹘""吐鹘鹰"。海东青体小而矫健凶猛，疾飞如电，善于捕捉飞禽，"小而俊健，爪白者尤以为异"，是辽代女真人向契丹皇帝进献的重要贡品。女真人十分重视海东青的征集和驯养，有专门的驯鹰机构叫鹰坊。金代还形成了以海东青捕捉天鹅为图案标志的"春水之服"的定制。由此可见，金代春水活动在社会生活中的影响之大。

赵秉文的《扈从行》记录了扈从章宗春水的情形：

马翻翻，车辘辘，尘土难分真面目。

年年扈从春水行，裁染春山波漾绿。

绿鞯珠勒大羽箭，少年将军面如玉。

车中小妇听鸣鞭，遥认飞尘郎马足。

朝随鼓声起，暮逐旗尾宿，乐事从今相继躅。

圣皇岁岁万几暇，春水围鹅秋射鹿。

金代"春水"沿袭了辽代"春捺钵"，每年初春利用训练有素的海东青，在水泊之地捕捉鹅雁。这是皇帝带领宗室成员、后妃、群臣及随从参加的大型狩猎活动和仪式。诗中说的"春水围鹅"，是指在春水围场中围猎鹅雁，故凡是春水之地都有一个以湖泊为主体的围场。金代春水的主要活动是捕猎鹅雁，辽代春水实即以捕鹅雁为主要内容，捕鹅雁之外，还有"钩鱼"。金春水与辽春捺钵的不同之处在于，春水的活动全以捕鹅雁为中心，而没有"钩鱼"内容。

金朝初期的捺钵制度化，始于熙宗天眷二年（1139年），"是冬，金主宣谕其政省：自今四时游猎，春水秋山，冬夏捺钵，并循辽人故事"。但捺钵之制并不规范。金熙宗时每年春水的起始时间，或始于正月，或始于二月，或始于三月；春水结束的时间更是各不相同，早则三月，晚则八月。而世宗以后的情况截然不同，世宗和章宗两朝的历次春水几乎都在正月至二月间，唯一的一次例外是大定二十五年（1185年）世宗在上京附近的春水，起讫时间为二月至四月，每次春水的时间则大都在25天至40天。金朝的春水之制，世宗和章宗两朝最为规范。

金朝初期皇帝"春水"巡游之地，多在今松花江及其支流呼兰河、拉林河及阿什河流域。当时这一带水网密布，多山林湖泽，野生资源丰富，距金朝上京会宁府又比较近，被称为"春水爻剌之地"。金太祖时，松花江流域就建有部堵汗行宫，熙宗朝春水爻剌建有行宫天开殿。宋代理学家朱熹谈道："金虏旧巢在会宁府，四时迁徙无常：春则往鸭绿江猎；夏则往一山（忘其名），极冷，避暑；秋亦往一山如何；冬往一山射虎。今都燕山矣。"（《朱子语类》卷一百三十三）鸭绿江就是混同江（鸭子河，今松花江），"春则往鸭绿江猎"指的是爻剌春水。

金朝迁都中都以后，皇帝春水之地文献记载的有：世宗在位29年间，至少有15年曾行春水；章宗在位20年，有17年春水记录。地点多在安州（今河北省安新县南）、滦州石城县（今河北省唐山市东北）、蓟州玉田县（今河北省玉田县）、遂州遂城县（今河北省徐水县西）、顺州（今北京市顺义区）、大兴府大兴县等近郊州县和近畿之地。这些地方都建有行宫。如京郊太宁宫（章宗时改名万宁宫）、遂州遂城县光春宫、滦州石城县长春宫，还有蓟州玉田县御林行宫，以及中都城南建春宫、城北玉泉山行宫，皆为世宗、章宗"春水"出巡的驻跸之所。

二、秋山

辽代的"秋山"是秋捺钵的同义词，而金代的"秋山"指春水之外的一切围猎（或称田猎、畋猎）活动，大致分为夏、秋、冬三个时间段的围猎活动，但时间界限不如辽代的四时捺钵那么分明，故没有夏捺钵、秋捺钵、冬捺钵之名。金章宗的"秋山"则专指秋猎，章宗时期九次秋猎，《章宗纪》均明确称之为"秋山"。

金代捺钵还有一项内容是"驻夏"（或称"坐夏"），与辽夏捺钵不同，主要目的就是避暑。《南迁录》曰："炀王（即海陵王）既都燕，以亲土宗室上国人畏暑毒，到二月末遣归始兴沈州龙漠过夏，至八月回京。"章宗欲赴金莲川驻夏，谓"朕欲巡幸山后，无他，不禁暑热故也"。

山后是金代历朝皇帝驻夏的主要地区。山后、山前之称始于辽五代时期。辽代所谓的山后、山前是以阴山为界的，山后即阴山之北，山前即阴山之南。

金代山后、山前的地理范围大致是与燕、云相对应的，山前、山后的分界线是燕山，其中山后的地理范围更宽泛一些，大体包括整个西京路的范围。

山后的炭山是辽朝传统的夏捺钵之地，地处今河北省北部张家口沽源县境内，发源于沽源与丰宁两县交界处的滦河，穿越山林湖泊，迤逦前行，曲致如带，过沽源，绕蓝旗，经多伦、承德诸地，滋育着坝上草原，使这里气候清凉、水草繁茂、羊肥牛壮。这一地区，《辽史》中又多称"陉头""凉陉"，金代文献中通称此地为凉陉。凉陉的北面是世宗以后固定的驻夏场所"金莲川"。

金朝前期，女真宗室权贵也常驻夏于山后，金代自太宗时起就有在凉陉驻夏的记录，熙宗、海陵王以及完颜宗望、挞懒（完颜昌）等人都曾驻夏于凉陉。世宗时期以金莲川作为固定的驻夏地点，并在金莲川以南的凉陉建立了驻夏行宫景明宫。金莲川一带在今内蒙古正蓝旗和河北沽源县之间的滦河南岸，其南面就是辽朝的夏捺钵地凉陉。世宗曰："莲者连也，取其金枝玉叶相连之义。"金莲川之得名，是因为此地盛开艳丽的金莲花。今天的滦河南岸，仍有一片东西长近十里、南北宽一至三里的草原，每到夏季便开满了金莲花，当地人称为"沙拉塔拉"，意为"黄色的平野"，亦即"金莲川"之意。

世宗之所以选择金莲川作为驻夏捺钵之地，主要是因为这里的自然环境非常适宜避暑。金人梁襄云："金莲川在重山之北，地积阴冷……气候殊异，中夏降霜。"这一地区多山林，海拔较高，地处滦河上游，盛夏无暑，成为辽金元三代的避暑胜地。

除了宜人的气候条件之外，金莲川所在的滦河上游是金朝控制漠北蒙古、塔塔儿等部的前哨阵地，其地理位置相当重要，世宗选择金莲川驻夏还兼有巡边耀武、威慑北边各族的用意。

世宗在位29年间，至少有10年驻夏于金莲川。在金莲川驻夏的时间一般为四至五个月，通常是四、五月间由中都启程，九月返回，只有两次是在八月返回的。因此，从时间上来说，所谓的"驻夏"，实际上是跨夏秋两季，不同于辽的夏捺钵和秋捺钵。

到了章宗时期，由于时势的变化，皇帝已很少到远离中都的山后去避暑了。

章宗在位20年，只有三年是在山后驻夏，其中金莲川之行仅有一次而已。

章宗时，一方面由于女真族的汉化程度已深，另外一个更重要的原因是北部边境外患严重，在朝廷臣僚中反对游幸金莲川的呼声越来越高。明昌四年（1193年）夏，章宗"将幸景明宫"，御史中丞董师中、侍御史贾铉等极力谏阻，曰："劳人费财，盖其小者，变生不虞，所系非轻。……今边鄙不驯，反侧无定，必里哥孛瓦贪暴强悍，深可为虑。"又谓："今都邑壮丽，内外苑囿足以优佚皇情，近畿山川飞走充牣，足以阅习武事，何必千车万骑，草居露宿，逼介边陲，远烦侦候，以冒不测之悔哉。"在这种情势下，章宗不得不打消了到金莲川驻夏的念头。及至金卫绍王大安元年（1209年），金莲川的驻夏行宫终于被入侵的蒙古人一把大火焚毁。

章宗时期在山后的另一所驻夏行宫是龙门县（今河北省赤城县西南）的泰和宫（后改称庆宁宫）。泰和二年（1202年），章宗第一次在泰和宫驻夏。泰和二年（1203年）章宗将幸长乐川也遭到朝臣的反对，谏曰："方今戍卒贫弱，百姓骚然，三叉尤近北陲，恒防外患。兼闻泰和宫在两山间，地形狭隘，雨潦遄急，固不若北宫池台之胜，优游闲适也。"

由于北边局势不靖，加上朝廷群臣的一再反对，章宗朝大多数年份只在中都郊外避暑。中都城郊规模最大的一所离宫是万宁宫，万宁宫在金中都城东北郊，即今北京北海公园一带，其中的琼华岛也就是今日北海公园之琼岛，琼华岛上的广寒殿是金代中后期著名的避暑胜地，一般是三、四月前往，八月返回。此外有时也去中都西北郊的玉泉山行宫或香山行宫度夏。

秋山围猎是驻夏的一项重要活动。女真人以擅长诱猎麇鹿著称。"以桦皮为角，吹作呦呦之声，呼麇鹿，射而啖之"记载了早期女真人的射鹿活动。并且，女真人酷爱围猎，金太祖完颜阿骨打称："我国中最乐无如打围。"宋人记载："虏人无它技，所喜者莫过于畋猎。昔都会宁之际，四时皆猎焉。至亮徙燕，以都城之外皆民田，三时无地可猎，候冬月则出，一出必逾月，后妃、亲王、近臣皆随焉。每猎，则以随驾之军密布四围，名曰围场。待狐、兔、猪、鹿散走于围中，虏主必射之，或以雕鹰击之，次及亲王、近臣。出围者许人捕之。饮食随处而进，或与亲王、近臣共食。遇夜，则或宿于州县，或宿于郊野无定。亮以子光英，年二十获獐，取而告太庙。"秋山围猎以射鹿为主，也射虎、熊、黄羊等猎物，并没有限定，只因鹿是最为常见的一种猎物，所以射鹿才成为秋山的象征。

除了驻夏期间的秋山围猎之外，秋冬季节的其他围猎活动也属于秋山的内容。熙宗、海陵王时期，秋冬围猎还没有形成制度，时间也很随意，从秋九月直到来年的春二月，都有出猎的记录。世宗、章宗时代的秋冬围猎完全制度化了。金朝旧俗每年九月九日重阳节开始秋猎，但实际上并不严守这一规定，一般在九、十月间，世宗、章宗常常在滦河上游避暑结束后即举行秋猎活动。世宗朝有十三次秋猎的记录，每次少则十余日，多则二十余日。章宗朝秋猎九次，每次一个月左右。冬猎的时间在十月至十二月之间，或十月至十一月，或十一月至十二月，个别年份也有晚至十二月才出猎的。每次冬猎时间长短为十余日至二十余日不等。除此之外，世宗每年的腊日出猎于中都近郊，成为一种例行活动，以所获荐山陵，且每次仅有一日而已，与春水秋山不可相提并论。

太祖、太宗、熙宗之世，秋冬狩猎多在松花江、拉林河及阿什河流域，自金朝迁都中都后，秋冬围猎均在中都旁近的州县进行，如蓟州（今河北省蓟县）、顺州（今北京市顺义区）、霸州（今河北省霸州市）、保州（今河北省保定市）、安肃州（今河北省徐水区）等地，最远至河北路深州饶阳（今河北省饶阳县）。

世宗朝的围猎活动实际上还是相当频繁的。章宗即位以后，严重干扰农业生产的围猎活动遭到了汉族官僚越来越强烈的反对，甚至有的女真官僚也对此持批评态度。在这种情况下，章宗不得不对女真人的围猎活动稍加约束。

金朝的秋山围猎，除了避暑、围猎之外，还有一个很重要的目的，就是借此操习骑射。女真是一个马上民族，金朝前期，女真人"止以射猎、打围便为战阵，骑射、打毬阅习轻锐"。在对辽、宋两国的战争中，女真人表现出极强的战斗力。但金代中期以后，女真的汉化程度逐渐加深，传统尚武精神逐渐减弱。这种情况使女真统治者意识到了问题的严重性，世宗、章宗都曾采取某些措施来倡导和敦促女真人习武，其中就包括围猎活动。世宗"远幸金莲，至于松漠，名为坐夏打围，实欲服劳讲武"。章宗为了对这种趋势加以遏制，特地规定在女真进士的考试内容中加试射箭。

金朝的捺钵虽然不像辽朝那样始终是国家的政治中心，但春水秋山在金代政治生活和社会生活中也非常重要。金朝诸帝一年之中往往有半年以上的时间不住在都城里，所谓的春水秋山当然也并不只是娱乐活动。金朝皇帝的春水秋山，动辄历时数月，在此期间，国家权力机构便随同皇帝转移到行宫。故每当皇帝出行时，自左右丞相以下的朝廷百官大都要扈从前往。就其扈从队伍的规模来说，甚至数万人，是一支浩浩荡荡的庞大队伍，相当可观。在中都周边州县进行的秋猎和冬猎，时间既短，扈从规模也小得多，如世宗时的秋猎，一般是"扈从军二千"。除了朝廷大臣外，扈从皇帝出行的还有翰林院属官，秋山行宫，即为临朝听政的地方。春水秋山，秋冬围猎，后妃必随侍于侧，太子和诸皇子一般也要扈从皇帝出行。大定八年（1168年），世宗在金莲川避暑，太子允恭之子金章宗即出生在麻达葛山行宫，世宗得皇孙，非常高兴，第二天就来到太子住处，设宴庆贺。世宗爱金莲川山水，喜欢此地气候清爽，景色宜人，因皇孙生于麻达葛山，故以山名"麻达葛"为章宗乳名。留守都城的一些朝廷官员和留居皇宫的妃嫔，每隔若干天要向皇帝上表问候起居。

金朝的捺钵之制，使得春水秋山行宫成为处理国家内政外交事务的重要场所。一些重要的改革政策和金宋签订的协议，部分内容就是在爻剌春水行宫出台的；皇帝在春水秋山行宫接待别国使臣，使之成为外交活动场所；金朝初年，甚至还在驻夏行宫举行过科举考试。

金代历朝皇帝的春水秋山，以及女真人经常而又普遍的围猎活动，给当时的农业社会带来了一些不利影响。春水秋山的极为庞大的扈从队伍，所需之物例皆取之于民间，而且沿途百姓还须负担沉重的力役，扰民现象司空见惯。

春水秋山、秋冬围猎对土地的大量需求，加剧了女真人与汉人的土地争端。金朝为了秋冬围猎的需要，规定中都五百里内为御围场，不许百姓捕猎；山后专供秋山围猎使用的猎地不只禁止百姓捕猎，也不允许百姓耕种；从中都前往各地春水秋山的沿途地区，还要辟出专用牧地，以供来回途中牧放马群。以上这些表明女真人的围场对土地的侵蚀是相当严重的。

与契丹的四时捺钵相比较，金朝的捺钵在制度化和规范性方面不如辽朝，这主要是因为女真人和契丹人生活方式不同。辽代的契丹人大多仍保持着传统的游牧生活方式，他们生活在西拉木伦河流域草原地带，一年四季必须适时地更换畜牧地。而女真人主要从事狩猎和农耕活动，金朝建立后，女真族基本已进入农业社会，金代的捺钵只是女真人传统渔猎生活方式的象征性保留。因此金朝捺钵的季节性不像辽朝那么分明，时间规定不像辽朝那么严格，秋冬围猎则更多地表现出女真人传统生活方式的一面。

四时捺钵作为辽一代契丹之制，在金元时期女真、蒙古族中也相沿不衰。金元时期从四时捺钵逐渐演变成春水秋山，但其形式和功能基本没有改变。金章宗在北京近郊西山上兴建了八大水院，作为其近郊出行游猎的行宫，这也是为当时金朝臣民反对捺钵和国之情势所迫而采取的就近建宫之举。这些地方虽不能称为春水秋山捺钵之地，但是西山风景秀丽，泉涌不断，可避暑纳凉，可打猎，也能够满足金章宗沿袭旧俗的需求，使其享受山水之乐。直到清朝，热河避暑山庄、木兰围场，以及北京近郊一些苑囿的营建兴修，无疑也是这种制度的遗风。

苍山壑陇

《四季山水图》与四时捺钵

内蒙古赤峰市北部的巴林右旗，地处西拉木伦河北岸、大兴安岭南段山地，东面与辽上京所在地巴林左旗毗邻，辽代，区境属上京临潢府饶州。

巴林右旗索博力嘎（白塔子）北约十余公里的大兴安岭中，有一座东西横亘的大山，辽时称永安山，后改名庆云山，蒙古语名瓦尔漫哈（意为有砖瓦的沙丘），俗称王坟沟。山的南麓分布着辽代帝王的三座陵墓，从东到西一字排开，相距约两公里，分别为辽代第六位皇帝圣宗耶律隆绪和仁德皇后、钦哀皇后的永庆陵，第七位皇帝辽兴宗耶律宗真和仁懿皇后的永兴陵，第八位皇帝辽道宗耶律洪基和宣懿皇后的永福陵，通称为东陵、中陵和西陵。整个陵园方圆十余里，规模宏伟，工程浩大，因三座帝陵共处一个陵城，故统称三陵为庆陵。

永庆陵的建造缘于圣宗在捺钵途中的钦命，而后由其子兴宗遵遗命而完成。《辽史·地理志》记载："庆云山本黑岭也。"圣宗驻跸，爱羡曰："吾万岁后，当葬此。"兴宗遵其遗命，建永庆陵。永庆陵位于山谷三公里半的山腰中，是三座陵墓中保存最好的一座，建筑彩画在已发现的辽墓中等级最高。墓葬形制具有中原传统的特色，同时也保留了契丹本民族的传统。如永庆陵南向，多室墓，墓内及墓门均涂抹膏灰，再彩绘壁画，内容有装饰图案、人物和山水等。其中以中室四壁所绘春、夏、秋、冬四季山水图最具特色，四幅巨大的山水壁画，构图严谨，鸟兽形象生动，真实地再现了辽北方草原的独特的自然景色和契丹民族熟悉而喜爱的生活环境，描绘了契丹人逐水草而生的"四时捺钵"的传统风尚，是极其罕见的辽代绘画珍品。

《四季山水图》位于中室四壁，四季之图分别朝向东西南北四个方向。壁画的上部画横梁和装饰纹样，模仿中原地区农业文明的木构建筑，画幅上方画一小横披帷幕，使四个壁面好像是拉开帘幕的四个窗口。《四季山水图》的内容生动地反映了捺钵文化。

一、春之图与春捺钵

春之图，表现大地回春万物复苏的景象。春意盎然的山麓下，杂草复苏，漫山杏花绽放，山谷间流动着一条刚刚解冻的蜿蜒小溪，一片湖池中游弋着寒鸭、天鹅、鸳鸯，岸边有丛生的嫩柳以及奔跑的小鹿，大雁成群结队排成"人"字形正回归北方，一派春意盎然、生机勃勃的北国风光。

《四季山水图》春之图局部

《辽史·营卫志》行营篇详细记载了辽四时捺钵。关于春捺钵是这样记载的：

春捺钵：曰鸭子河泺。皇帝正月上旬起牙帐，约六十日方至。天鹅未至，卓帐冰上，凿冰取鱼。冰泮，乃纵鹰鹘捕鹅雁。晨出暮归，从事弋猎。鸭子河泺东西二十里，南北三十里，在长春州东北三十五里，四面皆沙埚，多榆柳杏林。

契丹皇帝春捺钵的地点主要有四处：鸭子河即混同江，今松花江；达鲁河即长春河，今洮儿河；鱼儿泺，在长春河附近；鸳鸯泺，在河北省张北县。长春州，简称春州，今嫩江、松花江以西及洮儿河下游一带，辽皇帝的直辖州，是鸭子河春捺钵的驻跸地。"泺"指水草丰茂的大泽，这里是契丹皇帝钩鱼、打雁的好地方。每年正月上旬，契丹皇帝即由上京临潢府出发，初到时，鹅雁未至，河冰未解，人马屯营于冰上，凿冰钩鱼。春捺钵自正月上旬开始，至四月结束，这时春暖花开，河泊由严寒冰封到冰雪融化，南方鹅雁开始北迁，丰茂的水草、丰盛的鱼蚌为它们提供了充足的食物。《四季山水图》春之图，正描绘了捺钵地的春之景象。

宋代程大昌在《演繁露》引《燕北杂录》生动地记录了辽清宁四年（1058年）钩牛头鱼的情形：

> 达鲁河东与海接，岁正月方冻，至四月而泮。其钩是鱼也，辽主与其母皆设帐冰上，先使人于河上下十里间以毛网截鱼，令不得散逸，又从而驱之，使集辽主帐。其床前预开冰窍四，名为水眼，中眼透水，旁三眼环之不透，第斫减令薄而已。薄者所以候鱼，而透者将以施钩也。鱼虽水中之物，若久闭于冰，遇可出水之处亦必伸首吐气。故透水一眼，必可以致鱼，而薄不透水者将以伺视也。鱼之将至，伺者以告，辽主即遂于斫透眼中用绳钩掷之，无不中者。既中遂纵绳令去。久，鱼倦，即曳绳出之，谓之得头鱼。头鱼既得，遂相与出冰帐，于别帐作乐上寿。

冰解后鹅雁北归，于是放海冬青猎捕鹅雁。春捺钵凿冰钩鱼之后的另一项重要活动是捕鹅打雁。《辽史·营卫志》关于春捺钵还记载道：

> 皇帝每至，侍御皆服墨绿色衣，各备连锤一柄，鹰食一器，刺鹅锥一枚，于泺周围相去各五七步排立。皇帝冠巾，衣时服，系玉束带，于上风望之。有鹅之处举旗，探骑驰报，远泊鸣鼓。鹅惊腾起，左右围骑皆举帜麾之。五坊擎进海东青鹘，拜授皇帝放之。鹘擒鹅坠，势力不加，排立近者，举锥刺鹅，取脑以饲鹘。救鹘人例赏银绢。皇帝得头鹅，荐庙，群臣各献酒果，举乐。更相酬酢，致贺语，皆插鹅毛于首以为乐。赐从人酒，遍散其毛。弋猎网钩，春尽乃还。

春捺钵的主要活动是凿冰钩鱼、捕猎鹅雁。牛头鱼简称头鱼或牛鱼，钩得头鱼，捕得头鹅后，便举行头鱼宴和头鹅宴欢庆。这不是简单的辽国统治者的消遣娱乐性活动，它实际上是一种具有重大教化意义和现实政治意义的庄严隆重、盛大热烈的典礼仪式。春捺钵活动期间，捺钵周围千里之内的属国、属部首领要到捺钵地朝见辽帝。所以，春捺钵活动也包括了安抚、控制、考察各属国和属部的政治内容，这是捺钵制作为政治制度的重要功能。

二、夏之图与夏捺钵

夏之图，表现北方草原的夏日风光。山谷里三株牡丹盛开，旁边有山菊花、百合和芍药等与之辉映，幽深的山涧溪水湍急，郁郁葱葱的树林中有分散的群鹿在奔跑穿梭，或追逐、或觅食，坐卧、伫立，形态各异，并有野猪行走其间，天空一轮红日，白云朵朵。

《四季山水图》夏之图局部

《辽史·营卫志》关于夏捺钵记载道：

夏捺钵：无常所，多在吐儿山。道宗每岁先幸黑山，拜圣宗、兴宗陵，赏金莲，乃幸子河避暑。吐儿山在黑山东北三百里，近馒头山。黑山在庆州北十三里，上有池，池中有金莲。子河在吐儿山东北三百里。怀州西山有清凉殿，亦为行幸避暑之所。四月中旬起牙帐，卜吉地为纳凉所。五月末旬六月上旬至。居五旬，与北、南臣僚议国事，暇日游猎。七月中旬乃去。

夏捺钵时间五月末至七月中旬，地点多在吐儿山、黑山和子河。黑山在今内蒙古赤峰市巴林左旗，吐儿山在其东北，子河在更东北。《辽史》记载，契丹皇帝夏捺钵地主要在今河北省张家口沽源县境内的"陉头"（也称凉陉）和炭山的凉殿，皇帝在这里避暑、议政。这些地方寒凉而多丰草，掘地丈余仍有层冰，六七月虽盛夏，亦必重裘，非常适宜夏天避暑纳凉。夏捺钵的内容除避暑纳凉、祭祀、游猎外，皇帝还要主持南北臣僚会议，与南面、北面大臣商议决策军国大事。辽北南面官制"以国制治契丹，以汉制待汉人"，体现了辽人因地制宜、因俗而治的政策，可谓开"一国两制"政策的先例。南北之分是由牙帐的位置决定的。在牙帐北面的北面官主要管理契丹事务，北枢密院统管军马；在牙帐南面的南面官主要管理汉人户籍赋税事务，南枢密院不过问军政。所以辽代的决策中枢，不在五京，而在流动的捺钵地。每年的夏捺钵更是一次与南北臣僚的大政会议，南北臣僚会议结束后，皇帝开始游猎、习武，少量官员随行，大部分汉族官员则离开捺钵地返回中京，处理有关汉人的日常政务。

三、秋之图与秋捺钵

秋之图，表现了深林邃谷的深秋景象。远山层峦叠嶂，层林尽染，山林里丘壑起伏，怪石嶙峋。近处树木凋零，秋风瑟瑟，松树依然翠绿。山野间和溪水旁，群鹿或在追逐，或呦呦长鸣，野猪或在行走，或在饮水，天空中大雁列阵南飞。

《四季山水图》秋之图局部

《辽史·营卫志》关于秋捺钵的记载中描述了秋山时射鹿的情形：

秋捺钵：曰伏虎林。七月中旬自纳凉处起牙帐，入山射鹿及虎。林在永州西北五十里。尝有虎据林，伤害居民畜牧。景宗领数骑猎焉，虎伏草际，战栗不敢仰视，上舍之，因号伏虎林。每岁车驾至，皇族而下分布滦水侧。伺夜将半，鹿饮盐水，令猎人吹角效鹿鸣，既集而射之。谓之"舐碱鹿"，又名"呼鹿"。

秋捺钵又称秋山，时间为七八月，地点在庆州一带群山之间，有黑山、赤山、馒头山等。秋捺钵主要活动内容为入山猎鹿、虎。同春捺钵一样，皇帝及从驾人员，都穿着特制的秋山礼服，饰以熊、鹿、山林纹饰。秋山射猎也借以习武教战，并召见各部落首领议政，因此，辽帝秋山射猎具有浓郁的政治典礼色彩。

四、冬之图与冬捺钵

冬之图，描绘了山林里群鹿在落木榆柳间越冬的自然景象。远山是落叶松林，山坡间是枯萎的灌木和丛生的榆柳，近处则地势平坦饶沙。山涧溪流封冻，掩于荒寒的土坡之后。丘陵枯草间群鹿或行走觅食，或登高四望，岸边冻土上有两只彷徨的野猪，藏于枯树与灌木间。

《四季山水图》冬之图局部

《辽史·营卫志》关于冬捺钵记载道：

冬捺钵：曰广平淀。在永州东南三十里，本名白马淀。东西二十余里，南北十余里。地甚坦夷，四望皆砂碛，木多榆柳。其地饶沙，冬月稍暖，牙帐多于此坐冬，与北、南大臣会议国事，时出校猎讲武，兼受南宋及诸国礼贡。

冬捺钵地是四季捺钵停留居住最久的地方，十月天气变冷的时候，辽朝皇帝转徙到气温较暖的冬捺钵地"坐冬"，直到第二年的正月上旬才会转移到下个捺钵地点。冬捺钵地通常设在广平淀（位于西拉木伦河与老哈河合流之处的平原），其地地势坦夷，木多榆柳，天暖多沙，为辽诸帝冬季主要居地。皇帝于此坐冬避寒，召开北、南臣僚会议，兼受北宋及诸国贡礼，得暇时则外出校猎习武。

《契丹国志》记载："每岁正月上旬，出行射猎，凡六十日。然后并挞鲁河凿冰钓鱼，冰泮，即纵鹰鹘以捕鹅雁。夏居炭山或上陉避暑。七月上旬，复入山射鹿，夜半，令猎人吹角效鹿鸣，既集而射之。"这是宋人记述的契丹人渔猎生活之自冬至次秋四季中主要的历程，因此四时捺钵也称为春水、秋山、纳凉、坐冬。

辽永庆陵《四季山水图》表现的是皇帝四时捺钵的具体地点、环境和内容，从较高的视点俯瞰四季山水景色，真实地反映了契丹人游猎活动的民族特色，以及他们在不同季节的狩猎生活和祈愿，因此《四季山水图》的喻义是"四时捺钵"。

河湖水系

永定河，西汉称治水，又作浴水。东汉至北朝称㶟水，又作湿水，出山后下游别名清泉河。三国魏时引此水入高梁河，故称「高梁水出焉」。隋唐通称桑乾河。辽、宋、金时多称卢沟河，又作芦菰河。元明时称浑河，又称小黄河、无定河。清康熙三十七年（1698年）大规模修筑下游河堤、疏浚河道后，赐名永定河。

北京五大水系及主要河流

　　历史上北京境内有大小河流200余条，分属海河流域的五大水系，即西南部的大清河水系、西部和中南部的永定河水系、中部和东南部的温榆河—北运河水系、东北部和东部的潮白河水系、东部的泃河—蓟运河水系。除温榆河—北运河水系发源于北京市境内之外，其他水系皆为过境河流。受北京市地势控制，五大水系基本上都由西北向东南流。

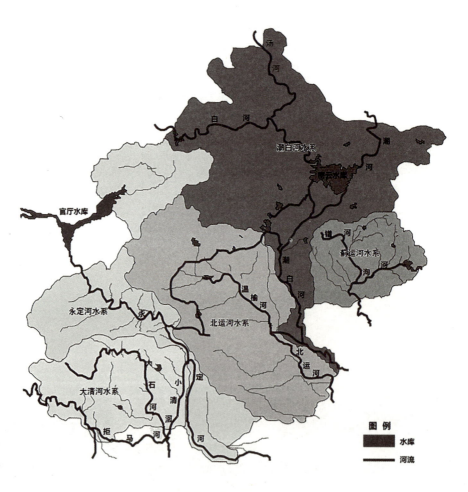

北京水系示意图

一、永定河水系

北京五大水系之一。永定河是流经北京地区的最大的一条河，也是海河水系的最大支流。发源于山西省宁武县管涔山北麓，全长680公里，流域面积为47 016平方公里。其中流经北京市境的河段长169.5公里，流域面积为3 168平方公里，79%的流域为山区。

永定河，西汉称治水，又作浴水。东汉至北朝称㶟水，又作湿水，自三家店出山南流后下游别名清泉河，三国魏时引此水入高梁河，故称"高梁水出焉"。隋唐通称桑乾河，辽、宋、金时多称卢沟河，又作芦菰河。元明时称浑河，又称小黄河、无定河。清康熙三十七年（1698年）大规模修筑下游河堤、疏浚河道后，赐名永定河。

官厅以上为永定河上游，称桑乾河。流经山西省北部和河北省西北部的黄土高原山区与山间盆地，是河中泥沙的主要来源区。自官厅至三家店为中游，流经河北省怀来县南部和北京市门头沟区的山峡地段，两岸山势雄伟，谷深岸峭，水流湍急。自三家店以下为下游，下游流经平原地区，水流缓慢，泥沙易淤，河道善决多徙。

永定河支流众多，它们主要分布在上游流域。最大的一条支流是洋河，发源于内蒙古自治区兴和县境，东南流至涿鹿县东境朱官屯村，汇入干流桑乾河。桑乾河和洋河汇合后始称永定河，流经门头沟、石景山、丰台、房山和大兴五个区，在北京市境内有妫水河和清水河等支流汇入。干流自河北省怀来县南端幽州村南流进北京市门头沟区境，于三家店西出山，经卢沟桥下，至大兴区南端崔指挥营村东流出北京市界，进入河北省永清和安次县境。金代创修的卢沟桥屹立在北京西南30里的永定河上，十分壮观。

永定河上游流域为黄土高原东北隅，因流域内森林植被遭彻底破坏，水土流失极为严重。又因华北地区降雨集中在夏季且多暴雨，因此历史上永定河是一条泥沙含量多，水流不稳定，夏秋常常洪水暴涨，下游善淤善决，改道频繁，每多洪患的害河。清康熙三十七年（1698年），赐名永定河，意为"永远安定，永无灾

55

害"。1949年后，永定河上修建了官厅水库、卢沟桥分洪枢纽工程、三家店至卢沟桥段左堤加固工程等，改变了永定河的水文特征，彻底解决了永定河水患，并有巨大的灌溉之利。

永定河的洪积冲积扇造就了北京平原，为北京城的形成和发展提供了优越的地域空间，永定河上的古渡口是北京城最早聚落蓟城形成的重要条件之一，永定河是北京城市发展的直接或间接水源，是北京的母亲河，没有永定河就没有北京城。

二、潮白河水系

北京地区第二大水系。潮白河是海河水系五大河之一，是京东第一大河，贯穿北京市、天津市和河北省三地。潮白河的上游由潮河和白河汇合而成。潮河，古称鲍丘水，因为它"时作响如潮"而被称为潮河，发源于河北省丰宁县境，东南流，入古北口后转西南流；白河，古称沽灌水、沽水，因为河里多沙，沙质洁白，因此被称为白河，发源于河北省沽源县南部，南流，至赤城县南部折而东流，至密云西北石城转而南流。二河在密云西南河漕村汇流，以下称潮白河，东南流至天津市北塘入渤海。潮、白二河原来分流入海，大约在汉魏时，二河于潞县（通州）北汇合，辽、金、元时，汇合处北移至牛栏山东。明嘉靖间人力改为在密云西南河漕村相合。

潮白河　总流域面积为19 345平方公里。在北京市境内干流长为83.5公里，流域面积为5 487平方公里，其中山区流域面积占82%。主要支流有黑河、天河、渣汰河、琉璃河、汤河、安达木河、清水河、红门川河、白马关河、沙河、雁栖河、怀河、箭杆河等。潮白河水系的最重要功能是为北京市提供生产生活用水，它是与城市生活息息相关的最重要的水系，北京段拥有密云水库、怀柔水库两座大型水库和5座中型水库、33座小型水库，总库容居全市各水系首位，还拥有京密引水渠这条输送淡水的城市命脉。

三、温榆河—北运河水系

北京市五大水系中唯一发源于本市的水系。上游为温榆河，源出居庸关北口，称关沟，东南流至沙河镇北，亦称北沙河，又东流转东北流，复转东南流，至通州城北，下接北运河。温榆河—北运河水系，于通州区东南牛牧屯村流出北京市界，折而南流，经河北省香河县和天津市武清县境，至天津入海河，全长约142.7公里，流域面积为6 166平方公里。其中，北京市境内主河道长89.4公里，流域面积为4 423平方公里。北运河水系是北京平原流域面积最大的水系，主要包括一条大河（北运河）、三大支流（清河、通惠河、凉水河）、城市水系及若干湖泊、水库。北运河水系的干、支流河道纵横贯穿北京城，是城市水系的重要组成，在古代，是历代王朝统治者运送物资和兵力、排水的重要河道系统，也是皇家宫廷、园林、湖泊御用之水，干净、清澈，是北京作为金、元、明、清四朝帝都的生命线。

温榆河　它是北运河的上游，古称漯余水、易荆水，又称榆河、沙河，发源于燕山南麓，由东沙河、北沙河、南沙河汇合而成，自沙河水库起至通州北关拦河闸。全长99.6公里，沙河闸以下干流长49公里，流域面积2 478平方公里。温榆河发源于西山、昌平北部山地和怀柔西部山地等处的诸多泉水，俗称"百泉河"，因此古代水量丰富的温榆河成为京城重要的水源地，明清时自通州至沙河镇曾通漕，运兵、运粮、运建筑材料。干流及主要支流上修建有十三陵水库、南庄水库、桃峪口水库、沙峪水库等。近年，由于上游诸泉早已干涸，仅有沙河水库以及南、北沙河的少量出水，加之两岸人口骤增、企业密集，大量生活污水、工业废水注入南、北沙河，昔日一脉清流的温榆河也成为京北的一大排污河。

北运河　古代称作白河、沽水和潞河，指通州城至天津海河之间的原潮白河河道，即举世闻名的京杭大运河的最北段。起点为通州北关闸，向东南流经北京东郊和天津入海河。北运河全长120公里，总流域面积5 300平方公里。其中，北京市境河段长36公里，流域面积189.9平方公里。自隋炀帝开永济渠，引沁水南达黄河，北通涿郡（今北京）以来，北运河南段就成为永济渠的一部分。金代从中原征收的米粮赖其漕运至中都城，金于潞县新置州，即取"漕运通济"之意而命名为通州，从此通州成为漕运枢纽。北运河是南北大运河的北端漕道，在兴盛数百年的漕运中发挥了巨大作用，因此没有大运河漕运，就没有北京作为封建王朝国都的历史地位。

清河 北京著名河道之一，发源于香山碧云寺和卧佛寺樱桃沟，汇集玉泉山的泉水，因河水清澈而得名。顺寿安山麓东流，经玉泉山北，东至青龙桥，这一段称北旱河，是清乾隆年间经人工疏通的排洪水道。再于青龙桥北穿京密引水渠东出，经圆明园北，又东北至沙子营注入温榆河，全长31.8公里，流域面积150平方公里。青龙桥以下干道长24公里，宽10～40米，主要支流有万泉河、小月河。明、清两代，清河作为城市北部屯军驻防的运输水路，起到重要作用。其上游泉水早已干涸，水源主要由清河污水处理厂排放的中水以及两岸排污和蓄积雨洪组成，成为北京北部的排污河，现已治理一新。

通惠河 北京历史名河，京杭大运河的北端。金海陵王完颜亮迁都燕京并改称中都后，中都成为金王朝首都。为了供应中都所需而通漕运，金室不但于潞县置通州，而且由中都至通州开凿闸河，为元代开凿通惠河奠定了基础。元世祖至元二十八年（1291年），都水监郭守敬建言"疏凿通州至大都河"，"上自昌平县白浮村引神山泉，西折南转，过双塔、榆河、一亩、玉泉诸水，至西水门入都城，南汇为积水潭，东南出文明门，东至通州高丽庄入白河。总长一百六十四里一百四步……坝闸一十处，共二十座，节水以通漕运，诚为便益"。元世祖命"当速行之"。至元二十九年（1292年）春动工，至元三十年（1293年）秋完工，赐名通惠河。故元代的通惠河，起自昌平县白浮泉，沿昌平西山东麓西流而后南流，又转东流，绕过百望山，南至瓮山泊（今昆明湖前身），这段河道称为白浮堰。然后由瓮山泊南出，顺金代开凿的渠道（即今长河），至大都和义门（明改为西直门）之北水门入都城内积水潭。再从积水潭东岸引出，经文明门东南入金闸河（即旧运粮河），东至通州入白河。从文明门起，每十里设闸一处，每处置相距一里的上下两座闸，至通州高丽庄（白河口）共七处。加上文明门以上所设三处，共十处，计二十座闸，这样的水闸和斗门实际上就是现在所谓的船闸，既可节水，又便于行舟。此工程于公元1293年秋竣工，并且产生了前所未有的效果。粮船可从通州以南高丽庄经闸河径入都城，一直停泊在积水潭，史文有"舳舻蔽水"的描写，可以想见当时的盛况。明永乐年间修建北京宫殿城池，将元文明门外一段通惠河圈入北京城崇文门内，明清称泡子河。宣德年间，因皇城东墙外通惠河畔人多声噪，遂将皇城东墙迁建于河东岸，即将一段通惠河道圈入皇城内，使其失去通船漕运的功能。至清末，因征收漕粮改折银两，又因铁路兴起，大运河的漕运功能遂废，通惠河亦废为排洪排污河道。通惠河自金代初辟，元代完善，直至明清的数百年间，一直是大运河北端的漕运水道，在北京历史上占有极其重要的一页。1956年，城内的部分全部改为暗沟，仅存下东便门至通州北运河段，全长20公里，是连接城市水系至北运河的河流，也是北京市东部的排污河，经高碑店污水处理厂处理，通惠河水质得到改善。

凉水河　发源于丰台区水头庄，先后流经丰台区、大兴区、通州区，汇入北运河，是北京南郊的重要河道。长68公里，流域面积680平方公里。魏晋北朝时，为㶟水（永定河）下游河道，称清泉河。元、明时，浑河（永定河）自丰台南看丹口分流，其北派即今凉水河。凉水河曾在北京城的建城史上占据着重要的地位，古代曾称为洗马沟、桑乾水、莲花河的河道，曾经是辽、金两朝最重要的城市供水河道。金时将水体引入城内，修建了同乐园和鱼藻池，成为皇城中水体景观中心。凉水河现是北京南城地区的泄洪排水河，经过污水治理，污染状况有所缓解。

莲花池河　发源于广安门外莲花池以西八宝山南，东流入莲花池，又东出南转，至万泉寺折而东流，至右安门外转东南流，入凉水河，为凉水河上源之一。汉代称洗马沟水，蓟城选址就在洗马沟上，其故道从蓟城城西绕到城南，然后傍城南门外东流，为蓟城提供了极为便利的地表水源。其上游的莲花池，原在蓟城西郊，故称西湖，又称太湖，即今广安门外的莲花池，正当北京城区西部的潜水溢出带，地下水源十分丰沛。据北魏郦道元的《水经注》记载："湖有二源，水俱出县西北，平地导源，流结西湖。湖东西二里，南北三里，盖燕之旧池也。绿水澄澹，川亭望远，亦为游瞩之胜所也。湖水东流为洗马沟，侧城南门东注……其水又东入㶟水。"早在战国时期西湖就既是燕都蓟城近郊的风景名胜区，又是蓟城的主要水源。

从西周初年一直到金代的两千多年间，北京城的前身蓟城、唐幽州城、辽南京、金中都，就是以莲花池水为水源而发展起来的。金中都城是在原蓟城城址上建立起来的一座大城，金海陵王天德二年（1150年）动工，从东西南三面扩建蓟城，营建宫殿苑囿。为了解决宫苑用水，在扩建旧城时，把原在西郊的洗马沟小河，有计划地圈入城内，用以导引上源西湖之水，使其流贯皇城西部，造成一个极其重要的苑林区，名叫同乐园，又称西华潭或鱼藻池，也就是中都城中的太液池，今广安门外青年湖是其遗址。下游流经皇城南面正门（宣阳门）前龙津桥下，斜穿出城，流为南护城河。南护城河西段，别有水源，出中都城西南近郊流泉，傍中都南墙东注，即今凉水河之上源。金中都城是在莲花池水系发展起来的最大也是最后一座城市，至元世祖建大都时，城址转移到高梁河水系。莲花池河实际上也是永定河故道的遗存。

四、泃河—蓟运河水系

泃河—蓟运河水系位于平谷区境内，主要河流是平谷区东南部的泃河。

泃河　发源于河北省兴隆县青灰岭南麓，进入平谷区境，自东而西横穿平谷区南境，下注蓟运河。泃河在平谷区境长66公里，流域面积952.28平方公里，主要支流有将军关石河、黄松峪石河、北寨石河、太子峪石河、龙太务石河、错河（洳河）、鱼子山石河、金鸡河（五百沟水）等，是蓟运河的上游支流，连接海子水库（即金海湖）。泃河历史十分悠久，早在春秋战国时期即开通了水路运输，明代永乐年间是鼎盛期，是平谷与外地通商的唯一航道。位于该河流域的上宅新石器时代遗址已有六七千年，称上宅文化，沿岸许多村庄都有千年以上的历史。时至今日，泃河干流、支流及相关水库水量急剧减少，很多地方已经干涸。

五、大清河水系

大清河水系覆盖北京西南部，拒马河是大清河水系的重要支流，其他支流以及季节性河流基本无水或少水。拒马河发源于河北省涞源县西北太行山麓，流经河北省涞源县、易县、涞水县，以及北京市房山区。至房山区张坊镇分为南北两支，南支称南拒马河，流经河北省涞水、定兴、容城等县境，至白沟镇。北支称北拒马河，经北京市房山区、河北省涿州市北境，东至码头村南合琉璃河、小清河后，共道南流，称白沟。至河北高碑店市白沟镇与南支汇合，共入大清河。拒马河自房山区十渡镇套港村入境，经平峪、十渡、六渡、张坊、镇江营等地，于南河村东流出北京市。全长约254公里，流经北京市房山区的河段长61公里。拒马河一年四季常年有水，且水质清澈受污染较少。千万年来，因该河水大流急，对所经山地切割作用强烈，故多形成两壁陡峭的峡谷，著名的旅游胜地野三坡、十渡都处在拒马河流域。

拒马河　古称涞水，约在汉朝时，改称"巨马"，有水大流急如巨马奔腾之意。在公元308年至318年，羯族将领石勒曾率十万大军从太行山区攻掠河北内地。因山峡河水湍急，形成天险抗拒了入侵兵马，因此，这条河流被称为"拒马河"。拒马河是北京人类文明和城市文明的发祥地，拒马河出山后的洪积冲积扇顶部镇江营一带有重要新石器时代文化遗址。周口店北京猿人及西周琉璃河、燕国都城都位于拒马河流域。但是后来随着北京城址的变迁，大清河流域逐渐远离了城市中心。现在随着上游水量减少，以及旅游区截流用水，拒马河早已不再能够"拒马"，很多地方河道虽然宽阔，却只是底部有涓涓细流的小河。

海淀区的部分河流湖泊

高粱河　又名高粱水，是北京历史上的著名河道。今西直门外长河乃其一段河身。曾属永定河水系，今属温榆河—北运河水系。水有二源，其一记载见于《水经注·㶟水》："㶟水又东南，高粱之水注焉，水出蓟城西北平地，泉流东注，经燕王陵北，又东经蓟城北，又东南流。《魏土地记》曰：蓟东一十里有高粱之水者也。其水又东南入㶟水。又东至渔阳雍奴县西，入笥沟。"此水发源于今紫竹院内湖泊，在其未经开浚之前，即是高粱河最初的上源。这上源也是在北京西郊的潜水溢出带上，其下游流经蓟城北，又转向城东南，在转弯处有一段河道比较宽阔，积水成潭，即后来文献中记载的积水潭，亦称海子。其下游经蓟城东十里处，又东南流，亦入㶟水。《水经注》又云："㶟水又东南经良乡县之北界，历梁山南，高粱水出焉。"此为又一水源，即把一部分㶟水从梁山（今石景山区金顶山）南分出，引入高粱河为上源，流出北京西山后，向东北流经西郊田村、八里庄北，由三虎桥下至今紫竹院内，这是通过人工渠道（车箱渠）导入了天然高粱水的上源，两水在今白石桥附近汇合，又东流至德胜门一带分两支，一支由中海向东南流，斜穿原崇文区（已与东城区合并）中部，下至马驹桥一带，一支由什刹海北端东出，沿今北护城河向东，经坝河至通州入温榆河。

北魏时，㶟水徙流蓟城南，大致徙于今凉水河河道，作为㶟水下游的高粱河便成为故道和断头河。三国魏刘靖修戾陵堰，开车箱渠，导高粱河，灌溉蓟城南北土地，所利用的就是流经田村、八里庄、三虎桥等地的㶟水故道或高粱河河道。金室迁都燕京并改称中都后，还开凿金口与金口河，欲引卢沟河水以济漕，但失败了。此外，又开凿瓮山泊至紫竹院之间的一段河道，引玉泉水入高粱河，东汇积水潭，下注闸河，于是有了紫竹院上至昆明湖的一段长河。不仅如此，金代在瓮山泊以上还进一步开发水源，引在今昌平西南、阳坊东北的一亩泉南流入瓮山泊，下注高粱河、闸河济漕。明清时西直门外高粱河已溯源至昌平西南之沙涧一带。

高粱河对北京城的发展至关重要，历史上的北京城，从蓟城起源的旧城址，转移到大都城所选择的新城址，就是从西湖莲花池水系转移到高梁河水系。在金中都城的东北郊外，相去二三公里，原有一片低洼地带，为高梁河水所灌注，形成一片浅湖，金世宗大定十九年（1179年），在这里营建太宁离宫，扩大湖泊面积，并以浚湖之土，筑为琼华岛，这就是今日北京城内北海公园的前身。元大都城的兴建标志着金元之际北京的城址由莲花池水系转移到水量更丰沛的高梁河水系来，为元大都宫苑给水获得了更为良好的条件。忽必烈以太宁离宫作为中心，建造了一座崭新的大都城，太宁离宫中这一片湖泊，经过进一步的开凿，逐渐接近今日北海与中海的格局，大都城的宫殿，就分布在太液池的东西两岸，皇家苑林中的湖泊也根据同样的传统，命名为"太液池"。太液池连同东西两岸的三组宫殿群在内，同属皇家禁地，四面筑有"萧墙"，也就是后来所谓皇城城墙。皇城以外，再建大城，从此高梁河的中游就被圈入了城中。

高梁河水系成为金、元、明、清四代由通州向京城漕运水道所依赖的主要水源，金、元以后高梁河上源为南长河所代替，仅从紫竹院东流至高梁桥一段仍保留高梁河名称。

车箱渠 北京地区最早的大规模农田灌溉工程，是北京城郊水利开发史上的一个创举。因所凿渠道成矩形断面，形似古代车箱，故名。三国魏嘉平二年（250年），征北将军刘靖镇守蓟城，派遣丁鸿率军士千人，在今永定河修戾陵遏，开车箱渠，引水东注高梁河上源，然后利用高梁河作为干渠，以灌溉蓟城近郊稻田，每年可浇灌农田2 000顷，颇有收益。景元三年（262年）樊晨奉诏，改造戾陵遏，更制水门，延伸高梁河水道，扩展了灌溉面积。《水经注》记："水流乘车箱渠，自蓟西北经昌平，东尽渔阳潞县，凡所润含四五百里，所灌田万有余顷。"晋元康五年（295年），洪水暴发，戾陵遏被毁。刘弘（刘靖之子）派将士2 000人进行修复。北魏正光二年（521年），幽州刺史裴延俊派卢文伟又进行修复。唐末五代战乱后，戾陵遏失修，车箱渠淤塞殆尽。

金水河 它是一条将玉泉之水单独引入大都城的皇家专用水道，从元朝初年起，玉泉山诸泉之水，已为皇家宫苑所独享。元代的金水河由玉泉山引清澈的泉水东南流，经西郊外火器营西、蓝靛厂西，至三虎桥南东流，于和义门（今西直门）南水关入城，又东南经厂桥至积水潭（什刹海）南入皇城。城外河段在今长河南，大致与今长河平行流动。《元史·河渠志》载："金水河，其源出于宛平县玉泉山，流至和义门南水门入京城，故得金水之名。"元代对该河备加保护，为涵养水源，至元十五年（1278年）十二月下令"禁玉泉山樵采鱼弋"；为保持水源清洁，不被污染，明令"金水河濯手有禁"；为保证该河独流入城，不与其他河水相混，遇有河道交叉处要架设跨河渡槽。元末明初金水河下游淤塞，上游并入南长河。明清时的金水河分为内、外两条，是旧制的蜕余。紫禁城建成初期，宫内并无金水河，宫殿刚建好半年就发生了火灾。为防火排水，调节皇宫里的小气候，又修建内金水河，水从紫禁城西北筒子河角楼东水关入城，沿西侧宫墙南流，向东经武英殿前，过太和门、文华殿西向东过古今通集库（旧清史馆），向南出宫墙水关流入东南筒子河，全长2 185米。这条石砌

西山秋意

渠道，是紫禁城的排水总干渠。紫禁城内共有90余座院落，各院落布置有纵横通达的暗沟。在三大殿建筑区，沿殿基布设沟渠，过殿阶处均开有券洞，使雨水通畅地流入金水河。院内共有9个排水出口，明暗沟长约8 333米。自建成后，经历代精心维护至今完好，500多年来几乎不见暴雨积水记载。外金水河由中海南端和南海东北角东出，至社稷坛西折而南，又折而东，经天安门（明为承天门）前金水桥下，东至皇城内东南角入御河。明清内、外金水河水由太液池（今北海）而来，今存。

白浮瓮山河　元代至元二十八年（1291年），为解决大都至通州漕运，郭守敬建议，另用昌平白浮泉水，引入旧闸河以济漕运："大都运粮河，不用一亩泉旧源，别引北山白浮泉水，西折而南，经瓮山泊，自西水门入城，环汇于积水潭，复东折而南出南水门，合入旧运粮河，每十里置一闸，比至通州，凡为闸七。置斗门互为提阏，以过舟止水。"（赵翼《廿二史札记·金史》）由郭守敬兴

建的通惠河，上起白浮泉，下至通州高丽庄入白河（今北运河）处。白浮瓮山河即其上源河。该河自昌平白浮村之神山泉，西折南转，下汇王家山泉、西虎眼泉、孟村一亩泉、西来马眼泉、侯家庄石河泉、灌石村南泉、榆河温汤龙泉、冷泉、玉泉诸水，沿今京密引水渠走向，合于瓮山泊（今昆明湖），长32公里。元末明初，白浮瓮山河废而未治，通惠河丧失漕运功能。明永乐五年（1407年），曾重修白浮瓮山河，因不彻底而未成。

金河　前身为元代金水河的上游河道。明代以后，金水河下游消失，仅上游保留至今，名金河。该河起自玉泉山东南侧，向东流，再沿昆明湖西侧东南流，于空军指挥学院之北汇入南长河。自玉泉山南闸至长河入口处长3.24公里。现在，金河上游与永丰渠相接，起自万安公墓，长3.6公里，流域面积5.2平方公里。

北长河　位于玉泉山东，由玉泉水汇流而成，是向昆明湖输水和向清河排洪的河道。起自玉泉山北闸，终于青龙闸，长2公里。青龙闸起节制水流作用，闭闸则抬高水位，使玉泉山水得以进入昆明湖；提闸则分流泄洪，免受泛滥之灾。该河也是古代帝王往游于西湖（今昆明湖）和玉泉山之间的龙舟水道。1966年京密引水渠建成后，青龙闸废。1977年昆明湖分流工程借用北长河一部分河道，北长河终点改至三院闸的颐和园分水闸，河长缩短为1.2公里。1995年治理北长河时，与永丰渠相连通，治理长度4公里。

南长河　又名玉河，起点为昆明湖出水口的绣漪闸，南流至麦庄桥，折向东南，河上建有广源闸、白石桥、高梁桥等闸桥，终点为北护城河的三岔口，全长10.8公里，它不是一条天然河道，中间有海淀台地相隔。金代经人工把台地挖通，形成以西山泉流为主要水源的河道，后经元代扩大和完善，成为通惠河上游水源。几百年来，它一直是北京城供水的主要水道，堪称北京城的生命线，也是后来帝王乘龙舟自京城去西湖（今昆明湖）游览的御用水道。1965年京密引水渠借用其绣漪桥至长春桥3.1公里的河道，南长河起点改在京密引水渠长河闸。

万泉河　发源于海淀区万泉庄西南的泉群，北流经巴沟东、海淀西、挂甲屯东、圆明园南和东，至镶白旗箭亭注入清河，因汇纳"万泉"之水，所以得名"万泉河"。万泉庄在海淀镇南约1.5公里，正当海淀台地最高处的西陂，地势陡然下降。自庄之西口俯瞰巴沟低地，田塍棋布，溪流纵横，较之海淀北口所见，更近乎江南景色。万泉庄水系是清代畅春园、圆明三园及附近许多私家园林的主要水源。清末畅春园、圆明园被英法联军和八国联军焚毁后，万泉河泉水断流，河渐废弃为排污泄洪水沟。1983年进行治理，改从京密引水渠昆玉段建闸引水，泉水流经圆明园各湖泊以及北京大学、清华大学校园，于大石桥北入清河，全长9.7公里，流域面积26平方公里。

昆明湖　在高梁河上源西北郊外七八公里处，有一座小山平地崛起，山麓有泉，潴为小湖。湖西一公里半又有玉泉山诸泉汇入，为其主要水源。元时这座小山叫作瓮山，就是今日的万寿山，山麓小湖，叫作瓮山泊，最早称"七里泊"，明代又称"大泊湖""西湖""西湖景"。"环湖十余里，荷蒲菱芡与夫沙禽水鸟，出没隐见于天光云影中，可称绝胜。"清乾隆十四年（1749年），为庆祝皇太后六十大寿，对瓮山泊加以拓挖疏浚，仿汉长安上林苑之湖名改名昆明湖。

瓮山泊　水出，其下游合今万泉庄北来之水，原本是顺自然地势流向东北的清河。早在金朝初年，万寿山山麓的流泉，兼有玉泉山诸泉下游的一支，就已经被导入高梁河的上源，流入闸河，但终因流量有限，闸河难免浅滞。1205年左右，为了重开漕运，就利用瓮山泊开渠引水，转向东南，直接与高梁河上源相接，这就是今天的长河（也曾称玉河）。从瓮山泊到高梁河上源（今紫竹院湖泊前身），中间原有一带微微隆起的台地，台地以北诸泉都向东北流，台地以南诸泉都向东南流，形成了两者之间的一小分水岭。人工打开这个小分水岭后，导引小湖之水，转而南流，合高梁河。同时，又从高梁河积水潭上游开渠分水南下，直入中都北护城河。这样就把瓮山泊和高梁河上游的水，经过一小段护城河，引入旧闸河，从而使北来的粮船可以从通州入闸河，直抵中都城下。

元朝初年，专辟渠道"金水河"引玉泉山诸泉之水为皇家宫苑所独用。为引水济漕，另寻水源。至元二十九年（1292年）至三十年（1293年），郭守敬引白浮泉及西山诸泉，汇入西湖，并扩大疏浚，使其成为向京城供水的一座蓄水库，从而引入旧闸河以济漕运。后因白浮瓮山河废弃，上源断流，面积逐渐缩小，周长仅10里。金、元、明之际，湖状如半月，西北岸呈半圆形，以青龙桥、功德寺为界；东北岸为西堤，似弦，位于瓮山西侧至南湖岛一线。清乾隆十四年（1749年），将西湖向东、南两面扩展，将堤防向东移至今知春亭以东，原堤东稻田及零星水面辟为新湖，又仿杭州西湖的苏堤在湖中重修一道西堤，并于堤上建6座桥，使东西两湖之水相通；向南将堤岸从今南湖岛处，移至绣漪桥下，留下孤岛，建十七孔桥与东岸相连。扩展后湖周长30多里，"廓与深两倍于旧"，成为北京最早、最大的人工水库。乾隆十五年（1750年），将该湖更名为"昆明湖"。为补充水源，乾隆十六年（1751年）分别从香山的双清、碧云寺的水泉院、樱桃沟的水源头诸泉，铺设总长7公里的引水石槽，将泉水导入昆明湖。昆明湖以西堤及支堤相隔分为东湖、西北湖和西南湖，总面积为212万平方米。

高水湖与养水湖　它们是清代乾隆年间所拓蓄水灌溉湖泊。高水湖位于玉泉山东南侧，养水湖又位于高水湖东南侧。水源有三：一是雨季山洪，二是玉泉山泉水，三是高、养两湖湖底泉水积累。高水湖出口有四：其一为一孔闸，在湖北与北长河相连通；其二为四座小涵洞，灌溉湖东水田；其三为三孔闸，在湖东南，湖水出此闸进入金河；其四为一段明渠，在三孔闸西南与养水湖相连通。高水湖面积和蓄水量均大于养水湖。清末民初，泉源渐小，湖区被垦殖。现今为一片稻田，湖泊踪迹已荡然无存，只有北部界湖牌楼和一孔闸遗址。

山泉水源

名泉煮水

御制麦庄桥记

水之有伏脉者其流必长,
亦如人之有蕴藉者其德业必广。
如京师之玉泉汇而为西湖,引而为通惠,
由是直沽而放渤海。
人但知其源出玉泉山,
如志所云巨穴喷沸随地皆泉而已。
而不知其会西山诸泉之伏流,
蓄极溢涌,至是始见,
故其源不竭而流愈长。

——清·乾隆

北京玉泉水系与西山诸泉寻踪

北京西部和北部是连绵起伏、重峦叠嶂的太行山余脉山地，地势西北高，东南低，中间是由永定河、温榆河、潮白河等大小河流的洪积冲积扇拼连而成的北京小平原。这个平原地带曾是5 000～7 000年以前这些古河道的流经地，它们构成地下水溢出带，地下水丰沛；这种西北高、东南低的地形，使来自东南的潮湿空气在山前受阻，形成降雨，而西山一带多石灰岩，溶洞较多，透水性强，容易形成山泉。玉泉山系西山东麓支脉，这里正是永定河洪积冲积扇的山前溢出带，地下水间断露出。在玉泉山周围，泉流密布，众多泉源涌出，总名曰"玉泉"，从西部山区东来的水系称为玉泉水系。

玉泉水系发源于玉泉山麓诸泉，位于卧佛寺西北的樱桃沟内的樱桃沟泉，是西山著名的水源头；香山静宜园内也分布着许多名泉，如玉乳泉、卓锡泉和双清泉等；西山脚下自北向南有冷泉、黑龙潭泉、温泉、白家疃簸箕水；阳台山、妙峰山、凤凰岭一带的泉流更是众多，比较有名的如大觉寺的灵泉、金山寺的金山泉、法云寺的香水泉、龙泉寺近内的龙泉等。金代金章宗依风景秀丽、泉流喷涌的西山建立了著名的八大水院。玉泉山一带泉水有名称者30余处，其中著名的有8处，均系裂隙泉。有玉泉、涵漪斋泉、进珠泉、裂帛泉、试墨泉、宝珠泉、涌玉泉、静影涵虚泉，其中以玉泉出水量最大，裂帛、静影涵虚次，宝珠、涌玉诸泉又次。

玉泉山的泉水和香山的泉水以及西山诸泉是相通的。玉泉山一带地势较低洼，使得樱桃沟和香山及西山的泉水顺势汇集到这里，或者诸泉流经地下后，又从玉泉山喷涌而出，汇集于玉泉，又流入西湖（今昆明湖）。乾隆《御制麦庄桥记》详细记述了玉泉水的脉系走向：

如京师之玉泉汇而为西湖，引而为通惠，由是达直沽而放渤海。人但知其源出玉泉山，如志所云巨穴喷沸随地皆泉而已。而不知其会西山诸泉之伏流，蓄极溢涌，至是始见，故其源不竭而流愈长。元史所载通惠河引白浮、瓮山诸泉者，今不可考。以今运河论之东雉、西勾如俗所称万泉庄其地者，其水皆不可资。所资者惟玉泉一流耳。盖西山、碧云、香山诸寺皆有名泉，其源甚壮，以数十计。然惟曲注于招提精蓝之内，一出山则伏流而不见矣。玉泉地就夷旷，乃腾迸而出，潴为一湖。康熙年间，依金章宗之旧地，建园于山之阳，名曰静明。园之西乳窦淙淙如趵突者为玉泉总脉，其余沉然而泛滥于湖者不可胜数。

玉泉山"土纹隐起，作苍龙鳞，沙痕石隙，随地皆泉……水清而碧，澄洁似玉"，故水称"玉泉"，山以泉名。玉泉的名称最早出现在《金史·地理志》中："宛平，本晋幽都县，辽开泰元年更今名，有玉泉山行宫。"金章宗在玉泉山建芙蓉殿行宫，《金史·章宗纪》记载，章宗曾七次巡幸玉泉行宫。关于玉泉，金末元初文人赵著在《大承天护圣寺碑》中有更详细的记载："燕城西北三十里有玉泉，泉自山而出，鸣若杂佩，色如素练，澄泓百顷，鉴形万象。及其放乎长川，浑浩流转，莫知其涯……山有观音阁，玉泉涌出，有'玉泉'二字刻于洞门，泉极甘洌，供奉御用。"《日下旧闻考》中亦说："玉泉在宛平县西北三十里。山有石洞三，一在山之西南，其下有泉，深浅莫测。一在山之阳，泉自山而出，鸣若杂佩，色如素练，澄泓百顷，鉴形万象，莫可拟极。一在山之根，有泉涌出，其味甘洌，洞门刻'玉泉'二字。"玉泉山西南麓有石洞，泉从中涌出，自上而下，宛若流虹，金章宗将此景命名为"玉泉垂虹"，为著名的燕京八景之一。

清朝在玉泉山依金章宗旧址建静明园，乾隆帝认为泉水是从石缝中喷涌而出，雪涌涛翻，很像济南的"趵突泉"，遂将"玉泉垂虹"改为"玉泉趵突"。乾隆为验证玉泉水质，特命内务府官员用银斗称量天下名泉，结果玉泉水最轻。从此，玉泉水定为清宫专用御水，乾隆亲题"天下第一泉"碑。

北京西山以玉泉为代表的为数众多的泉流，是西山风景区和寺庙的"灵魂"，也是北京自建都以来的生命之源。丰沛的水源为京都供水、漕运、灌溉提供了巨大的便利，对经济、园林、环境起了巨大作用。

玉泉山泉水开发利用很早，金代已负盛名。金兴建中都，首次将天然地势向东北流入清河的泉流，改为向南注入瓮山泊（今昆明湖），又将瓮山泊加以疏浚，从瓮山泊的东南角开凿了一条人工渠道，打开河渠中间的小分水岭，把泉水引向东南，直接与高梁河上源相接，又从高梁河积水潭上游开渠分水南下，直入中都北护城河，引入旧闸河，以至通州，从而使北来的粮船可以从通州入闸河，直抵中都城下。

元朝为了解决皇宫用水，水利专家郭守敬重修金水河，另辟由玉泉山引出的金水河，使其单独流至大都城，以供御用。金水河自玉泉山向东，沿着昆明湖、南长河西侧向东南行进，至车道沟处，折而向东，沿南长河南侧东流到和义门南水门入城。元代金水河为皇家专用水道，所经河流，使用跨河渡槽，沿途"濯手为禁"，禁玉泉山樵采渔弋，以确保金水河水不被污染。

至元二十八年（1291年），郭守敬又修建了白浮瓮山河，把昌平白浮泉水引向西方，绕过沙河与清河谷地，再沿西山脚下开渠筑堰，使白浮泉水途中与西山的许多泉水合流，经过青龙桥，流入瓮山泊。这样，从玉泉山来的泉水和从昌平白浮山来的泉水汇集瓮山泊，使瓮山泊的水量大增，然后再由瓮山泊开挖水渠，引水入城，这条水渠从瓮山泊东南开始，流经巴沟低地和万寿寺高地，与高梁河相接，流入积水潭。这就是今天的长河（即南长河），它成为流入城内的一条主要水道。元代导引玉泉山西北几十里范围内（主要有昌平白浮泉等）的泉水，汇入瓮山泊后入大都城接济漕运，此时是古代北京城水源最充足的时期。

明朝初年，白浮泉枯竭，金水河废弃，西湖水面缩小。为此，明初对西湖进行修治。疏浚玉泉山水汇集西湖后，由白浮泉下游故道流入德胜门水关，至积水潭后，又流入内苑中的三海，最后汇入通惠河。

至于清代，统治者在西北郊大规模兴建皇家园林，西起香山，东至圆明园，园林遍布。随着园林用水量的大增，乾隆初年，又整理西郊水道，开辟水源，扩浚瓮山泊，改称昆明湖。

始自金代，建于元代，经明、清刻意经营，形成了以玉泉山泉水为源头，连接通惠河的玉泉水系，包括玉泉诸泉、北长河、南长河、昆明湖、高水湖、养水湖、金河、护城河、内城河湖等。历经几代精心建造的玉泉水系，承袭了中国营建都城的传统风格，创造出极富魅力的水风貌及文化内涵，是都市规划建设的经典之作。玉泉水系独特的水风貌与皇家园林融为一体，巧妙地营造了"系中之系""园中之园"的建筑环境；玉泉水系沿途依水而建的古建筑群，堪称宫苑云集，名园密布，使宫城的威严与河湖的秀美交相辉映，水系与皇城交互融合；玉泉水系的分布格局，尤其是皇城四周的矩形筒子河、城墙周边的"凸"字形的护城河以及一水相连的内城六海，构成了古都北京重要的风貌标志。

1949年后，玉泉山泉流迅速减少，于1975年5月完全断流。自1955年官厅水库建成以来，永定河中下游的水流日渐减少，甚至断流，永定河冲积扇的潜水水位已经大大地下降，自然也无法再从向斜构造中补给西山的诸多泉流，分布在永定河冲积扇潜水溢出带上的下降泉已经全部枯竭消失。随着城市的发展和人类活动的影响，地下水过度开采，地表泉水消失，许多湖泊也陆续干涸消亡，平原河流失去天然泉水的补给，成为排污河道。虽然一些较大的湖泊，如昆明湖、玉渊潭、莲花池、三海等仍然存在，但是水源的补给已经不再依靠永定河冲积扇的地下潜水，而是依靠潮白河上游的密云水库和永定河上游的官厅水库，那些湖泊成为所谓的"景观湖泊"，失去了原来的生态环境意义。

过度开发使得一些水域干涸，其承载的历史文化也随之消失，因此对北京地区河湖水系的保护和恢复，既是环境问题，也是保护历史文化遗产问题。用北京五大水系调查实录《行走京城水脉，寻访生命之源》最后一段话来表达就是：

当永定河不再咆哮，真的"永定"，当拒马河日益枯竭，不再"拒马"，当沟河干涸，漕运成为记忆，当潮白河断流，饮用水变得珍贵，当城市河湖失去生机，人们终于醒悟了。逝者如斯，水，总是在流动着，大江大河，载浮载沉，滔滔东去，一路滋润，一路养育，然后赤条条地涌进大海。水的历程造就了生命的历程，却又隐身于生命之内。为了给子孙后代留下一湾碧水，留下一丝甘泉，留下生命的延续，保护身边的水资源要从珍惜做起，从保护做起，不断地探索人类与水的和谐共存之道。

"天下第一泉"玉泉水

北京西郊的玉泉山，是西山东麓支脉，六峰连绵，风景秀丽。其山"块然石也，鳞起为苍龙皮。山根碎石卓卓，泉亦碎而涌流"（刘侗、于奕正《帝京景物略》）。玉泉山洞壑漫布，流泉遍地，这些泉流"水清而碧，澄洁似玉"，故称"玉泉"，玉泉山则以泉名。玉泉山泉水资源丰富，附近有进珠泉、裂帛泉、试墨泉、宝珠泉、涌玉泉和静影涵虚泉等有名者30多处，构成玉泉山泉群。玉泉水清澈晶莹，泉味甘洌，最为宜人，最宜烹茶，被乾隆钦封为"天下第一泉"。

饮水思源，古人对水的鉴定是与中国博大精深的茶文化息息相关的，明代张源，隐居山林，博览群书，汲泉煮茗，历时三十年，究研茶事，著《茶录》，其中《品泉》一文写道：

茶者水之神，水者茶之体。非真水莫显其神，非精茶曷窥其体。山顶泉清而轻，山下泉清而重，石中泉清而甘，沙中泉清而洌，土中泉淡而白。流于黄石为佳，泻出青石无用。流动者愈于安静，负阴者胜于向阳。真源无味，真水无香。

大意为，茶是水的精神，水是茶的形体，非真水不能显示出茶的神韵，非精茶不能窥见水的美姿。山顶的泉水清澈而质轻，山下的泉水清澈而质重，石中涌出的泉水清澈而甘甜，沙中渗出的泉水清澈而寒洌，泥土中形成的泉水清淡而色白。从黄石中流出的泉水比较好，从青石中泻出的泉水不能使用。流动的泉水比静止的泉水要好，在山背阴处的泉水比向阳处的好。纯正的天然源泉的水是没有味道的，纯正的天然泉水是没有香气的。

唐代最早鉴水试茶的刘伯刍，提出宜茶水品七等，以中泠泉为第一；被后人奉为"茶圣"的陆羽著《茶经》，评品天下水二十次第，以庐山康王谷水帘水为第一；乾隆皇帝是一位嗜茶者，一生与茶结下不解之缘，钦定玉泉水为天下第一。何以如此呢？

金朝章宗时期，玉泉水因"玉泉垂虹"被历代文人争相歌咏赞美，盛名天下。"山之根，有泉涌出，其味甘洌，门刻'玉泉'二字……以兹山之泉，逶迤曲折，蜿蜿然其流若虹。"章宗将其命名为"玉泉垂虹"，它成为燕京八景之一。

秀美的山泉景色，使这里成为金、元、明、清历代王朝天子的游幸之所。《金史》最早记载："宛平，有玉泉山行宫。"金章宗位于玉泉山顶的行宫名芙蓉殿，芙蓉殿下山根处即为玉泉。金章宗在位二十年，曾七次巡幸玉泉行宫。元世祖在章宗旧址上又建有昭化寺。明代宣德年间，在玉泉旁建玉泉亭，是宣宗驻跸处。清代康熙初年，在这里修建澄心园，后改称静明园，作为皇帝万机余暇行幸的行宫，静明园成为清代著名的三山五园之一。

玉泉山水也吸引了历代文人墨客，文徵明、李东阳等留下了诸多赞美玉泉山泉的诗赋和游记。明刘侗、于奕正《帝京景物略》中《玉泉山》一文，后附多篇诗文，描绘玉泉山泉的景象：

宛若垂虹引玉泉，萦萦出涧净涓涓。细通树底明初日，遥入湖阴动远天。
鱼乱翠纹生雨后，鸥分白浪起风前。流从太液归沧海，高建恩波下九埏。

——新淦金幼孜《玉泉山》

跳珠溅玉出岩多，尽日寒声洒薜萝。秋影涵空翻雪练，晓光横野落银河。
潺潺旧绕芙蓉殿，漾漾今生太液波。更待西湖春浪阔，尊罍再听濯缨歌。

——永丰曾棨《玉泉山》

这些诗词，多是描写玉泉形状之优美、声响之动听、味道之甘甜，而明代著名画家王绂画作《玉泉垂虹》诗却是对玉泉宜茶之水的品鉴：

树杪潺湲落翠微，分明一道玉虹垂。天潢低映广寒殿，地脉潜通太液池。
遥望直从云尽处，近听浑似雨来时。煮茶不让中泠水，陆羽多应未及知。

此诗认为，玉泉与陆羽评定为天下第一泉的中泠水不相上下，并批评陆羽虽评定了天下二十水品，却不知玉泉之美。

古代论水，重在水源，贵在"活"，水味要"甘"，水质需"清"，水品应"轻"，水温宜"冽"。宋徽宗精通茶，被后人称为"茶痴皇帝"，著《大观茶论》对北宋时期的茶事进行了全面的论述，以为"水以清、轻、甘、洁为美。轻甘乃水之自然，独为难得"。由此，对于水的品鉴有两大方法：以水性论水，即论水源的环境、水的动静、清浊、寒热、甘香等特性，是古代论水的方法之一；另一大方法是以轻重论水。

《茶经·煮》论水源曰："其水，用山水上，江水中，井水下。其山水拣乳泉、石池漫流者上。"这是以水源划分水的优劣，山水较好，江水次之，井水最差；山水中以石钟乳的滴水或石池里缓慢流动的泉水为上。乾隆《御制麦庄桥记》写道：玉泉"其源出玉泉山，如志所云巨穴喷沸随地皆泉而已。而不知其会西山诸泉之伏流，蓄极溢涌，至是始见，故其源不竭而流愈长。"《增订广舆记》写道："玉泉山，泉出石罅间，因凿石为螭头，泉从口出，味极甘美。潴为池，广三丈，东跨小石桥，名曰玉泉垂虹。"《日下旧闻考》写道："〔臣等谨案〕玉泉源从石穴涌出，御制诗并记文，特为釐定。"证明玉泉水出石罅，其源不竭，贵为活水，水源、环境为最上。

明代田艺蘅著《煮泉小品》，将水性分类归纳为九种，即源泉、石流、清寒、甘香、宜茶、灵水、异泉、江水、井水。作者亲尝了所记的各种泉水、井水，对水质的成因做了自己的考察和解释，根据水的清寒甘香等特征来辨别水质的优劣，并分门别类地加以阐述。"泉非石出者必不佳"，这已是定论。山泉，属于矿泉水的一个分支，是经特殊地层结构自然涌出的水，它经过了地下岩层、山体的层层过滤，其水质是一般的潜水难以比拟的。泉水的清寒表现的是地层深处的特征，深层地下水的水温是恒定的，微生物很少；持续的泉水，就是深层地下水反涌的自流泉，没有受到污染的地下水，自然是洁净的。蒋一葵在《长安客话》中如此描述玉泉："玉泉池内如明珠万斛，拥起不绝，水色清而碧，细石流沙，绿藻翠荇，一一可辨。"玉泉水汇西山诸泉，从地下深层伏流而出，清澈可鉴，具备上水之"清""洁""冽"的特征。

田艺蘅论水的甘香曰："泉惟甘香，故亦能养人。然甘易而香难，未有香而不甘者也。味美者曰甘泉，气芳者曰香泉。"甘泉很多，大多数山泉都有甘甜的特点。泉水中含有特定的矿物质，又溶解了二氧化碳等气体，就会给人以甜且鲜的感觉，香泉则比较少见。元代《饮膳正要》对玉泉水质进行了评价："今西山有玉泉，水甘美，味胜诸泉。"明代著名文学家吴宽，曾"登西山，饮玉泉，乐之留一月而归"，并写下《饮玉泉二首》。

玉泉塔影

龙唇喷薄净无腥，纯浸西南万叠青。地底洞名疑小有，江南泉品类中泠。
御厨络绎驰银瓮，僧寺分明枕玉屏。曾是宣皇临幸处，游人谁复上高亭。

垂虹名在壮神都，玄酒为池不用沽。终日无云成雾雨，下流随地作江湖。
坐临且脱登山屐，汲饮重修调水符。尘渴正须清冷好，寺僧犹自置茶炉。

第一首诗说玉泉水喷薄而出，洁净无杂质和腥味，与江南中泠泉极为相似；第二首是说玉泉水太好喝了，空口品尝就是最高享受，无须再与茶相烹煎，故而寺院的茶炉也成了摆设。"真源无味，真水无香"，玉泉水甘美无香，恰好符合上水之"甘"的特征。

明代徐献忠在其《水品》专著里，也将其奉为上品："玉泉山在西山大功德寺，西数百步，山之北麓，凿石为螭头，泉自口出，潴而为池，莹澈照映。其水甘洁，上品也。东流入大内，注都城，出大通河，为京师八景之一。京师所艰得惟佳泉，且北地暑毒，得少憩泉上，便可忘世味尔。"无疑，玉泉清、洁、甘甜，为水之上品，早已被品鉴记载。

明代翰林学士黄谏更是一位品泉专家，他品尝了北京城郊城内的众多泉水，并撰写了《京师水记》，惜今已散佚，但他对玉泉的评价却流传下来："（黄谏）好品泉，自郊畿论之，玉泉为第一；自京城论之，文华殿东大庖厨井为第一。作《京师水记》。"

有趣的是明代著名画家文徵明，他曾品尝京师玉泉水，觉得极为甜美，终生难忘，于是自号"玉泉山人"，后来他在苏州自家花园拙政园的瑶圃中发现一泓泉水，"甘洌宜茗，不减玉泉"，于是在重绘《拙政园十二景图》时亦名此泉为"玉泉"，并赋诗一首：

曾勺香山水，泠然玉一泓。宁知瑶汉隔，别有玉泉清。
修绠和云汲，沙瓶带月烹。何须陆鸿渐，一啜自分明。

"水以轻为上"是品泉最重要的理论，以"轻重"鉴水是另一个重要方法。

名泉煮水

乾隆一生好茶，一日不可无茶，更是鉴水品泉的行家。他一生游历神州各地，每至一地他都要品泉鉴水。虽然前人也有以轻重判断水质优劣的方法，但以银斗称量天下名水，以轻重定泉水高下的方法，是乾隆首创。《御制玉泉山天下第一泉记》写道：

> 水之德在养人，其味贵甘，其质贵轻，然三者正相资，质轻者味必甘，饮之而蠲疴益寿，故辨水者恒于其质之轻重分泉之高下焉。

饮水的目的是养人，所谓养人，就是以饮水祛病益寿。什么样的水能够养人呢？那就是甘甜之水，这是从味觉上来评定水质优劣的标准。由于人们感受有所不同，往往会出现差异，所以乾隆提出了"质轻者味必甘"的标准，辨水者只要掌握水质轻重这个关键，就能分辨出天下泉水之优劣高下。乾隆发明了一种极为简便的方法，他特制了一个银斗来称量天下名泉佳水，重量越轻，水质越优。《御制玉泉山天下第一泉记》记载：

> 尝制银斗较之，京师玉泉之水斗重一两，塞上伊逊之水亦斗重一两。济南珍珠泉斗重一两二厘。扬子金山泉斗重一两三厘，则较玉泉重二厘或三厘矣。至惠山、虎跑则各重玉泉四厘，平山重六厘，清凉山、白沙、虎邱及西山之碧云寺各重玉泉一分。是皆巡跸所至，命内侍精量而得者。然则更无轻于玉泉之水者乎？曰有。为何泉？曰非泉，乃雪水也，常收积素而烹之，较玉泉斗轻三厘。雪水不可恒得，则凡出山下而有冽者，诚无过京师之玉泉。昔陆羽、刘伯刍之论，或以庐山谷帘为第一，或以扬子为第一，惠山为第二。虽南人享帚之论也，然以轻重较之，惠山固应让扬子，具见古人非臆说，而惜其不但未至塞上伊逊，并且未至燕京。若至此，则定以玉泉为天下第一矣!

乾隆将北京玉泉山玉泉定为第一，手书"天下第一泉"刻碑立于泉旁，将《御制玉泉山天下第一泉记》镌刻在石碑上立于泉另一旁。他还诏谕在玉泉之上建龙神祠，御题龙王庙额曰"永泽皇畿"，又建泉宗庙，以祀玉泉等泉水。

乾隆如此重新品评天下之水，很大程度上否定了陆羽二十水品理论体系，认为二十水品是南方人"家有敝帚，享之千金"之论。千余年来，陆羽二十水品已成为鉴水之习惯性思维，许多品水文献都将陆羽二十水品奉为经典。而乾隆否定前人水品成说，固然与他的唯我独尊天子身份有关，其实他的说法也有一定的科学道理。水中含矿物质和其他杂质越少，水的重量越轻。此法操作性较强，在没有科学仪器测量的古代，银斗称量所得出的轻重数据，成为判定水质优劣的唯一标准，这种称量法无疑是先进的。

对于陆羽的二十水品，清王士禛在《古夫于亭杂录》中也曾提出："唐刘伯刍品水，以中泠为第一，惠山、虎丘次之。陆羽则以康王谷为第一，而次以谷帘、惠山。古今耳食者，遂以为不易之论。其实二子所见，不过江南数百里内之水，远如峡中虾蟆碚，才一见耳，不知大江以北如吾郡，发地皆泉，其著名者七十有二。以之烹茶，皆不在惠泉之下。"可理解为当时由于交通、地理等环境条件所限，陆羽二十水品难免有偏颇之处，但自陆羽始，开创了评水之风尚。

乾隆从一代帝王的生活方式和审美视角出发，写作咏茶与宜茶之泉的诗文共有四百余首（篇），收录于《御制诗集》中，将其茶缘、茶情、茶趣、茶品、茶事、茶禅、茶境写到了极致。其中有一百多首（篇）诗文是有关玉泉的。《品泉》一诗云：

甲乙惟凭轻权重，灶炉置侧便烹煎。
笑伊扬子称第一，未识玉泉第一泉。

听松庵，是惠山茗室名。乾隆六年（1741年）南巡回京后，乾隆命人依惠山听松庵旧藏《竹炉图》，在玉泉左侧建茅舍两间，称"竹炉山房"。在《玉泉山竹炉山房记》一文中他认为，以玉泉与竹茶炉烹茶，是最知"茗饮之本"的雅事，并说："我到玉泉常得句，为缘此地脱尘氛。"他共写了数十首有关竹炉烹玉泉的茶诗，并将这些茶诗悬挂于竹炉山房四壁，挂满之后，又将诗词刻于竹炉山房崖壁上，其中《竹炉山房烹茶作》之二云：

> 第一泉边汲乳玉，两间房下煮炉筥。
> 偶然消得片时暇，那是春风啜茗人。

山房烹茶，虽天然之趣，实寄寓高雅之情，抒发了茶人悠闲自得之态。《竹炉山房烹茶戏题》道：

> 中泠第一无竹炉，惠山有炉泉第二。
> 玉泉天下第一泉，山房喜有竹炉置。
> 瓶罍汲取更近便，茗碗清风可弗试。
> 四壁图书阅古人，大都规写烹茶事。
> 忽然失笑境地殊，我于其间岂容厕。

乾隆皇帝也是写玉泉最多的人，主要有《玉泉山天下第一泉记》《玉泉山竹炉山房记》《麦庄桥记》《玉泉山东岳庙碑文》《泉宗庙记》《重修朝阳门石道碑文》等，从这些文章可看出玉泉是整个北京城的众水之源，是皇城的命脉所在。

乾隆六次南巡，所用之水也都是玉泉之水。乾隆二十一年（1756年）他下旨说："朕明春巡幸江浙，沿途所用清茶水，着将静明园泉水带往备用。至山东省，着该省巡抚将珍珠泉水预备应用。"皇宫膳食用水也都是玉泉水，《钦定大清会典则例》记载，仅运送玉泉水至皇宫的劳力就有103名，可见皇宫所需玉泉水水量之大。直到清末宣统皇帝下台以后，紫禁城内的"后三宫"生活，每天仍都用毛驴拉水车，去四十里外的玉泉取水。水车上面插着一面小黄旗，以示皇家专用，拉了玉泉水往回赶，至黄昏才进入神武门。

由于地下水位下降等多种原因，天下第一的玉泉水在1975年后断流了，垂虹的画面也只存留在玉泉山惆怅的回忆里。但不管怎样，玉泉山的泉水有着其辉煌的经历，自北京建都始，玉泉水是历代都城的重要水源。早在金时就开渠引玉泉水入高粱河以增加中都水源；元代水利专家郭守敬另辟金水河，由玉泉山用专门的引水渠引玉泉水，沿途"禁樵采渔弋"，专供御用；至明清时，玉泉水成为唯一水源，又疏浚河渠汇玉泉水济京城；至民国，基本上靠这条水脉维持北京城的生计。800多年间，玉泉水一部分用于城防和城市河湖补换水，一部分用于漕运，还要供皇都宫苑的生活和园林用水。可以说，玉泉水孕育了北京城，没有玉泉水，就没有北京城的生息繁衍，就没有北京瑰丽的园林和灿烂的文化，北京今天的繁盛，玉泉水功不可没，从这个意义上说，"天下第一泉"的称誉，玉泉水当之无愧。

皇家御苑

金中都的北京，虽只有六十余年，但是它的都城、皇宫、园林和行宫的建设速度、规模都超过了前代。这是城市『性质』的一次变化，金代把中都建成了一座极其奢丽的纯粹为皇帝一家服务的城市，其85%都是皇家园林，金代的园林史，几乎就是皇家园林史，这是北京地区园林建设的一次高潮，是一个带有转折性的里程碑，对后来北京地区园林的发展具有重要的奠基意义。

北京园林的类型和特点

北京，"幽燕自昔称雄，左环沧海，右拥太行，南襟河济，北枕居庸。苏秦所谓天府百二之国，杜牧所谓王不得不可为王之地"。这里曾是金、元、明、清四代王朝的首都。古往今来，经历千年岁月，北京始终是中国政治、经济、文化的中心。深厚的历史文化与独有的浩然王气，造就了北京古典园林特殊的东方神韵。

园林是人们在一定的历史与地理条件下，在一定的民族与阶层、经济与文化条件下，对其所"居处"与"游观"之环境，依据客观条件、客观规律与客观要求，通过主观能动的变革而创造出来，并艺术化了的，充分表现着自然之美的生活空间。它必须把自然美、人工美，与为了提供生活上的便利所进行的各种构筑物，以及人文景观密切地融合起来。

按照园林基址的选择和开发的方式，中国古典园林可以分为人工山水园和天然山水园两大类型。人工山水园即在平地上开凿水体、堆筑假山，人为地创设山水地貌，配以花木栽植和建筑营构，把天然山水风景缩移模拟在一个小范围之内。天然山水园一般建在城镇近郊或远郊的山野风景地带，包括山水园、山地园和水景园等。规模较小的利用天然山水的局部或片段作为建园基址，规模大的则把完整的天然山水植被环境圈围起来作为建园基址，然后再配以花木栽植和建筑营构。如果按照园林的隶属关系来加以分类，那么中国古典园林可以归纳为若干个类型，其中的主要类型有三个：皇家园林、寺观园林、私家园林。

皇家园林为皇帝个人和皇室所私有，古籍里称之为苑、宫苑、苑囿、御苑、别苑等。皇家园林有大内御苑、行宫御苑和离宫御苑之分。大内御苑建置在皇城或宫城之内，个别的也有建置在皇城以外都城以内的。行宫御苑和离宫御苑建置在都城的近郊、远郊的风景地带，前者供皇帝偶一游憩或短期驻跸之用，后者则作为皇帝长期居住、处理朝政的地方，相当于一处与大内相联系着的政治中心。

寺观园林即佛寺和道观的附属园林，包括寺观内外的园林化环境，统称寺观园林。按照位置、布局、功能的不同，大致可分为三种类型。一是寺庙庭园，在寺庙建筑布局的各进院落中，或植以树木花卉，引清泉水溪，或为池，或叠以山石，或筑以亭台廊榭，使寺庙建筑与庭园组成要素融为一体。二是寺庙附属园林，于寺旁专辟园地，根据造园意图设计营造，虽有建筑和宗教设施，但以得景构成园林意境为主。三是山林寺庙，这种寺庙坐落于风景优美的山林之中，寺庙成为风景名胜区的组成部分；周围不许伐木采薪，因而古木参天、绿树成荫；寺庙本身或随形依势构筑庭园，或傍山依水另辟附属园林，或兼而有之。正因为这类寺庙园林及其内外环境雅致幽静，故而历来的文人名士都喜欢借住其中读书养性，更有皇帝将此作为驻跸的行宫。

私家园林为民间的官僚、文人、地主、富商所私有，古籍里称之为园、园亭、园墅、池馆、山池、山庄、别业等。民间的私家园林是相对于皇家的宫廷园林而言的。封建的礼法制度为了区分尊卑贵贱而对士民的生活和消费方式作出种种限定，违者罪为逾制和僭越，要受到严厉制裁。因此，私家园林无论在内容还是形式方面都表现出许多不同于皇家园林之处。建置在城里面的私家园林，绝大多数为"宅园"，宅园依附于住宅，作为园主人日常游憩、宴乐、会友、读书的场所，一般规模不大。

土地和水体是园林的地貌基础。土地包括平地、坡地、山地等，水体包括河、湖、池、沼、瀑、泉等。山、水、植物、建筑是构成园林的四个基本要素，筑山、理水、植物配置、建筑营造是造园的四项主要工作或手段。这些要素和手段构成中国古典园林的四大特点：本于自然，高于自然；建筑美与自然美融合；诗画的情趣；意境的涵蕴。

北京园林由于特殊的地理条件和历史背景，形成了自己的独特风格，可以概述为以下几点。

其一，规模宏大、气势磅礴。北京园林，特别是明、清两代遗留下来的园林，多属帝王宫苑，园内建筑物高大，气势雄伟，富丽堂皇，在全园布局上采取中轴对称形式分前殿、中殿和后殿，以显示封建帝王的权力至高无上。这些皇家园林都属离宫御苑，有的还承担着处理朝政的功能。由于自然环境限制，这里虽然地势平坦开阔，但可以利用的河川、湖泊比南方少，因而堆叠假山石料缺乏，在造园上更多地动用大量人力物力营造人工的却又是"自然"的山水宫苑，"虽由人作，宛自天开"，形成了北京园林的独特风格和特色。

其二，名园荟萃、集锦式园林体系。集锦式园林体系，主要是指凭借封建帝王的权势，集中全国财力、物力和能工巧匠，将国内国外各类园林的精华，以及山水诗、山水画中所描绘的自然情致、仙居幻境，移植仿建于皇家苑囿之中，形成名园荟萃、景象万千的园林景观。这是北京乃至中国古典园林文化发展到鼎盛时期的一个显著标志。

其三，多为大幅度的平地造园以及相应出现的小园集群的规划布局。北京园林建筑，为了与山水地形自然协调，避免呆板凝滞，在原本是一片平地的地方，挖湖堆山，将其分割成不同景区。而在各组建筑群之间，则以人工将自然起伏的土丘加以分隔，使其构成各自互不干扰而又协调一致的景区。平地造园、小园集群的造园手法以秀美的大自然作为基础，结合传统的美学、哲学、文学乃至宗教，构建高深博大的园林艺术。

其四，鉴仿江南，兼具南北。北京园林在保持北方传统风格的基础上，借鉴江南园林的造园手法，特别是清代康、乾二帝多次下江南巡视，深受清雅秀丽的江南园林影响，于是在北京皇家园林中加以仿效，极大地丰富了北京皇家园林的内容，达到了封建帝王造园艺术的顶峰。江南园林的意境与皇家园林的需要和富丽堂皇、庄重雄伟的宫阙融合，使皇家园林兼具南北之长。"兼有南方之秀，北方之雄"，是形容北京园林艺术特色的经典之句。

其五，引入西洋园林文化。北京园林吸取了西洋园林文化精华，并与中国皇家园林有机结合。西洋园林几何构图与中国园林自然山水式景观相交融，有机结合，体现了中西园林文化的交流，犹如把一朵西欧古典园林文化艺术之花，镶嵌在中国古典园林文化的锦缎之上，收到锦上添花的艺术效果。

总之，北京园林历史最久、持续时间最长、分布范围最广，内容深广。其最具特色的是规模浩大的皇家园林，最负盛名的是历史悠久的寺观园林，最富于变化的是精巧别致的私人宅园。它们大部分聚集在京城西北郊和西山一带，或以天然风光而脍炙人口，或以玲珑隽秀而备受称颂，或以恢宏典雅而扬名天下，实为中国之国粹。

金中都的皇宫御苑

　　女真族建立的金王朝灭辽和北宋之后，于公元1153年正式迁都燕京，改燕京为中都，也加速了金在政治、经济和文化上的汉化过程。金一面作为军事胜利者掠夺辽与北宋宫苑的文物财富、技术人才，以充实中都的建设力量；一面扩建中都城并开始经营宫苑，包括大内御苑和行宫御苑。到金章宗时，金王朝的版图扩大到中原、淮北，政局稳定、经济繁荣，皇家园林建设的数量和规模已十分可观。据记载，在中都城内宫城内外有芳园、同乐园、广乐园、南苑、北苑、后园、东苑、熙春园、琼林苑、梁园、蓬莱园、东明园等12处，在近郊和远郊有鱼藻池、钓鱼台、鹿园、环秀亭、城南行宫、大宁宫、玉泉山行宫、香山行宫、西山八院等14处，此外还有位于房山、河北等地的较远的行宫17处。作为金中都的北京，虽只有六十余年历史，但是它的都城、皇宫、园林和行宫的建设速度、规模都超过了前代。金代海陵王、世宗、章宗三代把中都地区推到了名副其实的首都地位。这是一次城市"性质"的变化，不同于其前代的"陪都"以及更早期的"边陲重镇"和"大地区首府"的地位。金代把中都建成了一座极其奢丽的纯粹为皇帝一家服务的城市，其85%的园林都是皇家园林，金代的园林史，几乎就是皇家园林史。这是北京地区园林建设的一次高潮，是一个带有转折性的里程碑，对后来的北京地区园林的发展具有重要的奠基意义。

一、金中都的皇城宫殿

　　北京正式成为皇都始于金代。天德三年（1151年），海陵王完颜亮下诏扩建兴修燕京宫室城池，并于贞元元年（1153年）正式迁都燕京，将燕京城的东、南、西三面加以扩展，增修宫殿，扩大皇城的范围。金世宗、金章宗时继续增建，金中都成为当时规模空前的一座城市。

　　金中都仿照北宋汴京之规划，在辽南京城基础上扩建。中都城共三层，里面一层为宫城，又称内城；中间一层为皇城，故址在今广安门以南，为长方形小城；外面一层为都城，均有城墙护卫，故址范围略相当于原北京市宣武区（现已与西城区合并）西区的大半。宫城和皇城在辽南京子城旧址上扩建，都城的城墙却向东、西、南方向各展宽约三里，城周三十七里有余，共有十三座城门。

金中都的皇城，是在辽燕京宫室旧址上兴建的，雄伟壮丽，气势非凡。宣阳门为皇城南门，中门绘龙，两旁偏门绘凤，饰以金钉。楼门上建有重楼，三门并立，中门专供皇帝的车驾出入。皇城内的宫城，位于全城中央，规模宏大，四周长9里30步。宫城正南门叫应天门，气势更加雄伟，楼高8丈，四角都建有垛楼，瓦皆琉璃，金钉朱户。应天门左右两旁为左掖门、右掖门，各有重兵把守。宫城东西相距1里许，正东为宣华门，正西为玉华门，正北为拱辰门。

从应天门向南，出皇城南面的宣阳门，直达大城南面的丰宜门，贯通三门的是相当于全城中轴线的一条御道，这条御道最为宽广，夹道有水沟两条，沿沟种植了柳树。御道的两旁，对称安排了一系列规模恢宏的建筑，从应天门前直到宣阳门内的东西两侧有文武楼，文楼在东，武楼在西，文楼以北为来宁馆，武楼以北为会同馆。御道东西并列千步廊，千步廊的中部各有偏门，东通太庙，西连尚书省。这样的精心布局使得宫城前面的宫廷广场气势宏伟，从而更加烘托了宫城的庄严气氛。

进应天门往北，经过大安门，即为宫城内最大、最主要的建筑大安殿。凡皇帝即位、死后停驾、册立皇太子等重大政治活动，都在这里举行。大安殿后，为皇太后居住的寿康宫。大安殿东北，为皇太子居住的东宫；西北侧是嫔妃居住的宫殿。宫城最后，过仁政门为仁政殿，殿旁有二高楼，称东、西上阁门。仁政殿是金朝皇帝临朝听政的地方。宫城内殿九重，楼台层叠，鳞次栉比。除了上述几处重要建筑外，宫城里还有寿康殿、承华殿、泰和殿等宫殿，总数达四十六座之多。

金中都宫城中宫殿之多，宫城规制之宏伟，在北京地区历史上是空前的。据《日下旧闻考》记载："延亘阡陌，上切霄汉，虽秦阿房、汉建章不过如是。"皇城内外苑囿密布，市面繁荣，士民辐辏；城外四周也修建很整齐，城壕外土岸高厚，夹道植柳甚整。新建成的中都，是一座环境优美、街市繁华的都城。

二、金中都的宫廷园林

金朝皇帝在扩建都城、营建宫殿的同时，开始建设宫廷园林，先在辽子城西部苑囿、湖泊的基础上扩建为西苑，是为皇帝皇宫西之御苑，其后又建东苑、南苑、北苑。其中，以皇城内之西苑为主，它是金帝及皇室成员经常游玩的场所。

金中都皇城西部有相当大的一片湖泊，有瑶池（鱼藻池）、浮碧池、游龙池等，池中岛上有殿，倒影映入池中。原辽南京（燕京）子城西部即有许多大小湖泊、岛屿，《辽史》中所记的"瑶屿"即位于此处，并建有临水殿、瑶池殿等，作为陪都皇城之御苑。金代将此御苑扩大，在辽皇城中瑶池及其西一带的湖泊的基础上，建成了琼林苑和西园，形成了一座美丽的园林，其中楼、台、殿、阁、池、岛俱全。《大金国志》记载："西至玉华门，曰同乐园。若瑶池、蓬瀛、柳庄、杏村皆在于是。"西园也叫西苑、同乐园，同乐园中有柳庄、杏村，琼林苑中有瑶池、蓬瀛，它们分布在宫城西门玉华门的内、外两侧。金中都城内的皇城，位于城中略偏西，其中有皇帝所居的宫城，琼林苑位于宫城西侧的中部和南部，占去西侧的大部分地方，而西苑则位于宫城的西门外。瑶池（金时称鱼藻池）在琼林苑的南部，池水与宫城西墙外西苑中的各湖之水相通，所以琼林苑和西苑实际上是连在一起的，琼林苑在东，地处宫城内，西苑在西，地处宫城外。时人通常把瑶池及西苑中各大湖统称为太液池，因它们是皇宫中御苑的池沼，瑶池沟通着皇城中的水系，水流畅通，池中生长着莲花、芙蓉花。

《金史·海陵王纪》载："贞元元年十一月己丑，瑶池殿成。"金海陵王在增建辽代的瑶池宫殿时，重修了瑶池殿，新建了横翠殿、瑶光台、瑶光楼、临芳殿、神龙殿、隆德殿、观会亭等，仿照北宋汴京御苑的名称，将建成的新苑命名为琼林苑（也称琼林园）。《金史·地理志》载："琼林苑有横翠殿，宁德宫西园有瑶光台，又有琼华岛，又有瑶光楼。"到金章宗时，瑶池改名为鱼藻池，瑶池殿（位于池中岛上）也改叫鱼藻殿。《金史·章宗纪》载："泰和三年五月壬申，以重五，拜天，射柳，上三发三中。四品以上官侍宴于鱼藻殿。"

琼林苑非常壮观，从海陵王时开始兴修，历经金世宗、金章宗两代五十多年的不断增建，成为金代宫城中一座景色优美、建筑宏伟的御苑，元代人称其"尽人神之壮丽"。

金时，在琼林苑中还增建了蓬莱院及蓬莱阁、蕊珠宫及蕊珠殿、龙和宫及龙和殿、翔鸾殿、端明殿、明月殿、清风殿、香霏亭、兰台、坤仪殿（后又改为桂窟殿）、玉华宫等多处楼台殿阁亭。

瑶池北岸是构成御苑一部分的宫殿群，其中的蓬莱宫，有蓬莱殿、蓬莱阁，蓬莱殿的西侧分别是瑞光楼和瑞云楼，这组楼阁组成蓬莱仙境。蓬莱宫之东，是金章宗为李妃修建的龙和宫，宫中原有坤仪殿，李妃奏请金章宗准许将龙和宫作为避暑的地方，把坤仪殿改为桂窟殿，由她与金章宗在这里娱乐。龙和宫中有一座建筑精致的台，称为"兰台"，金章宗常与李妃在兰台共坐及吟诗对句，后世称为李妃的"妆台"。桂窟殿后就是瑶光楼，人称登瑶光楼如上凌云，可望瑶池的一片风光；因蓬莱、龙和二宫相邻，中有楼台殿阁多处，环境优美，当时被称作南避暑宫（北避暑宫为万宁宫），作为金宫中避暑胜地。

蓬莱宫之西是神龙殿，神龙殿以北，是明月殿、清风殿，二殿曾是金世宗、金章宗祈醮的地方。再往西，已临近玉华门，是琼林苑的西北部，这里是一座修道的小院，叫长春院，院中有一座香霏亭。长春院"仙音杂沓，紫霞淋漓，临素娥之庭院，历玉女之窗扉。红方洞锁长春，花雨暗夫香霏"。其西北玉华门附近，建有玉华宫，作为烧丹院。

瑶池的西岸，近宫城的西南角一带，建有蕊珠宫，其中有高大的蕊珠殿。金章宗在位时，曾在蓬莱宫中的瑞光楼邀诸臣中秋赏月。金代诗人赵沨作诗云："秋气平分月正明，蕊珠宫阙对蓬瀛。已驱急雨消残暑，不遣微云点太清。"描写出蕊珠宫与湖中的瀛洲（指岛屿及其上的宫殿）、对岸的蓬莱宫相辉映的景色。

瑶池的东岸建有一座宏伟的端明殿，它是一座高大的三层楼，坐西东向，女真有东向拜日的习俗。楼旁建造了一条飞梁，可以从楼下直上到第三层，皇帝上端明殿就从这条飞梁直上，称它为"辇路"。端明殿稍北就是蓬莱宫之东龙和宫，东为琼林苑之宝昌门。

　　此外，琼林苑中还布满了珍稀的花卉、树木，养着珍禽奇兽。花木有"琪树""珠树""瑞华""琼蕊""瑶卓""朱英""紫脱"等名称，都是珍品。

　　琼林苑初建成，金海陵王就常在苑中赐宴群臣；金世宗时也常在瑶池欢宴大臣，谈论古今的"治乱"。每年瑶池（鱼藻池）中荷花开放，金朝皇室帝、后、太子等都要到琼林苑去观赏。金章宗在位时，时常到西苑去拜天、射柳，归来时在瑶池中的鱼藻殿设宴赐群臣。金章宗喜欢游玩，经常乘坐名为"翔龙"的龙船，游行于瑶池及西苑的其他湖中，到各景点去观赏"行幸"。当时有"方壶""流洲""琼田""县圃"等处，都是他乘"翔龙"舟的去处。卫绍王登位后，把金宫的许多名称加以改变，宫城的玉华门改名西华门，太液池也通称为"西华潭"，意即西华门一带的潭水。

白塔印象

琼林苑形胜壮丽，歌舞升平，后人有许多描述。据元代人所记："緜联翠苑，韬映金塘，楼阙嵯峨，殿阁弯隆。"《日下旧闻考》卷二九记载道："彩凤箫声彻晓闻，宫墙烟柳接龙津。月边横吹非清夜，镜里琼华总好春。行殿基存焦作土，踏锥舞歇草留茵。野花岂解兴亡恨，独学宫妆一色匀。"又有《日下旧闻考》录《秋涧附集》诗："琼苑韶华自昔闻，杜鹃声里过龙津。殿空鱼藻山犹碧，水涸龙池草自春。民乐尚歌身后曲，弓弯不见舞时茵。绛桃谁植宫墙外，露湿胭脂恨未匀。"直至公元1215年，金中都为蒙古军所占领，琼林苑也随着金朝的皇宫一起被烧毁、废弃。如今位于北京广安门以南的青年湖一带，即为西苑各湖的旧址，多年来湖水逐渐干涸，多处已被填平或被现代建筑设施覆盖。

郊园行宫

《辍耕录》云：「金人乃大发卒，凿掘辇运至幽州城北，积累成山，因开挑海子，栽植花木，营构宫殿，以为游幸之所。」金章宗时的「燕京八景」中，万宁宫有「琼岛春阴」「太液秋波」两景。

辽南京的御苑离宫

契丹族是游牧民族，辽帝统治方式是以春、夏、秋、冬四时捺钵巡视各地，其政治中心在捺钵地。辽南京（燕京）是作为五京之一的陪都，不能仅仅满足于深宫楼台、皇家苑囿，而要求有避暑、狩猎的苑囿和离宫。辽南京的御苑，据《辽史》记载主要有长春宫、内果园、栗园、延芳淀，还有华林、天柱二庄和瑶池殿、临水殿，辽代帝王经常到苑中游幸。

长春宫　具体位置不详，《辽史》记载是辽燕京著名的皇家御苑。辽人爱花卉，尤喜牡丹、芍药。长春宫牡丹甚盛，辽朝皇帝到燕京，常至长春宫观牡丹。《辽史·圣宗本纪》载："三月癸亥朔，幸长春宫，赏花钓鱼，以牡丹遍赐近臣。""丙寅，遣使抚谕高丽。己巳，涿州木连理。壬申，如长春宫观牡丹。是月，复置南京统军都监。""十三年春正月壬子，幸延芳淀。甲寅，置广灵县。丁巳，增泰州、遂城等县赋。庚申，诏诸道劝农。癸亥，长宁军节度使萧解里秩满，民请留，从之。庚午，如长春宫。"据此可以推知辽南京长春宫有牡丹园，景色十分绮丽。

内果园　据史书记载，辽燕京有柳园、凤凰园、内果园。《辽史·圣宗本纪》载：开泰五年（1016年），驻跸南京，"幸内果园，宴，京民聚观。求进士，得七十二人，命赋诗，第其工拙，以张昱等一十四人为太子校书郎，韩栾等五十八人为崇文馆校书郎。……燕民以年谷丰熟，车驾临幸，争以土物来献。上礼高年，惠鳏寡，赐酺余。至夕，六街灯火如昼，士庶嬉游，上亦微行观之。"可见，内果园是燕京城内一处御苑，允许京民观赏游览，王公显贵、文人骚士和平民百姓均可游览。

栗园　位于今白云观西南，史书记载在燕京感化寺内"园有甘栗万余株"，是当时燕京城西北一处御园。当时燕京城设有栗园司，专管栗子生产、加工、税收等事务，辽代著名文学家萧韩家奴便曾"掌栗园司"。栗园司机构很大，在各州县均有派出机构和管理栗园的官吏。

延芳淀　辽代皇室、贵族的弋猎之所，在燕京东南郊潞阴县，相当于今通州南大小北关和前后南关之间的地方。《辽史·地理志》载："潞阴县，本汉泉州之霍村镇。辽每季春，弋猎于延芳淀，居民成邑、就城故潞阴镇，后改为县。"延芳淀是辽帝春捺钵的主要地点之一，既是辽帝游猎之处，也有神潜宫的宫殿建筑，圣宗及其母承天皇太后经常到延芳淀。直到元代，还有"岁猎部潞州柳林海子"的记载，据考证，这"柳林海子"即辽延芳淀旧址。

华林、天柱庄　辽帝在燕京经常巡幸的地方。史书中屡见辽帝幸华林、天柱之事，如辽景宗乾亨四年（982年）"正月己亥，如华林、天柱"。《辽史·地理志》载：顺州领怀柔县（今北京顺义县），南有北齐长城，"城东北有华林、天柱二庄，辽建凉殿，春赏花，夏纳凉"。北齐长城在温榆河南岸，而华林、天柱二庄在齐长城东北，亦即顺州怀柔县西南，今北京东郊天竺镇西三里有余，即辽华林庄遗址。

瑶池殿、临水殿　在今北京广安门外青年湖一带。《三朝北盟会编》卷九载：宋宣和四年（1122年）六月，辽燕王淳"病卧于城南瑶池殿"。《辽史·游幸表》载：辽兴宗重熙十一年（1042年）闰九月，幸燕京，"宴于皇太弟重元第，泛舟于临水殿宴饮"。可知辽燕京城南有瑶池殿，又有临水殿。

金中都城近郊园林行宫

金中都城近郊建有许多园林、行宫，完颜亮在瓮山、玉泉山、香山等处多有建筑，金章宗辟建西山八大水院，我国最早的"燕京八景"也始于金。

建春宫　位于中都城南大兴县，相当于今北京南苑一带，是金代皇帝为"春水"而修建的行宫。《金史·地理志》载："大兴倚，辽名析津，贞元二年更今名。有建春宫。"金章宗于明昌五年（1194年）春曾"幸城南别宫"，其后几乎每年春季都到城南这所行宫去。在承安三年（1198年）正月，"如城南春水，以都南行宫名建春"，将城南的行宫命名为"建春宫"。金章宗每次到建春宫，都要停留多日，并在此处理政事。金亡后，蒙古军队曾在这里驻军，在南郊建"下马飞放泊"，为明、清南海子前身。

长春宫　《金史·地理志》记载，中都路滦州"石城，有长春行宫。长春淀旧名大定淀，大定二十年更"。滦州，今河北省滦县，辽代天赞二年（923年）建州，石城是中都路滦州的一个属县（在今河北省唐山市东北）。金灭北宋，统一中国北方后，滦州辖属中都路。因地理位置险要，改滦州为节度使，辖义丰、石城、马城、乐亭四县及榛子、新桥（今河北乐亭沿海区）二镇。《金史·后妃传》载："大定二十一年二月，上如春水，次长春宫。戊子，妃以疾薨。诏允成、允蹈、允济、允德皆服衰绖居丧。己丑，皇太子及扈从臣僚，奉慰于芳明殿。"长春宫中不仅有芳明殿，还有兰皋殿、辉宁殿。

光春宫　《金史·地理志》记载，中都路遂州"遂城，有光春宫行宫。有遂城山、易水、漕水、鲍河"。遂城，隶属于河北省保定市徐水区，宋为广信军治所，北宋时为宋、辽界城，金天会七年（1129年）为遂州治所。

万宁宫　金代万宁宫在中都城东北郊，为今北海一带。《金史·地理志》载：京城北离宫有大宁宫，大定十九年（1179年）建。后更为寿宁，又更为寿安。明昌二年（1191年）更名为万宁宫。这里原来是一片湖沼地，上源为高梁河，经人工开拓为大湖。万宁宫规模宏大，《金史·章宗纪》记载："明昌六年五月，命减万宁宫陈设九十四所。"其陈设改裁减的就有九十四处之多，可见其排场壮观。章宗即位后，每年必有几个月的时间住在万宁宫，并在这里处理政务。文臣赵秉文《扈跸万宁宫》诗中这样描写："一声清跸九天开，白日雷霆引仗来。花萼夹城通禁御，曲江两岸尽楼台。柳阴罅日迎雕辇，荷气分香入酒杯。遥想熏风临水殿，五弦声里阜民财。"诗中把大宁宫比拟为唐长安的曲江，足见当年景物之盛况。万宁宫这个地址在辽时就已粗创，金于辽代已有的基础上建立宫苑。《辍耕录》云："金人乃大发卒，凿掘辇运至幽州城北，积累成山，因开挑海子，栽植花木，营构宫殿，以为游幸之所。"金章宗时的"燕京八景"中，万宁宫有"琼岛春阴""太液秋波"两景。

金末，蒙古军进攻中都城，城内的宫苑全部被毁，西苑是"废苑莺花尽荒台燕麦生"。蒙古统治者抛弃残破的金中都，仿中都形制和布局，移址重新修建都城。太宁宫被指定为新城设计的中心地带，太宁离宫的湖泊，经过进一步开凿，逐渐接近今日北海与中海的格局，湖泊也定为"太液池"和"西苑"。宫殿分布在太液池的东西两岸，并仿金中都城内西范重设"琼华岛"等，于是建造了一座崭新的大都城。

钓鱼台　在中都西北郊的玉渊潭及其附近地区。相传此地在辽时即为一蓄水池，从西山下来的泉水和当地泉水在此汇集。《日下旧闻考》记载："西郊有地名钓鱼台，是金主游幸处。钓鱼台在三里河西北里许，乃大金时旧迹也。台前有泉从地涌出，冬夏不竭，凡西山麓之支流悉灌注于此。"《析津志》云："钓鱼台在平则门西花园子，金章宗于春月钓鱼之地，今虽废，基址尚存。"《蓟邱集》王嘉谟玉渊潭诗云："玉渊潭上草萋萋，百尺泉声散远溪。垂柳满城山气暗，桃花流水夕阳低。"从这些对钓鱼台残景的描述中，可见此苑的盛时景况，它是一座有花有水、垂柳流泉的美丽行苑。

西湖　在辽南京城之西，从西湖流出之水，作为南京西护城河的南段与南护城河。这段由西湖流出的构成南京西护城河之水，即今广外街道从甘石桥南流之莲花河，当时的西湖，即今莲花池之前身。金扩建中都，把辽南京的西、南护城河变为都城之内河，供给西苑中太液池、鱼藻、浮碧、游龙等湖，因此，西湖成为金中都的重要水源。西湖在金时面积很大，比今天的莲花池要大得多，

颐和园春雪

地下泉水丰富。《明一统志》云："广袤十数亩，旁有泉涌出，冬不冻，东流为洗马沟。"由此可知，洗马沟之名到明时仍在沿用。西湖也为金中都公共风景区，《滏水集》有诗描绘："倒影花枝照水明，三三五五岸边行。今年潭上游人少，不是东风也是情。"又："日斜飞尽往来尘，为怕春愁恋酒樽。醉里不知归去晚，先声留著颢华门。"

香山行宫 辽代时已开始经营香山。金大定二十六年（1186年），世宗与近臣同经营香山行宫及佛舍，将原来的香山寺及安集寺合二为一，建成一所纵贯香山上下的新寺，定名为大永安寺，建筑规模极大。《元一统志》记载："凿山拓地而增广之。上院则因山之高，前后建大阁，复道相属，阻以栏槛，俯而不

危。其北曰翠华殿，以待临达；下瞰众山，田畴绮错。轩之西叠石为峰，交植松竹，有亭临泉上。下院之前树三门，中起佛殿，后为丈室云堂，禅寮客舍；旁则廊庑厨库之属，靡不毕兴。千楹林立，万瓦鳞次。向之土木，化为金碧丹砂；旃檀琉璃，种种庄严，如入众香之国。"故新建的大永安寺，是将原香山寺扩建为有阁、殿、亭可供登临、休憩的行宫，而将原安集寺建为佛寺。这座行宫是山下为寺，山上为宫，中有登山通路，金章宗即位后，经常到香山行宫游玩及打猎，并在行宫增建会景楼等建筑。

玉泉山行宫 《金史·地理志》记载："宛平，有玉泉山行宫。"玉泉山行宫在中都城北郊的玉泉山，早在辽代即已草创。金章宗在山麓建芙蓉殿，经常

临幸避暑、狩猎。玉泉山以泉水闻名，泉水出罅间，潴而为池，再流入金代开凿的长河以增加高梁河之水量，补给大宁宫园林用水。玉泉山行宫芙蓉殿是金章宗"西山八院"之一，也是燕京八景"玉泉垂虹"之所。兰溪胡应麟游玉泉诗云："飞流望不极，缥缈挂长川。天际银河落，峰头玉井连。波声回太液，云气引甘泉。更上遗宫顶，千林起夕烟。"又："殿隐芙蓉外，亭开薜荔中。山光寒带雨，湖色净连宫。作赋携词客，行歌伴钓翁。夕阳沙浦晚，凫雁起秋风。"

燕山八景　又称"燕京八景"或"燕台八景"等，最早见于金朝的《明昌遗事》中，所记名目叫"燕山八景"。金章宗于明昌年间（1190—1196年），邀集文人学士游历中都，选出八景，名为太液秋风、琼岛春阴、道陵夕照、蓟门飞雨、西山积雪、玉泉垂虹、卢沟晓月、居庸叠翠。后代文人纷纷题诗，遂使之闻名遐迩。

由金到清，燕山八景名称、景观和景址有了变化。如金台夕照（金时称"道陵夕照"）所指的金台，元时位于大都城内，明时却指的是朝阳门外；蓟门飞雨的蓟门，指蓟北门，金代的蓟门位于元大都以南，距金代黄金台不远，而明代却把元大都城西北部的城墙遗址看作古蓟门。蓟门飞雨也改称蓟门烟树，景观也以郊野树景为主；金时道陵夕照，也改为金台夕照。

乾隆十六年（1751年），乾隆皇帝亲自主持更订了名目，御定八景为太液秋风、琼岛春阴、金台夕照、蓟门烟树、西山晴雪、玉泉趵突、卢沟晓月、居庸叠翠。后代史料中多以乾隆钦定燕京八景景名为依据。

西山八院　金章宗在燕京西郊西山建立有八座行宫，总称八大水院。据有关考证，八大水院有清水院（大觉寺）、香水院（法云寺）、灵水院（栖隐寺）、泉水院（玉泉山芙蓉殿）、潭水院（香山寺）、圣水院（黄普院）、双泉院（香盘寺）、金水院（金山寺）。

元大都城郊风景区园林

元大都新城建成后，原来的金中都旧城就被称为南城。南城有许多名胜古迹，旧朝宫殿当时遗迹尚存。元好问因事到燕京，曾游金旧城宫室，并写有《梁园春》诗五首，其中有"谁怜丽泽门边柳，瘦倚东风望翠华"之句，感慨世事变幻，朝代兴衰。此后不久，中书令耶律楚材之子耶律铸重游旧金中都宫室，并且询访故都遗老："得睹龙和故址，桂窟琼林，光沉薰歇，但瓦砾榛芜，逐狐兔而已。"面对残破的宫殿园林，感慨万分，遂作《龙和宫赋》以述当时之所见："通天台榭，朝元洞户，基无完甓，墉无遗堵。弋林钓渚，柳塘花坞，流萤司夜，野莺典曙。"当时南城虽已破败不堪，但尚留有大片遗迹，如广乐园中的神龙位、翔鸾位，太液池中的瀛洲三岛，以及明月殿、清风殿、香霏亭，龙和宫中的桂窟殿、方壶位、芳瀛位、琼田位、县圃位等，皆有故基可寻。

元朝有制，"冬、春之交，天子或亲幸近郊，纵鹰隼搏击，以为游娱之度，谓之飞放"。大都东南百里的柳林，是人烟稀少的沼泽区，"原隰平衍，浑流芳淀，映带左右"，便为元朝统治者"飞放"的地方。每年春天，元朝统治者都要到这里纵鹰猎捕天鹅。这种制度沿袭辽、金以来的习惯，也叫作"春水"。元代有四大飞放泊游猎区：一为大都正南不远地方，下马飞放泊游猎区及鹰坊仁虞院等，"广四十顷"，后来明清两代增广其地，改称南范，也叫南海子；二为柳林飞放泊游猎区；三为北城店飞放泊游猎区；四为黄埂店飞放泊游猎区。

元代的皇家园林并不突出，除了四大飞放泊之外，就是承袭金代大宁宫的太液池、万岁山为最大了。

大都西郊稍远的地方，便是著名的西山风景区，其中以玉泉山、寿安山和香山最为有名。

玉泉山，早在金代即已成为统治者经常游幸的地方，元代也是皇帝游赏之地。玉泉山东南有瓮山，瓮山前一湖泊，也叫瓮山泊，即西湖，就是今天颐和园昆明湖的前身，它的景色优美，民间称为"西湖景"。《水经注》记载："西湖东西二里，南北三里，盖燕之旧池也，渌水澄澹，川亭望远，为游瞩之胜所也。""盛夏之日,芙蓉千里,堤柳丛翠,中隐见村落。行至功德寺,有危桥可坐。""功德寺旧名护圣,前有古台三,相传是元主游乐更衣之处,或曰此看花钓鱼台也。"元文宗天历二年(1329年),在西湖岸畔兴修了大承天护圣寺,到至顺三年(1332年)落成。大乘天护圣寺规模宏大壮丽,为玉泉、西湖增色不少,时称"西湖寺"。"西湖景"在当时被誉为"壮观神州今第一",赢得了许多诗人的赞扬。元朝人赏西湖总是泛舟前往,从西湖有河道直通大都城。这条连接大都和西湖的水上通道,两旁沿堤万柳看新绿。当时有诗云:"凤城西去玉泉头,杨柳长堤马上游。"大都的贵族、官僚、文人竞相游览西湖,盛赞西湖景致。元代初期,耶律楚材曾游玉泉山,作词云:"花界倾颓事已迁,浩歌遥望意茫然。江山王气空千劫,桃李春风又一年。 横翠幛,架寒烟,野花平碧怨啼鹃。不知何限人间梦,并触沈思到酒边。"至元中,元世祖曾下令"禁止玉泉山樵采渔弋",还在玉泉山修了一座昭化寺。

从玉泉山向西行,有寿安山,又名五华山。元英宗硕德八剌在此修造大昭孝寺,为造佛像,冶铜五十万斤,可见此寺规模之大。这座佛寺经后代修葺,至今尚存,就是著名的卧佛寺。由五华山再往西去,便是香山,山腰有金代修建的大永安寺,"千楹林立,万瓦鳞次"。到了元代,又加以整修,"庄严殊胜于旧"。

每年九月到西山赏红叶,已成为元代一时的风尚,欧阳玄《渔家傲·南词》云:"九月都城秋日亢,马头白露迎朝爽,曾向西山观苍莽。川原广,千林红叶同春赏。"元代不少皇帝对西山特别喜爱,仁宗爱育黎拔力八达甚至表示,要"游观西山,以终天年"。元代文人也有游香山的纪事诗,《道园学古录》中有诗云:"香山苍翠帝城西,古寺高寒北斗齐。绕屋清泉龙稳卧,对檐老树凤常栖。曾陪退相寻山径,亦共幽人蹑石梯。忽见画图惊十载,春云秋雨不胜题。"可见,西山的秀色美景,在元一代同样受皇家和文人推崇赞美。

明清时期北京西郊园林

　　明初，元代统治者虽然退出大都，但仍在塞外保持其政权，蒙古部族一直构成对北京强大的军事威胁。蒙古军不时南下袭扰北京，西北郊首当其冲。嘉靖二十九年（1550年），玉泉山的寺观被蒙古军焚毁。正统年间的"土木之变"，蒙古军直通西直门。永乐迁都北京之初，审时度势，出于安全上的考虑，有意放弃在风景优美的西北郊修建行宫御苑的打算，而主要作为猎场的行宫御苑"南苑"则择地于南郊的元代飞放泊故址。皇帝虽然也到西北郊游玩，但只是偶一驻跸西湖北岸的功德寺和正德年间筑的"钓台"。

　　终明一代，城郊的皇家苑囿虽没有建树，但官家园亭别墅和寺庙园林的营建却是空前的。明代在城区范围则分布着皇家园林的一部分和官僚士大夫们的邸宅园林，在其他近郊和远郊地区也都有风景区的经营和少量的园林点缀。风景优美、泉水充沛、早已成为公共游览区的北京西北郊，被从南方来的移民大量开辟为水田，增益了这一带宛若江南水乡的自然风光，官僚、贵戚们在海淀、丹棱沜占地造园，风景区范围往东有所扩大。另外，明朝尚教，在北京西郊所建寺庙数量之多、分布之广，是以前几个朝代远远无法比拟的。

　　清代北京不仅皇城、宫城极大规模地进行了皇家园林建设，而且在历代经营的基础上，重新开发西郊园林风景区，不惜耗费大量人力物力，历时一百六十余年，营建起规模空前的皇家禁苑栉比的"三山五园"。

　　康熙年间，皇家园林建设重点转向在北京西北郊营建行宫御苑和离宫御苑。北京西北郊山清水秀，风景宛似江南，早在辽、金时即为帝王游幸之地，许多著名古寺也建置在这里。到明代私家园林荟萃，更增加了皇家园林之胜。康熙十六年（1677年），在原香山寺旧址扩建香山行宫。第二年，又重修香山平坡寺，赐名为圣感。康熙十九年（1680年），在玉泉山下建澄心园，三十一年（1692年）将其更名为静明园。这些建筑，都是在前代风景区的基础上修建的。在供清帝经常驻跸和听政的西郊皇家园林中，畅春园应是明清以来的第一座离宫御苑，其园在海淀大河庄之北，本明朝戚畹武清侯李伟别墅。康熙二十三年（1684年），首次南巡，归来后立即在此修建大型人工山水园。畅春园建成后，康熙每年夏天奉皇太后避暑，此地成为紫禁城外的政务活动中心。《日下旧闻考》记载：西花园在畅春园西，与其相接，"皇上问安之便，率诣是园听政"。当康熙驻跸此园时，朝廷大臣和皇子往往随行。为了给他们提供随侍的居处，在畅春园左右地方，或修复明代遗园，或建造新邸，于是西郊园林建设出现了第一个高潮。

圆明园位于畅春园的北面，明代是一座私家园林，规模很小。清初收归内务府，康熙四十八年（1709年）赐给皇四子胤禛作为赐园。除皇子享有赐园外，有些宗室贵族也来西郊建造王府园林。胤禛即位后，改称雍正，把圆明园作为他"避喧听政"的长居之所，雍正三年（1725年）对圆明园大加扩建，其南边修殿宇相朝署值衙，新辟大宫门，开始扩建圆明园，西郊园林建设进入第二个高潮。此后，圆明园即成为清帝在紫禁城外的听政起居之所，园里诸项扩建工程，也加速进行，不仅建成四十景中的三十景以上，而且，四十景以外许多重要景区，如同乐园、舍卫城、紫碧山房、深柳读书堂、湖山在望、西山入画等也都建成，其建筑规模极为可观。

乾隆朝是西郊园林建设第三个高潮期。以"三山五园"为主体的西郊园林，在这个时期达到皇家园林最为鼎盛的时期，它标志着康、雍以来兴起的皇家园林建设高潮的最终形成，北京园林建设达到了古典园林艺术的最高峰。至乾隆九年（1744年），圆明园四十景全部完成。乾隆二十七年（1762年）将四宜书屋改建为安澜园，三十九年（1774年），又建文源阁。乾隆十六年（1751年）在圆明园东面建成长春园。长春园面积约为圆明园的三分之一，共有古典园林建筑组群近二十处，北界还有一区称作西洋楼的欧式宫苑建筑。绮春园是在乾隆年间并入圆明园的另一座园林，本名"交辉园"，于乾隆三十四年（1769年）十月改名为"绮春园"。圆明园、长春园和绮春园三园呈倒"品"字形排列，紧密毗连，组成一个整体。乾隆三十二年（1767年）和四十五年（1780年），又先后有熙春园和春熙院合并为圆明园的附园。

乾隆年间，西郊园林建设还有许多扩改工程。如乾隆十年（1745年）至十一年（1746年），将香山行宫拓建为静宜园；乾隆十五年（1750年）至二十九年（1764年），兴建万寿山清漪园；乾隆十五年（1750年），扩建静明园，把玉泉山及山麓的河湖地段全部圈入宫墙之内。

同期，为了彻底解决与日俱增的宫苑的供水和大运河上源通惠河的接济问题，对北京西北郊的水系进行了大规模的整治：拦蓄西山、香山一带的大小山泉和涧水，通过石渡槽导入玉泉湖，再经过玉河汇入昆明湖；结合园林建设，拓展昆明湖作为蓄水库，另开凿高水湖和养水湖作为辅助水库，并安设相应的涵闸设施；疏浚长河，开挖香山以东和东南的两条排洪泄水河。从此，昆明湖的蓄水量大为增加，北京西北郊形成了以玉泉山、昆明湖为主体的一套完整的可以控制调节的供水系统。

到乾隆中期，北京西郊已形成一个庞大的皇家园林集群。其中规模宏大的五园即圆明园、畅春园、香山静宜园、玉泉山静明园、万寿山清漪园，号称"三山五园"。圆明园、畅春园为大型人工山水园，静明园、静宜园、清漪园为天然山水园，它们都由乾隆亲自主持修建或扩建，精心规划，精心施工。三山五园在历代皇家园林中，最大特点是园林不只是皇帝久住游玩的御苑，还是皇帝处理政务之地，因此，在每座园林离宫之前，都建有以皇帝临朝的大殿为中心的建筑群，这也就是清代皇家园林建设上的"前朝后园"制度了。

北京西郊的三山五园，会聚了中国风景式园林的几乎全部形式，代表着中国古典造园艺术的精华。附近陆续建成许多赐园、私园以及与之相辅相成的大量寺庙园林，东起西直门外的绮红堂大船坞，斜向西北，直抵小西山上下。在这方圆近百平方公里之地，名园古寺珠塔梵宇接连不断，连同康、雍时遗留下来的名园四十余座，寺庙三百，蔚为壮观。园池引水之较大湖泊，以及山寺上之泉潭，星罗棋布。其间还有墓地松林、沙汀野渚、港汊河渠、江村渔台等。眺望北京西郊，百里浮青，金碧相望，飞檐相接，馆阁连属，名园不断，形成了一个世界上独一无二的规模宏大的"园林之海"，也是历史上罕见的皇家园林特区。

圆明园在当时不仅以园林著称于世，而且是清朝几代皇帝的临朝听政中心。

为了满足帝王长期苑居的生活需要，园内有难以数计的精美陈设，极为罕见的珍宝、古玩、字画及工艺品，它聚集了封建文化艺术的精华。咸丰十年（1860年）英法联军侵入北京，抢掠和焚烧了圆明园，畅春园、清漪园、静明园和静宜园同遭厄运。清末，咸丰死后两宫皇太后慈安和慈禧"垂帘听政"，在慈禧的授意下，光绪十二年（1886年）八月，由海军衙门主持，修治清漪园的工程以操练海军、筹建昆明湖水师学堂为由秘密开始，清漪园旧名改为颐和园。光绪二十六年（1900年）颐和园又一次遭到英法日等八国联军的摧残。随着封建社会的由盛而衰，经过外国侵略军的焚掠之后，清皇室再没有这样的气魄来营建苑囿，宫廷造园艺术也一蹶不振，从高峰跌落入低谷。

清代北京园林建筑取得的最辉煌成就是西郊园林，自康熙、雍正到乾隆时期，最终形成了皇家园林建设的高潮，这一时期皇家园林建设规模之大、建筑之美、内容之丰富，在中国历史上是罕见的。清代北京园林建筑，达到了中国古典园林艺术的最高峰。而这一时期，也是中国历史由古代转入近现代的一个急剧变化的时期。在这不到两百年的时间里，中国园林作为一个体系，逐渐从发展的高峰跌落入低谷，中国古典园林全部发展历史到达了终结期。

行宫别苑

寺庙园林

西山三百寺，十日遍经行。

魏晋时期幽州寺观园林

佛教早在东汉初时从印度传入中国，当时人民饱受战乱之苦，流离失所，精神无以寄托，于是佛教逐渐传播开来。道教形成于东汉，其渊源为古代的巫术和神仙、阴阳五行之说，信奉老子为教主。经过魏晋南北朝后宗教形式更为完备。佛教、道教盛行，宗教建筑佛寺、道观随之大量出现，寺观园林开始兴起。佛寺始于东汉明帝时的白马寺，到晋永嘉年间已建置42所。北魏笃信佛教，佛寺的建置陡然大量增加，最盛时洛阳城内及附近一带梵刹林立，多至1 367所。

早期佛教以洛阳为中心向四周扩散传播，北京位于中原地区最北端，接受佛教稍微晚一些，过去传统的说法是"先有潭柘寺，后有幽州城"，推断北京最早的佛寺当属晋代在西南马鞍山之西的潭柘寺，但史实并非如此。《寺庙北京》作者王同祯认为："虽然史料没有详细记载，但北京周边地区存在汉代寺庙是无法推翻的事实，易县紫荆关南门外有东汉修建的蟠道寺，蓟县城北有东汉的香林寺，涞源县城北街有东汉的阁院禅林，北京郊区的昌平旧城西南也有东汉修建的香水寺，怀柔县东40公里有东汉修建的县云寺，密云云峰山山上有东汉修建的超胜庵，门头沟区灵水村有东汉修建的灵水寺，房山西南六聘山有东汉修建的天开寺，海淀后山妙高峰下有东汉修建的法云寺，平谷丫髻山有东汉修建的云泉寺，平谷渔子山有东汉修建的轩辕庙，以上寺庙大都为佛教寺院，虽大都无存，但《顺天府志》、《日下旧闻考》及许多地方志等都有记载。"这说明早在东汉时期不仅佛教已传入北京地区，而且已经修建了不少寺庙。相比之下，西晋（266—316年）修建的潭柘寺比东汉（25—220年）修建的寺庙要晚百年左右。

北京城区中心地带没有汉代寺庙，所见大都是明清建筑和部分辽金遗存，这是因为今天的北京城是在元代之后修建的，所谓的幽州城大都指唐幽州城，所以大部分早期寺庙都建在燕蓟山区或城区旧址。

潭柘寺始建于西晋永嘉元年（307年），初名嘉福寺，位于城西门头沟东南部的潭柘山麓，因寺后有龙潭，寺前有柘树，故称潭柘寺。潭柘寺距今已有1 700余年的历史，故有"先有潭柘寺，后有幽州城"之说。寺院坐北朝南，背倚宝珠峰，周围九峰环列，山麓清泉潺潺，树木繁茂。整个寺院布局分中、东、西三路，殿堂依山而建，层层递升。中路为主要的殿堂区，自山门起依次为天王殿、大雄宝殿、三圣殿、毗卢阁等。殿堂宏大壮丽，古朴雄奇，宏敞庭院内苍松翠柏，荫蔽半庭，寺中有高大的银杏、柘树及花木。大雄宝殿后斋堂院北边的银杏树"高十余丈，围约二丈余"，相传每出一帝，树便增生一干枝，枝干繁生，十分壮观，后人称为"帝王树"；南边，有两棵巨大七叶古树，树高约25米，树龄约800年，明清时又植有十多棵。七叶树树干耸直，冠大荫浓，初夏繁花满树，硕大的白色花序似一盏盏华丽的烛台，蔚然可观。西路为次要殿堂区，以佛教建筑为主，有戒台、观音殿、龙王殿等，院落严整，广植古松、修竹，引入溪流。东路包括方丈院、延清阁、舍利塔等庭园式的院落，环境幽雅，建筑精巧。东路院内的流杯亭，亭为方形，建造在汉白玉石基上，顶为四角攒尖，上覆绿琉璃瓦。亭内石砌地面上凿一蟠龙形沟渠，迂回曲折，引泉水于渠中，以耳酒杯（古称羽觞）盛酒，置于渠之入口处，耳酒杯随渠中泉水漂流，杯停饮酒。此乃因袭汉魏"曲水流觞"之习俗，即每年阴历三月初三日，在曲折的小溪边，文人相聚，饮酒赋诗，意在"修禊禳灾"（即消灾求福）。这种习俗后来发展为在带屈曲流水的龙形沟渠的亭子内进行，因此该亭称流杯亭。

潭柘寺后东北隅有歇心亭，山后二泉汇流于此。距寺半里许有塔园，内有僧塔五座，根据铭文推测为金代遗留。整个寺院潺潺泉水萦流其间，配以叠石假山，悬为水瀑平濑，形成一派花团锦簇、赏心悦目的寺庙园林。

北魏时，幽州是佛教聚兴地区之一。文人名士多与僧侣交游，幽州文化中带有较浓厚的佛教色彩。当时幽州到处兴建佛教寺院，寺院中有附属园林，并建造了很多精美的佛像。《水经注·灅水》记载："灅水又东迳燕王陵南，陵有伏道，西北出蓟城中，景明中造浮图建刹，穷泉掘得此道，王府所禁，莫有寻者。"建浮屠掘地基而穷及于泉，说明有佛教建筑位于此。还有北京房山区上方山的山林，在北魏及其以前也是佛教僧侣活跃的地区之一。

幽州当时还有光林寺，系北魏孝文帝太和中所创建，《续高僧传》中记载，其寺"依峰带涧，面势高敞"，是幽州名刹。史籍记载大多认为今西城区广安门外的天宁寺初名"光林寺"，隋改称"宏业寺"，唐称"天王寺"，金代更名"大万安禅寺"，明代毁于战火，明宣德十年（1435年）重修，改称"天宁寺"。又有尉使君寺，《日下旧闻考》卷六十载，唐会昌六年（846年）采师伦所书碑《重藏舍利记》称："后魏元象元年幽州刺史尉长命在蓟城内造寺一座，民间称尉使君寺，其址在悯忠寺东，后改名智泉寺，舍利旧藏智泉寺。"北魏太和造像，雕造年代是北魏太和二十三年（499年），距今已有1 500余年，是北京境内仅存的最完整、年代最久、文物价值最高的带有彩绘的石佛像，曾经供奉在山峦平缓蜿蜒、林木丛密如画的凤凰岭石佛殿方石亭中，现藏首都博物馆。

魏晋时期幽州出现寺庙园林，开拓了造园活动的新领域，从此，北京地区园林形成帝王宫苑、寺观、邑郊风景园林共同发展的局面。

唐幽州地区寺庙园林

佛教和道教经过魏晋、南北朝的广泛传布，到唐代达到了普遍兴盛的局面，佛寺、道观遍布全国。寺、观的建筑制度已趋于完善，大的寺观往往是连宇成片的庞大建筑群，包括殿堂、寝膳房、客房、园林四部分功能分区。寺、观进行宗教活动的同时也开展社交和公共活动，因而更重视庭院的绿化和园林的经营，许多寺、观以园林之美和花木的栽培而闻名于世。寺、观不仅在城市兴建，而且遍及郊野，但凡风景优美的地方，尤其是山岳风景地带，几乎都有寺观的建置。

幽州地区普遍建造寺院，是从唐初开始的。这时的燕地佛教，发展已很普遍，故而所建寺宇日增。其新增寺庙著名者，有马鞍山慧聚寺（后称戒台寺）、白带山云居寺（今房山云居寺），盘山双峰寺、游泥寺（后称鹫峰寺）、北留寺、永济寺、白岩寺，幽州仙露寺、悯忠寺，永清三塔寺、宝塔寺、千像寺及天王寺等。唐太宗时，燕地之名刹智泉寺，即被改称为大云寺。

唐代中期，燕地较著名的寺庙园林有天宁寺、归义寺、佑唐寺、真应寺、崇孝寺等。唐代后期，幽州城内，新创建的寺宇有胜果寺、宝集寺、金阁寺、清胜寺、佑圣寺等。其他如兜率寺、万佛堂孔水洞等，多达六十余所。

悯忠寺 即今法源寺，该寺在唐幽州藩镇故城东南隅，即今西城区法源寺前街处，是北京城区现存历史最悠久的名刹。唐贞观十九年（645年），唐太宗李世民为悼念征辽阵亡将士而诏令立寺，后高宗（李治）又下诏修建，于武周万岁通天元年（696年）建成，赐名悯忠寺。天宝十四年（755年），安禄山建塔于寺的东南隅，至德二年（757年），史思明又在寺的西南隅相对地造了另外一座塔，也是现存于寺内石刻《无垢净光宝塔颂》的那座塔，并更名顺天寺。中和二年（882年）毁于火，景福初年（892年），节度使李匡威重加修建，并盖起三层的高阁以供奉观音。寺坐北朝南，七进六院，自山门院落殿堂依次为天王殿、大雄宝殿、观音阁、毗卢殿、大悲坛、藏经楼。观音阁亦称悯忠寺阁或悯忠台，为超度东征阵亡将士亡灵之处，今内陈列许多唐辽金时代珍贵碑碣幢函等石刻文物，其中《无垢净光宝塔颂》碑是北京城内现存唯一完整的唐碑。悯忠寺为幽州巨刹，建筑

111

规模巨大，中建佛殿，后有高阁，东西有塔院和禅院，寺中还有"南苑"即园林部分，寺内花木繁多，唐松宋柏和几百年的银杏树，仍枝繁叶茂。

慧聚寺 即今戒台寺，又称戒坛寺，在门头沟区马鞍山，为北京著名古刹之一。唐高祖李渊武德五年（622年），一位以戒行见称的高僧智周禅师，选中了马鞍山麓一处松柏繁茂的山洼，创建了一所寺院，时称"慧聚寺"。辽咸雍年间，高僧法均于该寺建立戒坛传戒。明正统十三年（1448年）重修，英宗赐额"万寿禅寺"，并敕令高僧如幻于寺内说戒，从此戒台寺或戒坛寺之名流传下来，取代其正名。整座寺院依山势而建，布局别致，逐层升高，重檐复宇，雄伟壮观。自山门依次排列着天王殿、大雄宝殿、千佛阁和观音殿。千佛阁北有著名的牡丹院，也叫行宫院，清恭亲王奕䜣曾在此院隐居10年。千佛阁前，有两株对称而生的古松，这就是卧龙松和自在松。有诗云："千载古松号卧龙，居然雨露受尧封。历尽多少沧桑感，治乱兴衰不动容。"据说自在松原是唐代所植，原在千佛阁前北侧，为寺中树龄最高的古松。

云居寺和石经 在今北京西南房山区南尚乐乡水头村，建于唐贞观五年（631年），以珍藏的石板刻经著称于世。北齐名僧南岳慧思大师鉴于北周武帝灭佛焚经的教训，决心刻经于石，在房山密封岩壑，以渡劫难。其徒幽州沙门静琬秉承师嘱，于隋大业中"发心造石经藏之，以备法灭"，后得到皇家重视资助，刻经得以延续，并创建云居寺。静琬开凿的石室即今云居寺雷音洞，洞内四壁嵌有石经板146块，并立有四根八角石柱，各面雕佛像共1 054尊，亦称千佛柱，为罕见艺术珍品。直至明代的千余年间，镌刻收藏石经的事业绵续未断，以14 278块石刻佛教大藏经著称于世。计佛经1 122部、3 572卷，镌字总量达3 500多万字，是极其珍贵的世界文化遗产，具有极高的学术价值、文化价值和历史价值。云居寺历唐、辽、金、元以迄明、清各代，屡加修葺、增建或重建，现存唐塔7座，辽塔南北2座，南塔无存，其地下为藏经穴。寺内并藏有明代纸质经卷22 000余卷，以舌血经书和藏汉合璧经卷最为稀有珍贵。云居寺为北京地区最著名的古刹之一，寺院坐西朝东，依山势而建，原有中、南和北三路建筑。中路为五重院落，六进殿宇，分别为天王殿、毗卢殿、大雄宝殿、药师殿、弥

112

陀殿和大悲殿。南、北二路分布有僧房、客舍和行宫院落，整座寺院建制恢宏，气势不凡，是唐代有名的寺庙园林。

万佛堂孔水洞 位于房山区西北云蒙山南麓、房山区河北镇万佛村西约200米处。为唐幽州卢龙节度使颍国公朱公所建，创建于唐代宗大历五年（770年），原名龙泉寺，后改大历禅寺，历代重修。万佛堂依山就势建在孔水洞出水口的墩台上，坐西朝东，为青砖发券无梁殿。佛堂雄伟端庄，背靠高山，前有清泉，殿内正面和山墙下端镶嵌《万菩萨法会图》，内容丰富多彩，正中释迦牟尼举手说法，两侧菩萨天王护持，飞天散花，伎乐演奏，左、右、上三壁千佛像分层次布满石壁。诸佛、菩萨及伎乐天人等万头攒聚，出没于山川云气间，雕工精湛美妙，是唐代浮雕艺术的珍品。万佛堂后即孔水洞，洞幽深莫测，洞口内石壁上有隋唐时造像和刻经。洞内泉水涌流，清澈见底。后人认为隋摩崖佛像及石经、唐汉白玉浮雕《万菩萨法会图》、辽花塔堪称孔水洞万佛堂三绝。

仰山栖隐寺 在门头沟区仰山上，该寺有始建于唐代一说。据《门头沟文物志》载："该寺原为禅宗'五家七派'中的沩仰宗祖庭之一。唐朝末年，沩仰宗北传幽州，其门徒在西山创建山院。五代后梁开平四年（910年），寺院《铸钟碑》称该寺名为幽州幽都县仰山院。"除此之外，在通向仰山的山道旁，发现了多处摩崖石刻，碑文雕刻在粗糙的石壁上，虽然有些字已经风化缺损，但多数文字还可以辨识出来。岩面自右至左竖刻"古仰山栖隐寺碑记自唐……国朝虽屡经修葺"等字样。该摩崖石刻为清光绪年间重修仰山寺时所刻，其中提到仰山寺创自唐朝。到了辽代，因地处辽南京，且朝廷对佛教重视，所以仰山院得到了发展，并被更名为仰山栖隐寺。仰山栖隐寺真正迎来辉煌的时代是金代，金大定二十年（1180年）重建，有五峰八亭之胜。明正统十二年（1447年）至天顺二年（1458年）间重修，改称仰山寺。清及民国年间都曾修葺。该寺文化活动甚多，金元之际，耶律楚材师万松老人倡法仰山，名播朝野；元赵孟頫曾书寺僧满禅师道行碑；明姚广孝画像亦藏该寺。现寺已废毁，仅存虎皮石垣墙围绕寺址，寺西北原有金元僧塔10座，今存3座。

辽南京的寺庙园林

辽朝佛教盛行，燕京是辽朝主要佛教中心之一，正如《契丹国志》所说，燕京"僧居佛寺，冠于北方"。宋人洪皓《松漠纪闻》记载，燕京大的寺院"三十有六"，小的庵院、佛舍难以数计。

唐朝时期随着佛教的兴盛，佛寺遍布全国，寺院的地主经济亦相应地发展起来。大寺院拥有大量田产，相当于庄园的经济实体。田产有官赐的，有私置的，有信徒捐献的，高级僧侣过着大地主一般的奢侈生活。由于农民大量依附于寺院，百姓大量出家为僧尼，政府的田赋、劳役、兵源都受到影响，以致唐武宗厌佛教而大搞灭佛运动。唐武宗于会昌五年（845年）三次下诏，废大、中寺院4 600多所，小的庙宇4万多所，还俗僧尼充两税户的共26万多人，没收寺院田产数千万顷，解散寺院奴婢15万人，这是第一次唐武宗时的"会昌灭法"。第二次灭佛运动发生在后周，周世宗柴荣为恢复经济，增加劳力，革除旧弊，再次实行灭佛，共废天下寺院3万多所，仅存2 694所。然而燕京为边陲之地，天高皇帝远，受灭佛运动影响相对少些，形成后来燕京佛教发展的一个重要条件。辽朝为了加强统治，大力扶持佛教。燕京虽为辽朝陪都，但论经济、文化发展情况实为五京之首，佛教在这个地区本来就有深厚的土壤，由此燕京佛寺冠于北方。

春雪中的颐和园十七孔桥

辽初在燕京创建的寺庙有悟空寺，圣宗统和十九年（1001年）改名"万寿禅院"，后又改称太平寺、华严寺，后又建仰山寺、传法院等。辽代中期，燕京城内著名大刹有开泰寺，"殿宇楼观，雄壮冠于全燕"；在今西便门大街之西，有规模仅次于悯忠寺的昊天寺；有旧址在今宣武门西南笔管胡同，是四大禅院之一的竹林寺；在今中山公园之地，有当时位于辽南京东北郊的兴国寺；有西城区阜成门内大街路北的妙应寺（今白塔寺）；还有唐代的旧寺归义寺、仙露寺。

燕京各州县所建寺庙也日渐增多。其著称者有昌平九圣寺、永清龙泉寺、香河栖隐寺、宝坻大觉寺及广济寺，蓟州之沽渔山寺、神山云泉寺，涿州之洪福寺、六聘山天开寺，易州之开元寺、太宁山净觉寺以及景州观鸡寺等。至于在燕京城内得到修补、扩建的寺院有延寿寺、延洪寺、圣恩寺及宝集寺等。燕京下属州县，前代兴建寺宇尚不多，但在辽代得到修建和扩建的不少，其著名者有蓟州（今河北蓟县）独乐寺、盘山感化寺及祐唐寺、涿州石经山云居寺。其中上方感化寺为燕京地区最古老的名刹之一，始建于北魏时期，到辽代规模不断扩大，"法堂、佛宇敝乎下，禅窦、经龛出乎上"，寺中有僧众三百、良田万亩、果树万株，资产雄厚，声望亦高。此外，燕京地区小佛寺遍布大小村镇，数以千计。

辽代南京（燕京）佛刹林立，庵院遍布。但至今留存的不多，现见于文献、经文、题记、碑文和其他记载者，例举二处。

天王寺 即今天宁寺，在今西城区广安门外天宁寺前街，创建于北魏孝文帝拓跋宏时代，距今已有1 500余年。据推测，初名光林寺，隋文帝仁寿二年（602年）改名宏业寺。唐开元年间（713—741年）重修，更名天王寺。寺内中轴线上增建一座舍利塔，即今天宁寺塔。塔碑碑文记载："大辽燕京天王寺建舍利塔记：皇叔、判留守诸路兵马都元帅府事、秦晋国王，天庆九年五月二十三日，奉圣旨起建天王寺砖塔一座，举高二百三尺，相计共一十个月了毕。"可证此塔建于辽代。天宁寺塔是一座典型的辽代佛教建筑，八角十三层密檐，通高57.8米。塔身修长，塔形优美，高耸云天，每层系风铃，风吹铃动，音韵锵然。顶为宝珠形塔刹，古朴瑰丽，稳重挺拔。天王寺处于燕京城西北部，是城北一大胜景。

阳台山清水院 即今大觉寺，坐落在西山脚下北安河村，辽代称阳台山清水院，始建于辽咸雍四年（1068年），为山下南安巢村大地主邓从贵舍资所建。该寺因水景之胜而得名"清水院"。《鸿雪因缘图记》中描写道："垣外双泉，穴墙址入，环楼左右，汇于塘，沉碧冷然，于牣鱼跃。其高者东泉，经蔬圃入香积厨而下。西泉经领要亭，因山势三叠作飞瀑，随风锵堕。由憩云轩双渠绕溜而下，同汇寺门前方池中。"金章宗于此设行宫，为西山八院之清水院，后称灵泉寺。明宣德三年（1428年）出内帑金扩建，改今名，正统十一年（1446年）、成化十三年（1477年）均重修。清康熙五十九年（1720年）、乾隆十二年（1747年）又进行大修扩建。寺坐西朝东，保持辽代东向"朝日"之俗。寺内建筑格局分三路，依山势层叠而上。中路六进院落，有山门、弥勒殿、正殿、无量寿佛殿、大悲坛、龙王堂等，左路有戒坛、四宜堂、憩云轩、领要亭等，右路是僧房。整座寺院布局错落有致，殿堂古朴雄伟。大悲坛最高处的舍利塔，形似北海白塔，古松环抱，玲珑秀丽。寺院泉流回环，呈现一派生机。历时千年的古老银杏，依然枝繁叶茂。清乾隆年栽种的玉兰树，逢春怒放，芳香袭人。寺内保存一与通建寺同年所立燕京天王寺沙门志延撰《旸台山清水院创造藏经记》碑，记述了建寺的历史。民国间该寺遭到破坏，后北京林学院（今北京林业大学）将其占用，并投资加以修缮，使之基本保持原貌。

金中都寺观及附属园林

金取代辽后，女真族继承了辽代衣钵，佛教成为金朝社会最有势力的宗教信仰之一。金代统治者崇信佛教，佛教发展繁荣的同时，也因统治需要而被加以限制。与辽代契丹贵族的狂热佞佛不同，金代统治者对佛教采取的是既保护、利用又适当控制的态度。在提倡支持的同时，不允许其势力和影响超过或高于皇权的威望。有的研究者认为，金中都地区的佛事活动和佛教建筑，虽然统治者做出了种种限制，但仍十分兴盛，其原因是：原辽南京地区的佛教极为兴盛，到金代虽有限制，但不能立即使之完全衰落，金统治者除需使用儒学维持风俗外，也需要在本地区影响较深的佛教起辅助教化作用。因此，在总的限制方针之下，个别方面还予以鼓励和倡导。佛教在人民群众中传播已久，影响很深，一直有很深的社会基础。据有关文献记载，金中都时期的佛事活动和佛寺建筑，并不亚于辽南京时期，特别是都城远郊的一些寺、塔建筑，融汇了中原地区的某些特点和风格，更为壮观秀丽。金末元初，诗人杨宏道在《中都》七律诗中写道："龙盘虎踞古幽州，甲子推移仅两周。佛寺尚为天下最，皇居尝记梦中游。"可知金代中都当时的佛教兴盛之状。

金代中都的佛寺宫观园林，著名的有大圣安寺、大庆寿寺、弘法寺、寿圣寺、大永安寺、大觉寺（中都城内）、福圣寺、资福寺、龙泉寺、永庆寺、十方观音院、大昊天寺等。在燕京郊区及下属州县，所建寺庙园林有昌平银山法华寺、十方义济道院，安次广福寺、宁国寺、灵岩寺，怀柔大明寺，通州永庄寺、靖安寺，平谷净宁寺，香河崇寿寺，永清永庆院等。

大圣安寺　位于中都城内，创建于金太宗天会年间（1123—1135年），是金代帝后为佛觉大师琼公、晦堂大师俊公营建的大刹，初名大延圣寺，至世宗大定七年（1167年）改为大圣安寺，金内务府出资复加扩建，所造之佛堂，"崇五仞，广大筵，轮奂之美，为都城之冠"（《元一统志》）。圣安寺今存，在牛街南口路东处，南横西街，仍存山门、前殿（即天王殿）。

大庆寿寺　为中都城北光泰门外的著名大寺，金大定二十六年（1186年）

建，元代为双塔庆寿寺。寺内苍松翠柏，有金显宗题字及金章宗手书"飞渡桥""飞虹桥"的石刻，章宗及其母还经常到庆寿寺游玩，说明这所寺庙园林环境优美。其址在今西长安街。

大觉寺　在金中都城内开阳东坊。据《元一统志》记载："按寺记，曰中都大觉寺。大定十年四月记，撰记者行太常寺丞骑都尉蔡珪也。"其记大略曰："河桥折而西有精舍焉，旧在开阳门郊关之外，荒寒寂寞。有井在侧，往来者便于汲，因名义井院。天德三年作新大邑，燕城之南广东三里，寺遂入开阳东坊。大定中赐额曰大觉。为楼以架巨钟，为塔以藏舍利，为堂以奉旃坛圣像。寺宇之坏者完，弊者新，阙者足。向所谓荒寒寂寞者，化而为庄严殊胜之境矣。"又《日下旧闻考》引《湛然居士集》云："辽重熙、清宁间，筑义井精舍于开阳门之郭，傍有古井，清凉滑甘，因以名焉。金天德三年，展筑京城，仍开阳之名为其里。大定中，僧善祖营寺，朝廷嘉之，赐额大觉。"

龙泉寺　在黑窑厂西。谢一夔《重建龙泉寺碑》略称："出正阳门南行五里许，有故寺曰龙泉，岁久倾废，无遗构，其地已为编氓所有。正统八年秋，大兴隆寺僧万松游憩于此，见此地位亢爽，山水秀拱，喟然叹曰：是不可以作金刹而妥佛灵耶？询及邻叟，知为龙泉故址。"此寺在陶然亭西，为当时金中都开阳东坛之寺，亦即坛在今半步桥一带。

法云寺（香水院）　在西山后妙高峰下。唐代于此建佛教圣地法云寺，到金章宗时，创建"香水院"，为章宗西山八院之一。寺有三层大殿，殿后有双泉，泉水从寺左右汇流于寺前方池，名"香水"。寺内有两株银杏，粗数十围，一棵巨松，荫蔽数亩，寺已久废无存。法云寺到清末被辟为道光皇帝第七子醇亲王奕譞的陵寝，园寝布局广阔，分阴宅和阳宅两部分，至今仍然称呼"七王坟"。

双泉寺（泉水院）　在石景山区双泉寺村北翠微山麓，金建，为金章宗避暑之地。因寺右有双泉，故名。一些专家学者认为它就是金章宗的"双水院"。它的历史最早可追溯到唐代，早在唐代这里就有佛刹。金章宗明昌五年（1194年）于寺北建一座祈福宝塔。明宣德二年（1427年）大能仁寺住持弘善妙智国师奉宣宗之旨住持双泉寺，双泉寺成为大能仁寺的下院，统领全国释教。成化五年

（1469年）赐名香盘禅林。嘉靖元年（1522年）重修，立碑以记，清光绪年间重加修缮。主要建筑有山门、正殿、配殿、厢房等。寺内有泥佛、铁佛、铁钟、黑龙壁画等。祈福宝塔在寺北。寺前有明建单孔石拱桥，原名双泉桥，清光绪年间重建，更名万善桥。该寺建筑已大部倾圮，现存清碑两块、塔铭一方、石佛造像两尊及万善桥。万善桥高约10米，长约18米，保存基本完好。

妙觉禅寺（黄普院） 在海淀区西山农场车耳营西白塔山腰。金章宗时曾于此创建黄普院，据《敕赐妙觉寺记》碑载："灵山高耸，圣泉中流，真圣境也。"又记："远接神山居庸一带，林峦叠翠，溪涧流清，而有金章宗创建之古刹黄普院……敕赐妙觉禅寺。"故北京史地民俗专家认为此处应该是金章宗八大水院中的"圣水院"。从残留的碑文证实，妙觉禅寺是因"坍塌旧基"而从明照洞迁移出来的。1941年，寺庙被日寇焚毁，遗址、古碑、银杏尚存。银杏树曾遭雷击，现只剩小半棵了。古碑存二，一完整，一残断，遗址上杂树横生。

香山寺（潭水院） 在香山公园东南。辽创，金大定二十六年（1186年）重建，赐名大永安寺，亦称"甘露寺"。金章宗常至此游幸，此为章宗西山八院的"潭水院"，史书中多有记述。元皇庆元年（1312年）重修，明正统年间再次拓修，清康熙皇帝于此建行宫。乾隆十年（1745年）再行扩建，更今名，规模宏伟，殿宇五重，金碧辉映。咸丰十年（1860年）和光绪二十六年（1900年）先后遭英法联军和八国联军焚毁，现只存正殿前的石屏、方碑和石台阶等遗迹。

金山寺（金水院） 位于北安河阳台山，即金仙庵遗址。金章宗完颜璟在京西建八大水院，此处为金水院。寺中前院遗留银杏两株，树径米余，根据树干推测，属金章宗建院时所植。传说清代慈禧的表妹金仙削发为尼，在此出家修行，金仙庵故得名。寺后靠山，绿树成荫，百鸟争鸣，其他树木除油松、侧柏外，还有阔叶树栓皮栎、槲树、鹅耳枥、大叶白蜡、榆树等，另外还有蒙古栎和辽东栎。寺前呈八字形堤阶，堤下有两个一米多高合抱式的旗杆座，上面镌刻着"金山泉"三个字。泉水从石罅中流出，清凉绵甜，此泉长年流量不减，属北京西山名泉之一。在明正德年间重修此寺时，这里已是废墟一片。现金山寺有殿三重，均系新中国成立前后修建，曾被北京大学生物研究所使用。

元明清时期北京地区寺庙园林

元代大都成为全国政治中心，此时佛教十分兴盛，大都地区佛寺林立，元朝皇帝、皇后、贵族等不断建新寺。每朝皇帝即位后，立即营建新寺，成了一种惯例。因此，大都城内寺庙比前代数量更多，规模更大，大小佛刹有数百所，僧众之多，不可胜数。仅《析津志》的记载就有庙十五所、寺七十所、院二十四所、庵二所、宫十一所、观五十五所，共计一百八十七所。其中有代表性的有大宣文宏教寺、大护国仁王寺、大圣寿万安寺、大天寿万宁寺、大崇恩福元寺、大承华普庆寺、大昭孝寺、大永福寺、大天源延圣寺、大承天护圣寺等。其多有建置园林的，如西城外附廊的长春宫始建于唐代，元太祖加以扩建，安置长春真人丘处机于此，长春宫为全真道的主要道观之一。这座道观规模宏大，在它的后部建置的园林颇具山池花木之美，面积也不小。郊外的寺观园林以西北郊的西山、香山、西湖一带为最多，大承天护圣寺是园林化环境出色的一例。

明成祖迁都北京之后，政治中心北移，北京随之成为北方的佛教中心，寺庙园林冠盖辽、金。嘉靖年间，城内三十六坊，坊坊有寺院；城外三山，山山为佛寺圣地。各寺古刹，鳞次栉比，比起元大都"精蓝、胜观、栋宇相望"的盛况，有过之而无不及。据统计，当时京城内外及四郊有佛寺千余所，仅宛平一县就有寺庙五百七十多所。明沈榜《宛署杂记》记载："寺、庵、宫、观、庙、堂、祠，共五百七十五处。寺凡二百一十一，城内七十二，城外一百三十九。"其多数是佛教寺院，京城内以北城和西城最多，民间建置的则不计其数。《宛署杂记》记述了当时翻修古刹、新建庙宇的情况："予尝经行其居，见其旧有存者，其殿塔幢幡，率齐云落星，备极靡丽，如万寿寺佛像，一座千金；古林僧衲衣，千珠千佛，其他称是。此非杼轴不空、财力之盛不能也。又见其新有作者，其所集工匠、夫役，歌而子来，运斤而去，行缕而织，如潭柘寺经年勿亟，香山寺、弘光寺数区并兴。此非闾左无事，遭际之盛不能也。又见其紫衫衣衲、拽杖挂珠，交错燕市之衢，所在说法衍乐，观者成堵，如戒坛之日，几集百万，倏散倏聚，莫知所之。"寺观建置如此之多，寺观园林之盛则可想而知。一般寺观即使没有单独的园林，也要把主要庭院加以绿化或园林化。有的以庭院花木之丰美而饮誉京师，如外城的法源寺；有的则结合庭院绿化而构筑亭榭、山池，如西直门外的万寿寺"山后圃百亩，圃蔬弥望，种莳采掇"，有诗句云："万寿寺前须驻马，此中山子甚嵯峨。"寺观之单独建置附园的亦不少，有的甚至成为京师的名园，朝阳门外东郊的"池亭幽雅，甲于都邑"，月河梵院便是其中之一，它利用月河溪水和原有地形巧妙地构筑小园，堪称明代寺庙园林的代表作。

城外寺庙以西山为最。明代又在西山、香山、瓮山和西湖一带大量兴建佛寺，从潭柘山腰的嘉福寺到西山脚下寿安山南麓的寿安禅林，迤逦数十里，庙宇数百处，当时人已有"西山岩麓，无处非寺，游人登览，类不过十之二三"和"西山三百寺，十日遍经行"的说法。明人王廷相游西山曾留有"西山三百七十寺"的诗句。这些寺庙中，敕建的和由贵族、皇亲、官宦捐资修建的一般都有园林，不少是以园林环境而知名于世的。隐现在翠微、平坡、卢师三山之间的西山八大处，包括长安寺、灵光寺、三山庵、大悲寺、龙王堂、香界寺、宝珠洞、证果寺，还有驰名中外的佛牙舍利塔，隋唐以来经年修建，或雄踞在峭壁之下，或隐秘于幽谷之中，或峥嵘在绝顶之巅，是京郊闻名遐迩的寺庙园林。明代大书画家文徵明游西山赋诗十首，意境悠远，其中《登香山》诗云："指点风烟欲上迷，却闻钟梵得招提。青松四面云藏屋，翠壁千寻石作梯。满地落花啼鸟寂，倚阑斜日乱山低。去来不用留诗句，多少苍苔没旧题。"

清代北京地区的寺庙园林，如历史上的寺庙园林发展一样，分为寺庙庭园、寺庙附属园林和山林寺庙，这些寺庙中有一共同点，即主要殿堂的庭院多植松、柏、银杏以及七叶树等姿态挺拔、虬枝古干、叶茂荫浓的树种，以烘托宗教的肃穆气氛。而在次要殿堂、生活用房庭院内多栽花卉，有的还点缀山石水景，体现雅致怡人的情趣。不少寺观均因古树名木、花卉栽培而名噪一时，个别寺观园林甚至无异于一座大花园。

清代自顺治帝定鼎关内，历康、雍、乾三朝国力日益强盛，佛教日渐兴盛，寺庙园林也随之发展。清迁都北京不久，即在皇城内之西苑兴建永安寺。该寺建于顺治八年（1651年），位于琼华岛上之万岁山（今北海公园），因寺后建有高大藏式白色喇嘛塔，故俗称白塔寺。白塔立于琼岛中心，坐北面南，为永安寺的最高点。塔以南依次有善因殿、普安殿、正觉殿、法轮殿、山门、牌坊，从山顶延伸至山下，岛与岸之间有永安桥相连。琼华岛上遍布殿阁亭台，宛若仙境。乾隆六年（1741年）改称永安寺。康熙即位后，广建佛刹，重修梵宇，一时更盛。康熙五年（1666年），在皇城内，太液池西南大兴土木，将明宫殿清馥殿改建为藏传佛寺弘仁寺；康熙三十九年（1700年）位于西华门外的明兵仗局佛堂，改为万寿兴隆寺；康熙五十二年（1713年）将明时关帝庙，改为静默寺。康熙二十七年（1688年）重修白塔寺，到乾隆十八年（1753年）再修，并大规模修整藏式宝塔；清康熙、乾隆年间曾三次大规模重修古刹柏林寺，其中康熙五十二年（1713年）的重修，是为庆祝康熙六十寿辰，由雍亲王胤禛主持重修，规模宏大，盛况空前。

雍正年间，在西华门外建福佑寺，重修京城西北之名刹千佛寺并改其名为拈花寺，敕建京城西郊觉生寺，修复古刹卧佛寺改名为十方普觉寺，重修悯忠寺改名为"法源寺"。乾隆年间，在太液池东南建仁寿寺，在太液池北岸，扩建有西天梵境和大阐福寺，又建万佛楼。乾隆帝又将皇城之内旧明朝之汉经厂、番经厂改建为三寺，即法渊寺、嵩祝寺、智珠寺。在清代皇家园林中，新建梵刹规模最大者，当数清漪园中万寿山上之大报恩延寿寺，乾隆十五年（1750年），乾隆为庆贺皇太后六十寿辰而建。山名改称万寿山，湖名改称昆明湖，"殿宇千楹，浮图九级，堂庑翼如，金碧辉映"。在大报恩延寿寺后又建有琉璃多宝佛塔，清漪园中建有善现寺、云会寺等庙宇。其中佛香阁为万寿山主体建筑之一，它将东边的圆明园、畅春园，西边的静明园、静宜园以及万寿山周转十几里以内的优美风景提携于周围，把当时的"三山五园"巧妙地加成一体，远观山木葱茏，湖水澄碧，天光接引，令人荡气舒怀。

清代京城著名寺院有悯忠寺、广济寺、拈花寺，城郊有潭柘寺、戒台寺、万寿寺、觉生寺、善果寺、海会寺、卧佛寺等。在京畿州县还建有行宫，而行宫所在之地，亦多建有寺庙。此外北京地区还兴建四十多座喇嘛庙。据王同祯著《寺庙北京》统计，明代北京城内外及四郊修建寺庙1 045座，清代908座。清汪由敦在《重修圆通禅庵碑记》中云："佛教流布中国三千余年，今世梵刹琳宫，照耀寰宇，京师大盛……飞阁层轩，云霞蔚起，宸章碑额，日月光辉，询乎极天下之巨观矣。"清中期以前的清王朝，国力仍很强盛，北京地区佛教寺庙数量仅次于明，但规模之大，为历代之最。

园林史略

金中都的御苑建设大多模仿北宋东京，所不同的是有相当数量建置在远离都城的风景地带。这是由于女真族的统治者尽管完全接受中原汉地的典章文物制度，却还保留着祖先的驰骋原野的骑射传统，对原始的大自然山川别有一番感情。

中国古典园林的生成期和北京地区园林
——先秦、两汉（前11世纪—220年）

中国古典园林的生成期指萌芽、产生而逐渐成长的时期。这个时期的园林发展虽然尚处在比较幼稚的初级阶段，但却经历了奴隶社会末期和封建社会初期的一千二百多年的漫长岁月，相当于商、周、秦、汉四个朝代。

最早见于史籍记载的园林形式是"囿"，园林里面的主要构筑物是"台"。中国古典园林产生于囿与台的结合，时间在公元前11世纪，也就是奴隶社会后期的商末周初。

最早的囿是蓄养禽兽的场所，《诗经》毛苌注："囿，所以域养禽兽也。"即把一块较大的地方圈围起来蓄养禽兽，主要供帝王狩猎之用，也兼作宫廷膳食和祭品的供应。狩猎本来是原始人类获得生存的手段，进入文明时期以后，农业生产占主要地位，统治阶级便把狩猎转化为再现祖先生活方式的一种娱乐活动，这种活动同时还兼有征战演习、军事训练的意义。殷商的帝王、贵族、奴隶主都很喜欢狩猎，殷墟出土的甲骨卜辞中多有"田猎"的记载。田猎是在田野里打猎，千军万马难免践踏庄稼因而激起民愤。后来帝王为了避免因狩猎破坏农田而丧失民心，便把这种活动限制在一定范围之内，四周用垣墙圈起来，其中蓄养禽兽并设专人管理，这就是"囿"。囿的范围广阔，除了天然植被外，还在空地上种植树木、经营果蔬并开凿水池作灌溉之用，当然也有一些简单的建筑物和构筑物。帝王在打猎的间隙，可以观赏自然风景。这就具备了园林的基本功能和格局。

"台"即用土堆筑而成的高台，《吕氏春秋》高诱注："积土四方而高曰台。"它的用处是登高以观天象、通神明。在生产力很低的上古时代，人们没法科学地理解大自然界，认为其神秘莫测，对许多自然物和自然现象都怀有敬畏之心而加以崇拜。山是体量巨大的自然物，它高耸入云，犹如通往天庭的道路，被人们设想为天神在人间居住的地方，因此高山犹如神灵能兴云作雨，被奉为"圣山"。周代天子和诸侯都要奉领土内的高山为神祇，用隆重的礼仪来祭祀它们，祈求风调雨顺。然而圣山路遥山险，难于登临，于是便就近修筑高台，代替高山。这样不仅可以方便观天象，也可以将人意通达于天上的神明，因此帝王筑台之风大盛。这些台都十分高大，驱使大量奴隶劳动力经年累月才修造完成，如殷纣王建鹿台"七年而成，其大三里，高千尺，临望云雨"。周代的天子、诸侯也纷纷筑台，周文王在距离镐京不远处修筑了一座高大的"灵台"，挖了一个宽阔的"灵沼"，种植奇花异卉，圈养珍禽异兽，并称它为"灵囿"。此时，作为中国园林的雏形，囿、台、园圃三种形式得以产生。

到了春秋战国时期，人们把自然山水作为欣赏的对象，山水的审美价值慢慢地为人们所认识，"山水"一词成了大自然的代称。随之由狩猎通神的囿，发展为以台为中心、台与苑相结合的形式。各诸侯国君纷纷在城外建造离宫别苑，"美宫室""高台榭"遂成一时风尚。台的"观游"的功能上升，台的结构日趋华丽壮观。台上常辅以各种装饰性建筑，称为"榭"或"楼"，台也因此被称作"台榭"或"台楼"，逐渐与宫室、园林相结合而成为宫苑里面的主要构筑物。其中，吴国的姑苏台因巧借了大自然山水环境而最为著名。

北京自西周开始至战国时期，属于燕国领地。燕国北京地区的台观宫苑见于记载者有黄金台、碣石宫、展台、燧林、握日台、抵明室、泉昭馆、通云堂、昭王台东之三峰、燕下都之武阳台、元英、历室、宁台、华阳馆、华阳台、东宫池，以及督亢地区风景区等。燕国的这些台观宫苑，大多分布在今北京西南诸如古城、涿州、易县一带。古台上有华美的建筑组群和百物陈设，说明北京地区在战国时代的猎场与台观宫苑已经很发达了。

战国末年，由于社会动荡不安，有人很想逃避自己所不满的现实生活，幻想自己能远离苦海，成为"无牵无挂，云游四海之外"的仙人。在燕、齐一带出现了由方士鼓吹的神仙方术，方士们把神仙宣扬为一种不受现实约束的"趍人"，飘忽于太空，栖息在高山，而且还虚构出种种神仙境界，民众大受蛊惑。加上当时诸子百家争鸣，人们的思想比较解放，更激发了对神仙的幻想。于是，原始的神灵崇拜、山岳崇拜，与老、庄的道家思想相互融糅，产生了神仙思想，把原始中对神灵居住在高山的幻想，演化为一系列的神仙境界。到秦汉时，民间已广泛流布着有关神仙和神仙境界的传说，其中以东海仙山和昆仑山顶西王母的瑶池最为神奇，流传最广，对园林的发展产生了较大的影响。

东海仙山相传在山东蓬莱沿海一带，渤海不远处漂浮着三座神山，名为蓬莱、方丈、瀛洲。据《史记·封禅书》载，这三座神山"盖尝有至者，诸仙人及不死之药皆在焉。其物禽兽尽白，而黄金银为宫阙。未至，望之如云，及到，三神山反居水下。临之，风辄引去，终莫能至云，世主莫不甘心焉"。这个传说到汉代又有所发展，三山成为五山：岱屿、员峤、方壶（方丈）、瀛洲、蓬莱。山势巍峨挺拔，山上有许多美丽的亭台楼阁，是众神居住和娱乐的场所。《列子·汤问》云："其山高下周旋三万里，其顶平处九千里，山之中间相去七万里，以为邻居焉。其上台观皆金玉，其上禽兽皆纯缟。珠玕之树皆丛生，华实皆有滋味，食之皆不老不死。所居之人皆仙圣之种，一日一夕飞相往来者，不可数焉。而五山之根无所连着，常随潮波上下往还。"最后，二山飘去不知踪迹，只剩下方壶、瀛洲、蓬莱三山了。东海仙山的神话传说其实是古代人们见到的一种海市蜃楼幻象。这个有趣的神话故事在一定程度上促进了园林的发展，在神仙思想占主导的园林里，模拟的神仙境界实际上就是山岳景观和海岛风光的再现，这在秦汉时期的皇家园林中非常盛行。

秦始皇一生十分迷信神仙方术，多次派徐福率童男童女赴东海仙山求取长生不老的灵丹妙药，希望永享荣华富贵。他还在都城咸阳大兴土木，修建了上林苑和阿房宫，在兰池宫挖池筑岛，引渭水到池里模拟海上仙山，岛上堆筑蓬莱山，刻长二百丈的鲸鱼石。兰池宫堆岛筑山、模拟神仙境界，将自然山水缩模在始皇的宫苑里，满足了其接近神仙的愿望。

汉代是中国发展史上的一个重要阶段，各种文化都得到了长足发展，园林艺术亦是如此。皇家园林是西汉造园活动的主流，在继承秦代皇家园林的传统上有所发展和充实，多在郊野山林地带兴建离宫别苑，上林苑是其中最具特色的一座园林。汉武帝也十分迷信神仙方术，他效仿秦始皇，模拟神仙起居环境，建造了各种各样的水景区。在昆明池的东西两岸分别设置了牛郎、织女的雕塑，用池水象征天上的银河。建章宫西北面的太液池中布置了三个岛屿，象征蓬莱、方丈、瀛洲三座仙山。另外，上林苑中的植物配置也相当丰富，尤其有群臣进贡的奇树异果，称得上是座大型的植物园。上林苑是在秦朝的旧苑上扩建而成的，不仅满足了帝王通神求仙的欲望，还有游憩、居住、朝会、娱乐、生产等功能，皇家园林得以发展。

秦统一六国后，北京地区称广阳郡，秦始皇修筑从咸阳通蓟城的驰道，驰道两旁种有行道树。两汉时期，北京地区曾作为封国和州郡，先后称燕国、广阳国、幽州、广阳郡等。作为州郡治所的蓟城，在燕王刘旦时得到大力发展。燕王刘旦僭制天子礼仪，在蓟城大力营造王室宫殿和苑囿，在宫城中筑有城楼，建有端门，内有朝宫曰万载宫，设朝殿曰明光殿，宫旁有溪泉涌流汇为池沼等。

园林生成时期，人们对自然界充满了畏惧感，思想上处于崇拜神灵、崇拜自然的阶段。园林从无到有，功能上从以生产、狩猎、通神、求仙为主，逐渐演化为以游憩、观赏为主。中国古典园林中首先出现的一个类型是皇家园林，规模宏大，通过单纯地模仿自然山水以达到观天象、仿仙境、通神明的目的。

中国古典园林的转折期和北京地区园林
——魏、晋、南北朝（220—589年）

　　魏晋南北朝历时369年，是中国历史上的一个大动乱时期，也是思想十分活跃的时期，儒、道、佛、玄诸家争鸣。思想的解放促进了艺术领域的开拓，给予园林以很大影响，造园活动逐渐普及于民间而且升华到艺术创作的境界，这个时期是中国古典园林发展史上承前启后的转折期。

　　动乱分裂时期，政治上大一统局面的破坏势必影响到意识形态上的儒学独尊。人们开始敢于突破儒家思想的桎梏，藐视正统儒学制定的礼法和行为规范，向非正统的和外来种种思潮延伸而探索人生的真谛。老庄哲学的"无为而治，崇尚自然"被进行再认识，自然即否定人为的，一切保持自然而然的状态，大自然山林环境正是这种没有人事扰攘的、自然而然状态的最高境界；玄学家重清谈，主张返璞归真，超脱世俗，通过清谈来进行理论上的探讨，认为必须处于自然而然的无为状态才能达到人格的自我完善；佛家的出世思想也在一定程度上激发了人们对大自然的向往之情。而名教礼法则是虚伪的表现，只有永远处于自然而然状态的大自然才是最纯真的，这种"真"同时也表现为社会意义的"善"和美学意义的"美"，这也是寄情山水的思想基础，是魏晋哲学的鲜明特征。

　　魏晋之际，士族集团间的明争暗斗愈演愈烈，士大夫知识分子一旦牵连政治斗争，便荣辱死生毫无保障。于是消极情绪与及时行乐的思想便有所发展，导致了行动上的两个极端倾向：贪婪奢侈与玩世不恭。士大夫知识分子之中，出现了相当数量的"名士"，号称"竹林七贤"的阮籍、嵇康、刘伶、向秀、阮咸、山涛、王戎是名士代表人物。名士们以纵情放荡、玩世不恭的态度来反抗礼教的束缚，寻求个性的解放，他们饮酒、服食丹药、狂狷、崇尚隐逸和寄情山水，形成了所谓的"魏晋风流"。当时的名士之中，也有不少辞官、远离尘世而栖息山林的隐士，甚至有终生不仕而为隐士的，如阮籍、嵇康、陶渊明即洁身自好，不屑仕宦，具有一种清高的气节。伴随着隐逸风尚，必然会产生无限向往大自然山水风景的情怀，这在一定程度上促成了士人们普遍寄情山水的社会时尚，形成了游山玩水的浪漫风气。名士们喜欢啸嗷行吟于山际水畔：阮籍一旦入山，便流连忘返；谢灵运游邀山水，开创了中国文学史上的山水诗派；陶渊明辞官隐居，虽贫亦"三宿水滨，乐饮川界"；兰亭之修禊盛会，则传为千古名谈……

接近大自然、欣赏大自然、崇尚大自然，人们对山水的审美意识取代了过去对自然所持的神秘、功利和伦理的态度。以山水自然美为题材的艺术创作流行起来，山水诗文大量涌现，独立的山水画开始出现，山水园林和山水风景区的发展则更为显著，其中陶渊明对后世园林美学的影响尤为深远，艺术化的生活境界成为后世许多造园者追求的目标。山水园林一改过去单纯地模仿自然山水的做法，而适当地加以概括、提炼，以山水为园林的基本构架，把对山水的欣赏提高到审美的高度，初步形成了自然山水式园林的艺术氛围，为山水园林、山水风景区、山水诗文、山水画四者的同步发展、互相影响和彼此浸润的密切关系奠定了基础格局。

在无为、遁世和追求享乐的思想影响之下，士大夫希望通过回归自然，求得洁身自好，以隐逸为至乐，着意体味自然山水之美。他们游山玩水、隐居山林，希望过着陶渊明笔下所描绘的"桃花源"式的生活。隐士们以隐逸野居为高雅，且并不满足于一时的游山玩水，希望能长时间地占有和享用大自然，私家园林作为一个市隐归园的场所，赢得了众多名士文人的青睐。所谓"朱门何足荣，未若托蓬莱""何必丝与竹，山水有清音"的立意，体现出这类园林所标榜的最高境界。士族官僚、文人名士纷纷造园，有权势的庄园主也竞相效仿，私家园林便应运而兴盛起来，有建在城市或近郊的城市型宅园、游憩园，也有建在郊外的庄园和别墅，民间造园气候万象，一时成风。

私家园林从汉代的宏大转而变为这一时期的小巧，园林的内容从粗放到精致，造园创作方法从单纯写实过渡到写意与写实相结合，包含着老庄哲理、佛道精义、六朝风流、诗文趣味。谢灵运贬官为永嘉太守后，邀游山水，在祖父谢玄始宁别墅的基础上整修拓建了一座拥有诸多景观建筑的庄园。其《山居赋》是一篇山水诗文佳作，详细介绍了别墅的开拓过程：如何利用山水地形营造景观，建筑布局如何与山水景观相结合，庄园的水、草、竹、木、野生花卉和鱼、鸟、兽等资源的分布情况，以及农田耕作、灌溉的情况。在设计上，已充分注意到借景手法的运用，可欣赏湖光山色，勾勒出大自然淳朴的情景和自给自足的庄园图景。北周庾信建小园，并有《小园赋》传世，小园以小而精的布局被后世文人津津乐道。庄园、别墅表现的山居风光和田园风光，蕴含的隐逸情调，是文人隐士们"归园田居"的精神寄托。

皇家园林在这一时期也有了一定的发展，三国、两晋、十六国、南北朝相继建立的大小政权，在各自首都均有宫苑建置。魏晋时期在东汉旧有的基础上又加以扩建的芳林苑，是一个以仿写自然为主的皇家园林，布局和功能上不仅继承了秦汉苑囿缩模大自然山水景观的特点，还加以提炼，趋向写意与写实相结合，为以后的皇家园林所模仿。此期皇家园林与私家园林有所不同，虽然仍沿袭传统、规模较大、类型较多、造型奢华，狩猎、通神、求仙、生产的功能已经消失或仅具象征意义，但毕竟不能摆脱封建礼制和皇家气派的制约，造园艺术具有一定程度的保守性，甚至园名以及主要殿宇、假山、水池的名称也是互相抄来抄去，对时代美学思潮的理解处在简单、粗浅的状态，远不如私家园林敏感、时尚。直到南北朝后期，皇家园林似乎才接受私家园林的某些影响并汲取新鲜养分，造园艺术方面得以升华。

佛教在东汉早期从印度传入中国，道教也开始形成于东汉。魏晋南北朝时期，战乱频繁局面成为各种宗教易于盛行的温床，思想解放为外来和本土宗教学说提供了传播条件。佛教和道教流行起来，使得寺观园林建设兴盛一时。南北朝时期寺院数量之多，唐代诗人杜牧曾作《江南春》描述："南朝四百八十寺，多少楼台烟雨中。"当时"舍宅为寺"的风俗兴旺，不少贵族官僚把自己的邸宅捐献出来作为佛寺，原居住用房改为供佛殿宇和众僧用房，宅园原样保留为寺院的附园。城市中心地段的寺、观，内部殿堂庭院也多采用树木绿植来点缀，以创造幽静的环境；郊野地带的寺、观，往往风景优美，形成"深山藏古寺"的艺术画面。随着大量寺、观的兴建，寺观园林这个新的园林类型因有别于皇家园林而开宗立派并广传后世。

魏晋时期，幽州蓟城是曹魏政权北部边地军事重镇，城内不但有王宫宫室，而且城市功能齐全。蓟城城郊今莲花池、玉渊潭、紫竹院一带以及万泉庄、什刹海等地区，河湖遍布、桑田葱茏，是士大夫们举行修禊活动与宴集的优美地带。前燕慕容儁攻陷蓟城，将其定为国都，修宫殿，建太庙，北京地区开始有了宗庙建筑。北魏时，幽州是佛教聚兴地区之一，魏晋时期北京开始出现寺庙园林。

魏晋南北朝时期，在以自然美为核心的时代美学思潮的直接影响下，中国古典风景式园林，由单纯地模仿自然而至于适当地加以抽象化、典型化表现自然，开始在本于自然而又高于自然方面探索发展，初步具备了建筑美与自然美融糅的特点。园林体系也略具雏形，它是秦汉园林的转折升华，也是园林全面兴盛的伏脉，中国的风景式园林正是沿着这个脉络进入下一阶段的隋、唐全盛时期的。

中国古典园林的全盛期和北京地区园林
——隋、唐、五代（581—960年）

隋朝结束了魏晋南北朝后期的战乱状态，复归统一。隋文帝勤俭治国、爱惜民力，社会安定繁荣。隋炀帝即位后则荒淫奢靡，大兴造园之风，他除了在首都兴建宫苑外，还到处筑行宫别院，其中西苑最为著名。

西苑兴建于隋炀帝大业元年（605年），在洛阳城之西侧，是历史上仅次于西汉上林苑的豪华壮丽的皇家园林。西苑是一座人工叠造的山水园，《隋书》记载："西苑，周二百里，其内为海，周十余里，为蓬莱、方丈、瀛洲诸山，高百余尺，台观殿阁，罗络山上。海北有渠，萦纡注海。缘渠作十六院，门皆临渠，穷极华丽。"其总体布局以人工开凿的水域"北海"为中心，北海周长十余里，海中筑蓬莱、方丈、瀛洲三座岛山，高出水面百余尺，山上有象征求仙意义的道观建筑。苑内模拟天然河湖的水景，以龙鳞渠、北海、曲水池、五湖构成一个完整的水系，这个水系又与"积土石为山"相结合而构成丰富的、多层次的山水空间。龙鳞渠为全园的一条主要水系，贯通供嫔妃居住的十六院。沿渠建置的十六院，穷极华丽，庭院三面临水，可泛轻舟画舸。隋炀帝兴建西苑时，"诏天下境内所有鸟兽草木驿至京师，天下共进花木鸟兽鱼虫莫知其数"，植物与建筑相互掩映，丰富了全园景致。从记述可见西苑的理水、筑山、植物配置和建筑营造的工程极其浩大，大体上仍沿袭了汉代以来"一池三山"的宫苑形式，还明显地受到了南北朝时期自然山水的影响，以湖山水系为主体，台观殿阁等建筑融于湖光山色之中。西苑内用十六组建筑群为中心，结合水道的穿插而构成园中有园的小园林集群，属于一种创新的规划方式。其多层次的山水空间、富丽堂皇的殿堂楼观和精心安排的植物配置，展现出西苑复杂的艺术创作和庞大的园林工程，其创作手法充分结合写实与写意，标志着中国古典园林全盛期的到来。

初唐和盛唐是继秦汉之后中国历史又一个昌盛时代，贞观之治、开元之治把中国封建社会推向发达兴旺的高峰，文化艺术空前繁荣，诗歌、绘画、雕塑、音乐、舞蹈等，在发扬汉民族传统的基础上吸收其他民族甚至外国的养分而同化交融，呈现为群星灿烂、盛极一时的局面。唐诗将中国古典诗歌发展到了顶峰，李白、杜甫、白居易等著名诗人流芳后世，山水诗、山水游记已成为两种重要的文学体裁。柳公权的书法对后世有很大影响，笔画清劲华美，人称"柳体"。绘画方面，山水画脱离了壁画作为背景处理的状态而趋于成熟，山水画家辈出，开始有工笔、写意之分。吴道子的用笔以线条描法来表现，敷彩于焦墨液中，略施微染；李思训笔法尖劲，自成金碧青绿山水一家，用线条和用色彩表现的不同笔法，既重客观物象的写生，又能注入主观的意念和感情，通过对自然界山水形象的观察、概括，再结合绘画工具和特殊技法，确立了中国山水画创作的准则。稍晚于李思训的诗人、音乐家兼画家王维，其画泼墨山水，笔力雄壮，有类似吴道子的地方，笔迹劲爽又有李思训的作风，而表现重深是他的独特个性，给后世山水画以巨大的影响。王维的诗作生动地描写山野、田园的自然风光，被苏东坡称为"诗中有画，画中有诗"，他把画的意境和诗的意境相结合，丰富了山水画的内容，开创了抒写性灵（写意）的山水画。与此同时，山水画开始影响造园艺术，有诗人、画家直接参与造园活动，诗文、绘画、园林这三个艺术门类互相影响渗透，园林艺术融汇诗情、画意，极大地丰富了造园艺术。

隋唐是中国园林营造的大发展时期。皇家气派是皇家园林所独具的特征，不仅表现为园林规模的宏大，而且反映在园林总体的布置和局部的设计处理上面。传统的木构建筑在技术或艺术方面均已完全成熟，建筑物的造型丰富，形象多样。宫廷规制的完善，园林建设和帝王园居活动的频繁，标志着以皇权为核心的集权政治进一步巩固和封建经济、文化的繁荣。这个时期的皇家园林集中建置在长安、洛阳两京城内、附廓、近郊和远郊，数量之多、规模之宏大远远超过魏晋南北朝时期，显示了"万国衣冠冕旒"的泱泱大国气概。皇权振兴，皇室气派，皇家园居辉煌，大内御苑、行宫御苑、离宫御苑三个类别的区分更为明显，各自的规划布局特点也更为突出，因此，皇家园林建造以隋代、初唐盛唐最为频繁，出现了一批具有划时代意义的作品，如西苑、禁苑、大明宫、兴庆宫、华清宫、九成宫等。

隋代时幽州改置涿郡，作为用兵基地。隋炀帝三次亲征高丽，为此开辟北段大运河，直通蓟城城下的南门外。他还下令修建了临朔宫作为亲征的行宫，内有怀荒殿，宫内造道观，多有华屋美园，富丽堂皇，为涿郡第一个行宫御苑，常屯兵数万。另外还在城南的桑乾河上筑社稷二坛。

隋唐私家园林较之魏晋南北朝普及面更广，艺术水平更高。盛唐呈现出历史上空前的太平盛世，人们普遍追求园林享受之乐。当时发达地区如中原、江南、四川等地有关私家造园活动的文献记载不少。中原的西京长安、东京洛阳是全国的政治、经济、文化中心，民间造园之风尤盛。如长安，据《画墁录》载："公卿近郭皆有园池，以至樊杜数十里间，泉石占胜，布满川陆，至今基地尚在。寺省皆有山池，曲江各置船舫，以拟岁时游赏。"盛世兴园，而园林兴盛的程度也正是这个盛世的反映。

唐代通过科举制度考试遴选各级官吏，广大的庶族地主知识分子有了进身之阶。取得官僚身份便有了优厚的俸禄和很高的社会地位，然而他们却没有世袭的保证，宦海浮沉，升迁贬谪无常。为了将来"退隐"和"独善其身"，为自己预留以后的退路，凡为官宦者几乎都要修造园林。园林在某种程度上满足了士大夫阶层仕与隐的企望。科举取士，文人做官居多，他们对自然风景有着深刻理解，对自然美有着高度鉴赏力，因而积极参与风景开发并营建自己的私园，将哲理的体会、宦海沉浮的情感融于园中，给园林附上了文人色彩，于是就出现了"文人园林"这一新形式。中唐以后，王维、白居易、杜甫等文人已直接参与造园规划，诗画情趣渗入私家造园艺术中，儒、道、禅三者得以合流融汇于少数知识分子的造园思想之中，独特的园林观形成，园林艺术素质提高了一大截，进而又奠定了宋以后文人园林的基础。

佛教和道教经过东晋、南北朝的广泛传布，教义、典仪、经籍均形成完整的体系，到唐代达到了普遍兴盛的局面。唐代的统治者出于全面维护封建统治的目的，对儒、道、释三教并举并尊，在思想上和政治上都不同程度地加以扶持和利用。唐代佛寺、道观遍布全国，并成为地主庄园的经济实体。寺观的建筑制度已趋于完善，大的寺观往往是连宇成片的庞大建筑群，包括殿堂、寝膳房、客房、园林四部分功能分区。据记载，唐长安城内的寺观共有195所，建置在77个坊里之内，其中一部分为隋代的旧寺观，大部分为唐代兴建的。由于寺观进行大量的世俗活动，故而成为城市公共交往的中心，许多寺观以园林之美和花木的栽培而闻名，长安的贵族显宦尤其喜爱牡丹，到寺院欣赏牡丹成为一时之风气，寺观亦相应地发挥了城市公共园林的职能。

"天下名山僧占多。"寺观不仅在城市兴建，而且遍及郊野，但凡风景优美的地方，尤其是山岳风景地带，几乎都有寺观。全国各地以寺观为主体的山岳风景名胜区，到唐代差不多都已陆续形成。佛教和道教的教义，包含尊重大自然的思想，又受到魏晋南北朝以来所形成的传统美学思潮的影响，使寺观的建筑也力求与自然的山水环境相和谐。佛教的大小名山，道教的洞天、福地、五岳、五镇等，既是宗教活动中心，又是吸引香客和游客的公共风景游览胜地。郊野寺观一般将植树造林作为僧侣公益劳动，特别重视园林绿化，栽培名贵花木，保护古树名木，因此郊野寺观往往内部花繁叶茂、外围古树参天，在很大程度上保护了生态环境，促成了风景名胜尤其是山岳风景名胜区的普遍开发和利用。

唐代，涿郡改称幽州，北京地区仍为全国重镇。幽州城内外建筑规模极大，城内曾设有安禄山的子城，改之为皇城，设有紫微殿、听政楼、逍遥楼等。位于城东隅的安禄山私邸，则被署为潜龙宫；另外还有城东北郊王镕的海子园等私家宅园。唐代兴佛，幽州城内外也有许多佛寺，并附有园林建置，最著名的是唐太宗为追悼东征阵亡将士，在幽州城内建造的悯忠寺。至唐末，北京地区的园林建设，已从简单地开发利用自然条件，发展到改造自然，进行艺术创造的境地。

隋唐园林不仅发扬了秦汉的大气磅礴的恢宏气概，还在精致的艺术经营上取得了辉煌成就。山水画、山水诗文、山水园林这三个艺术门类已有互相渗透的迹象，形成了中国古典园林的另一个特点——"诗画的情趣"，隋唐园林作为一个完整的园林体系已经成型，中国古典园林的发展相应地达到了全盛时期。

中国古典园林的成熟前期和北京地区园林

——宋、元、明及清初（960—1736年）

从宋代到清代雍正年间，是中国古典园林成熟前期，风景式园林体系的内容和形式完全定型，造园艺术和技术基本达到了最高水平。园林的发展呈现出两个高潮期：两宋是第一个高潮期，明中叶到清初是第二个高潮期。

一、两宋高潮期

宋代经济、政治、文化占有重要的历史地位，而文化方面尤为突出。中唐到北宋，作为传统文化主体的儒、道、佛三大思潮都处在一种蜕变之中。儒学转化为新儒学——理学，佛教衍生出完全汉化的禅宗，道教从民间的道教分化出向老庄、佛禅靠拢的士大夫道教。从两宋开始，文化的发展也像宗法政治制度及其哲学体系一样，在一种内向封闭的环境中，实现着从总体到细节的不断自我进化与完善。文化艺术已由面上的外向拓展转向纵深的内在开掘，园林作为文化的重要载体和内涵，同样如此。

宋代城市商业和手工业空前繁荣，资本主义开始萌芽，高墙封闭的坊里被打破而形成繁华的商业大街，城乡经济高度繁荣，张择端的《清明上河图》描绘了商业街热闹的景象。而宋代却又是一个国势羸弱的朝代，北方和西北的少数民族政权辽、金、西夏相继崛起，强大铁骑挥戈南下，致使宋王朝南渡江左，以割地赔款的屈辱政策换来了暂时的偏安局面。统治阶级帝王士大夫或者一般庶民，都始终处于国破家亡的忧患之中，而江南经济发达与国势羸弱的矛盾状况又导致了人们沉湎享乐、苟且偷安的心理，乃至形成了宫廷和社会生活的浮荡、侈靡、病态的繁华。上自帝王，下至庶民，无不大兴土木、广营园林。皇家园林、私家园林、寺观园林大量修建，其数量之多、分布之广，较之隋唐时期有过之而无不及。

城乡经济高度发展，带动了科学技术的长足进步。宋代的科技成就在当时的世界上居于领先地位，诸如四大发明，在自然科学方面有许多开创性的探索，或总结为专论，或散见于当时其他的著作中。建筑技术方面，李诫的《营造法式》和喻皓的《木经》，分别是官方和民间对当时发达的建筑工程技术实践经验的理论总结。园林中观赏树木和花卉的栽培，出现了嫁接和引种驯化的方式，培养出丰富的花木品种。大批相关书籍刻板印刷，除了《洛阳花木记》这类综合性著作外，还有专门记述一类花木品种的，如《牡丹谱》《兰谱》《菊谱》《扬州芍药谱》《太平御览》等，为植物造景提供了多样的选择。在用石方面，宋代品石高雅，湖石奇石已成普遍使用的造园素材，江南地区尤甚。相应地出现了专以叠石为业的技工，吴兴叫作"山匠"，苏州叫作"花园子"，园林叠石、置石表现出高超的技艺。坊间刊行出版了多种《石谱》，太湖石"漏、透、皱、瘦"的选择和评价标准流传至今。掇山理水、植物配置等技能的应用，为园林的广泛兴造提供了保证，也是当时造园艺术成熟的标志。

宋代诗词一改唐代的波澜壮阔，主流转向缠绵悱恻、空灵婉约；绘画艺术广受重视，政府特设"画院"罗致天下画师，山水画达到历史最高水平。从众多的代表作品中，我们可以看到崇山峻岭、溪壑茂林，点缀着野店村居、楼台亭榭，表现出"可望、可行、可游、可居"的士大夫心目中的理想境界。南宋的平远小景，简练的画面构图偏于一角，留出大片空白，使观者的眼光随之望入那一片空虚之中而顿觉水天辽阔，发人幽思，萌生无限意境。诗画相映、诗画一体，文人画异军突起，造就了一批广征博涉、多才多艺，集哲理、诗义、绘画、书法诸艺于一身的文人画家。这批画家广泛参与园林规划设计，园林自觉融入诗画意趣，多有意境的创造。文人士大夫的生活情趣和审美意识普遍崇尚简约淡泊，追求温文儒雅，多数以自己的意志情感参与造园活动，追求景观意境的情与景相结合，借诗画为园林规划设计的蓝本，将大自然的景致趋向写意。他们喜爱在园中题词点景、书写匾联，给园林赋予了诗意的特征，极大地提升了园林的品质，深化了意境的涵蕴，丰富了文化的内蕴。

宋代重文轻武，文人的社会地位比以往任何时代都高，知识分子的数量陡增。科举取士制度更为完善，政府官员绝大部分科举出身，文官多半是文人，能诗善画的文人担任中央和地方重要官职的数量之多超越前朝。许多大官僚同时也是知名于世的文学家、画家、书法家，皇帝宋徽宗便是一位精通书画、素养极高的艺术家。朝廷还施行比较宽容的文化政策，文人积极参与社会造园活动，民间的士流园林进一步文人化，促成"文人园林"的兴起。文人园林的风格特点大致可概括为简远、疏朗、雅致、天然，文人园林成为私家造园活动中的一股新兴潮流，影响及于皇家园林和寺观园林。

比起隋唐，宋代的皇家园林规模小了，皇家气派也有所削弱，但规划设计则趋于清新、精致、细密，更多地接近于私家园林。这固然由于国力国势的影响，一定程度上也与政治开明、文化宽容有直接的关系。两宋各地造园活动普遍兴盛，而皇家、私家园林集中在东京和临安两地，另有许多寺观园林、官司衙署园林、茶楼酒肆附设园林。东京的艮岳称得上是一座叠山、理水、花木、建筑完美结合的具有浓郁诗情画意而较少皇家气派的人工山水园，代表着宋代皇家园林的风格特征和宫廷造园艺术的最高水平。南宋都城临安紧邻风景优美的西湖及其周围群山，皇家占地兴造御苑、寺庙，而私家园林更是精华荟萃。宋代佛教禅宗兴盛，佛教建筑已完全汉化。随着禅宗与文人士大夫在思想上的沟通，儒、佛合流，禅悦之风盛行，禅宗僧侣也日益文人化。许多禅僧都擅长书画，诗酒风流，以文会友，文人园林的趣味就更广泛地渗透到佛寺的造园活动中，使得佛寺园林由世俗化而更进一步地文人化，文人园林的风格也涵盖了绝大部分寺观的造园活动。两宋园林作为成熟前期的第一个高潮阶段，总结了上代的成就，开启了后世之先河。

北方，辽契丹并燕云十六州后，于公元938年将幽州上升为陪都南京，从而结束了晚唐以后五代十国这一地区五十余年的动乱，但是随后它又与北宋相对峙达160年之久。契丹入主幽州继承了唐、五代时期藩镇土皇帝遗留下来的大量建筑设施，如元和殿、昭庆殿、球场、永平馆等。辽南京的御苑，主要有长春宫、内果园、栗园、延芳淀，还有华林、天柱二庄和瑶池。辽南京还继承了不少隋唐以来的寺院，同时由于辽代崇尚佛教，故而新建了不少寺庙，如昊天寺、开泰寺、竹林寺、清水院等。女真族建立的金王朝灭辽和北宋之后，于1153年迁都燕京，建立中都。金军攻下东京之后，掠夺财物、人才，充实和加强中都建设。自中都城扩建之日起即开始经营宫苑，包括大内御苑和行宫御苑。到金章宗时，金朝的版图扩大到中原、淮北，政局稳定，经济繁荣，皇家园林建设的数量和规模已十分可观。金中都的御苑建设大多模仿北宋东京，所不同的是有相当数量建置在远离都城的风景地带。这是由于女真族的统治者尽管完全接受中原汉地的典章文物制度，却还保留着祖先的驰骋原野的骑射传统，对原始的大自然山川别有一番感情。在中都城内宫城内外名园有芳园、同乐园、广乐园、南园、北苑、后园、东园、熙春园、琼林苑、梁园、蓬莱院、东明园等，在近郊和远郊有鱼藻池、钓鱼台、鹿园、环秀亭、城南行宫、大宁宫、玉泉山行宫、香山行宫等。其中大宁宫和玉泉山行宫是金代的两处主要行宫御苑，也是皇帝经常游幸之处，后来北京的历代皇家园林建设都与这两处行宫有着密切的关系。贯穿本书的金章宗八大水院，有继承有创造有发展，虽文献记载极少，却实为北京皇家园林的开端。

二、元及明到清初高潮期

公元1271年，蒙古族元王朝灭金、宋，统一中国，建都大都（今北京）。公元1368年，明王朝灭元，建都南京，永乐十九年（1421年）迁都北京。公元1644年明为清王朝所取代，都城仍为北京。从元朝到明初战乱甫定，经济处于停滞阶段，造园活动总体而言无甚建树。直到明永乐以后，由于农业、手工业有了较大发展，造园风气才恢复兴盛，逐渐进入成熟前期园林发展的第二个高潮阶段，直到清初的康熙、雍正年间。

建筑是时代思想的再现。元代绘画"画不过意思而已"，不求形似，而求超然物外；明中叶以后呈现自由放逸、独出心裁的写意画风，文人画风靡画坛，成独霸之势。人们的审美观倾向写意，影响及于园林的创建，出现了以山水局部来象征山水整体的更为深化的手法，在掇山上则表现为截取大山一角而让人联想到山的整体形象的处理手段。景题、匾额、对联在园林里的普遍应用犹如绘画构图中讲求落款题词，将绘画、诗词、书法三者结合，使园林艺术更密切地融合诗文、绘画的意趣，更显诗情画意和深远意境。精湛的叠石技艺普遍使用，文人、画家直接参与造园活动，涌现出一大批知名的造园家和优秀的园林作品。元代的北京园林，远比金代及南宋园林更富有人民性与自由气质，形式活泼，趋向自然。大都城城中心是皇家的宫苑，郊区有皇家游猎的四大飞放泊猎区，城近郊泉池地带则分布着一些权贵和士大夫们的私园。

明末清初的特定的政治、经济和文化背景，促成了士流园林的全面"文人化"。明初大兴文字狱，对知识分子施行严格的思想控制，整个社会处于人性抑压的状态。明中叶以后资本主义因素的成长和相应的市民文化的勃兴则又要求一定程度的个性解放。在这种矛盾的情况下，知识界出现一股人本主义的浪漫的思潮：以快乐代替克己，以感性冲动突破理性的思想结构，在放浪形骸的厌世背后潜存着对尘世的眷恋和一种朦胧的自我实现的追求。因此，文人造园的意境就更增添一层抑压心理的流露，这种情况促成了私家园林的文人风格的深化，把园林的发展推向了更高的艺术境界。文人园林作为一种风格几乎覆盖了私家的造园活动，促使私家园林在第二阶段达到了它所取得的艺术成就的高峰，江南园林便是这个高峰的代表。

由于封建社会内部资本主义因素的生长，工商业繁荣，市民文化勃兴，所以市民园林亦随之兴盛起来。在一些发达地区，经济实力的急剧膨胀使得商人的社会地位大为提高，以商人为主体的市民作为一个新兴的阶层必然要对社会产生影响，社会的风俗习尚、价值观念都相应地发生了明显的变化。于是，始于宋代的文人士大夫的士流文化，缓慢地发展为具有人本主义色彩的市民文化，并影响到民间的造园艺术。市民的生活要求和审美意识在园林的内容和形式上都有了明显反映，出现了以生活享乐为主要目标的市民园林与重在陶冶性情的士流文人园林并存的局面。园林广泛深入市镇，以前属于士大夫的私家园林已经融入了各个阶层，人们为了满足家居生活的需要，在城市里大量建造以山水为骨干、饶有山林之趣的宅园，以满足日常聚会、游憩、宴客、居住等需要。经济、文化最发达的江南地区，造园活动最兴盛，地方风格最为突出，园林的审美意识和意境创造都是以"小中见大""须弥芥子""壶中天地"等为基本手法。北京自永乐迁都以后成为全国政治中心之所在，人文荟萃，园林在引进江南技艺的基础上逐渐形成北方风格的雏形。建筑在园林中起了重要的作用，成为造景的主要手段，建筑类型和空间形式多样，多使用亭、榭等形式来组合配景，使风景与建筑巧妙地相互融合。民间造园活动广泛普及，不同的地方风格既含蕴于园林总体的艺术格调和审美意识之中，各地园林又受当地社会的人文条件和自然条件制约，从而产生各种地方风格的乡土园林，这些又促使民间的私家园林呈现出前所未有的百花争艳的局面。

明代，随着政治中心的北移，北京逐渐成为北方的佛教中心。到成化年间，北京城内外仅敕建的寺、观即已达636所，民间建置的则不计其数。明代又在北京的西山、香山、瓮山和西湖一带大量兴建佛寺，对西北郊的风景进行了历来规模最大的一次开发。众多的寺庙中，敕建的和由贵族、皇亲、官宦捐资修建的一般都有园林，许多以园林风景知名于世，如香山寺、碧云寺等，吸引着文人墨客前往，甚至皇帝也时有临幸驻跸。

丰富的园林实践促进了造园技术的发展。建筑方面，装饰更趋向于精致，木结构技术在宋代的基础上继续完善，出现了《鲁班经》《工段营造录》《工程做法则例》等关于技术成就和经验总结的文字；叠山方面，石材和技法都趋于多样化；植物栽培技术方面，也有相关专著陆续发行，如中国最早刊行的花卉园艺专著《花镜》。文人、造园家与工匠三者的结合又促使这些宝贵经验向系统化和理论性方面升华。于是，这个时期便出现了许多有关园林的理论著作，其中有专门成书的，《园冶》《一家言》《长物志》是比较全面而有代表性的三部著作，内容以论述私家园林的规划设计艺术，以及叠山、理水、建筑、植物配置的技艺为主，也涉及一些园林美学的范畴。它们是私家造园专著中的代表作，也是文人园林自两宋发展到明末清初时期的理论总结。

明清时期绝对君权的集权统治、封建专制秩序和礼法制度达到顶峰。这直接影响到皇家园林建设，突出表现为皇家气派、规模趋于宏大、宫廷色彩显著。明代园林建设重点在大内御苑，著名的有西苑、兔园、景山、御花园、慈宁宫花园等。其中，西苑经过元、明、清三代的增建和改建，扩充了太液池的范围，完成了北海、中海、南海三海的布局，并在琼华岛上和太液池沿岸增添了许多建筑物，奠定了此后的规模和格局。清初园林建设重点在离宫御苑，畅春园、避暑山庄、圆明园是三座大型建筑，也是中国古典园林成熟前期著名的皇家园林，它们代表着清初宫廷造园活动的成就，集中地反映了宫廷园林艺术的水平和特征。这三座园林又经过乾隆、嘉庆两朝的增建、扩建，成为北方皇家园林空前的全盛局面的重要组成部分。雍正末年，北京西北郊已建成四座御苑和众多的赐园，开始形成皇家园林集中的特区，为下一个时期大规模的皇家造园活动奠定了基础。此后乾、嘉时期的皇家园林在此基础上继续发展、升华，终于达到北方造园活动的高峰境地。

经历宋、辽、金、元、明至清初的近八百年的漫长历史过程，皇家、私家、寺观三个园林类型，都已完全具备中国古典园林的主要特点。另外，文人园林经唐代启蒙，两宋兴起，大盛于明代和清初，成为中国古典园林已经达到成熟境地的标志。

西山残雪

中国古典园林的成熟后期和北京地区园林
——清中叶、清末（1736—1911年）

从清乾隆朝到宣统朝170余年，是中国古典园林发展历史上集大成的终结阶段。它显示了中国古典园林发展到成熟后期的辉煌成就，也呈现出逐渐停滞的、盛极而衰的趋势。

清代的乾隆王朝，是中国封建社会漫长历史上的最后一个繁荣时期，政治稳定，经济发展。但同时，尖锐的阶级矛盾和西方殖民主义国家挟其发达工业文明和强大武装力量逐渐向东方的扩张，使清王朝危机四伏。这个时期的封建文化沿袭宋、明传统，但已失却能动、进取的精神。反映在文学艺术上则是，守成多于创新，过分受到市民趣味的浸润，追求纤巧琐细、形式主义和程式化的倾向愈来愈突出，影响进而延伸到园林方面。乾隆、嘉庆两朝的造园活动之广泛、造园技艺之精湛，达到了宋、明以来的最高水平，北方的皇家园林和江南的私家园林，同为中国后期园林发展史上的高峰，乾、嘉时期是中国古典园林发展史上最后一个繁荣时期。

清王朝进入乾隆时期，最终形成了肇始于康熙时期的皇家园林建设的高潮，在中国历史上十分罕见。乾隆皇帝不仅有着极高的汉文化修养，喜欢游山玩水，还对造园艺术很感兴趣并颇有见解。他曾六下江南，足迹遍及扬州、苏州、无锡、杭州、海宁等私家园林精华汇集之地，凡所喜爱的园林，均命随从画下来，并带回仔细研究，竭力仿效。他亲自主持建造的皇家园林汲取了大量江南私家园林的造园手法，甚至直接仿效、照搬了不少江南园林的景点。乾隆时期皇家园林的建设工程几乎没有间断过，新建、扩建的大小园林，按面积总计有一千五六百公顷之多，它们分布在北京皇城、宫城、近郊、远郊、畿辅以及承德等地，营建规模之大，是宋、元、明以来所未见。西苑以改建为主的大内御苑仅仅是乾隆时期皇家园林建设的一小部分，大量的则是分布在北京城郊及畿辅、塞外行地的行宫和离宫御苑。到乾隆中期，北京的西北郊已经形成一个庞大的皇家园林集群，其中规模最宏大的五座为圆明园、畅春园、香山静宜园、玉泉山静明园、万寿山清漪园，号称"三山五园"。三山五园荟萃了中国风景式园林的全部形式，代表着后期中国宫廷造园艺术的精华。它们附近又陆续建成许多赐园、私园，在西起香山，东到海淀，南临长河的辽阔范围内，极目所见为馆阁连属、绿树掩映的名园胜苑，形成一个巨大的"园林之海"，是历史上罕见的皇家园林特区。北京西北部以外的远郊和畿辅以及塞外地区，新建成或经过扩建的大小御苑亦有十余处，其中比较大的是南苑、避暑山庄和静寂山庄。

皇家园林要充分显示皇家气派，规模宏大是皇家气派的突出表现之一。因此，这一时期的皇家造园艺术的精华大多集中在大型园林，它们的总体规划在继承上代传统和康熙新风的基础上又有所发展和创新。一是"集锦式"布局。这类园林的横向延展面极大，为了避免出现园景过分空疏、散漫、平淡和山水比例失调的情况，园内除了创设一个或若干个较大水面为中心的开阔大景区之外，在其余大部分地段上划分出许多小的、景观较幽闭的景区，每个小景区均自成单元，各具不同的景观主题、不同的建筑形象，功能也不尽相同。它们既是大园林的有机组成部分，又相对独立而自成完整小园林，形成了园中有园、大园套小园的风格，圆明园便是典型一例。二是再现自然。着力把传统的风景名胜区以自然景观之美而兼具人文景观之胜的意趣，再现到大型天然山水园林中来，在建筑的选址、形象、布局、道路安排、植物配置等方面，均取法、借鉴传统风景名胜，从而形成风景名胜区的园林化。

北方皇家园林引进应用江南造园技艺始于康熙时期，而更全面、更广泛地吸收投入则在乾隆时期。采取的方式有：一是引进江南园林的造景手法。在保持北方建筑风格的基础上，大量使用江南常见的园林建筑形式以及某些小品、细部、装修；大量运用江南各流派的叠山技法，进行叠山、理水；此外，还引种驯化南方的不少花木。这些都是使用北方的材料，结合北方的自然条件，适应北方的鉴赏习惯的一种艺术再创造。二是再现江南园林的主题。皇家园林里面的许多"景"，其实就是把江南园林的主题在北方重现出来，也可以说是某些江南名园在皇家御苑内的变体。三是具体仿建江南名园。以江南名园为蓝本，大致按照其规划布局而建园中之园，仿建亦非单纯模仿，重在求其神似而不拘泥于形似，是北方刚健与江南柔媚相济相融的艺术再创造。皇家园林因得到民间园林养分的滋润，内容大为丰富，领域大为开拓，格律大为讲究，色彩大为雅丽，增加了清沁雅致、如诗如画的情趣。

雍、乾时期皇权的扩大，达到了中国封建社会史上前所未有的程度。园林借助于造景而表现天人感应、皇权至尊、纲纪伦常、崇圣尊君等象征寓意，比以往的范围更广阔，内容更驳杂，意义更重大。传统象征性的造景手法又进一步，宫廷艺术更为发达，诸如绘画、书法、工艺美术，都逐渐形成了技巧和形式唯美风尚。影响及于皇家园林，匠师们因势利导，利用园内建筑分量的加重而更有意识地突出建筑的形式美，造景更突出表现园林的皇家气派，审美价值被推到了新高度。相当多的成景都更加倚重建筑物，建筑成为许多局部景域甚至全园的构图中心。在建筑布局上，重视选址、相地，讲究隐显、疏密的安排，务求表现与大自然协调亲和的艺术魅力。康熙时皇家造园实践上承明代传统并汲取江南技艺而逐渐积累，乾隆又在此基础上把设计、施工、管理方面的工作进一步加以提高，把园林建设与城市发展融为一体，整个园林工程更为成熟。为了彻底解决与日俱增的宫苑供水需求和大运河上源通惠河的接济问题，对北京西北郊的水系进行了大规模的整治：拦蓄西山、香山一带的大小山泉和涧水，通过石渡槽导入玉泉湖，最终汇入昆明湖；开凿高水湖和养水湖，并安设相应的涵闸；疏浚长河等。经过整治，昆明湖的蓄水量大为增加，西北郊形成了以玉泉山、昆明湖为主体的一套完整的、可以控制调节的供水系统，保证了宫廷、御苑的用水，同时还铺设了一条出西直门直达玉泉山静明园的长达十余公里的水渠，作为皇家水上游览专用路线。

另外，皇家园林内还大量建置寺、观、祠、庙，尤以佛寺为多。几乎每一座稍大的园林内都有不止一处佛寺，其规模之大、规格之高，并不亚于当时敕建的佛寺，有的佛寺成为一个景域或主要景区内的主景，甚至是全园的重点和构图中心。这固然是由于清王朝统治者以标榜崇弘佛法来巩固自己的统治地位，而且与当时团结笼络蒙古族、藏族上层人士，确保边疆防务、多民族国家统一的政治目的也有直接的关系。因此，乾、嘉时期的皇家园林中佛寺之盛远远超过上代，有些园林甚至可以视为寺观园林与皇家园林的复合体。

由于各方面的卓著成就，乾隆朝得以最终完成皇家园林建设高潮，把宫廷造园艺术推向高峰境地，但高峰同时也表现出些许乱象：御苑建筑物分量过重，园林内容过于冗杂，吸收江南园林成分过多，掺杂巨商富贾的市井趣味，等等。

道光、咸丰之际，以英国为首的西方殖民主义势力，通过两次鸦片战争用炮舰轰开了"天朝"锁闭的门户，激起了尖锐的阶级矛盾和深刻的社会危机，封建社会逐步解体，到清末已完全沦为半殖民地半封建社会了。传统封建文化已是强弩之末，面临西方文明的冲击，出现了种种复杂、混乱乃至畸形的状态。源远流长的中国古典园林体系尽管呈现出末世的衰颓，但由于其根深蒂固，所以仍然持续发展了一个相当长的时段。同治以后，尽管财力枯竭，皇家仍未停止修建园苑。封建地主阶级中大军阀、大官僚新兴势力以及王公贵族，利用镇压农民革命所取得的权势而疯狂掠夺和兼并土地，在江南、北方、湖广等地又掀起一个兴建华丽邸宅的潮流，这股潮流扩散到大地主、大商人阶层中，一直延续到清末的光绪、宣统年间。

从乾隆时期到清末，民间的私家造园活动遍及全国各地，形成江南、北方、岭南三大地方风格鼎峙的局面。这三大地方风格集中地反映了成熟后期民间造园艺术所取得的主要成就，也是这个时期的私家园林的精华所在。在一些少数民族地区也有相当数量的私家园林建成，具有不同的地方风格。许许多多的地方风格，结合各地的人文条件和自然条件，乡土气息浓郁，呈现出百花争艳大观。处在封建社会行将解体的末世，文人士大夫普遍争名逐利，追求生活享乐，传统的清高、隐逸、避世的思想意识越来越淡薄，加之市井趣味更多地渗透入士流文化，私家园林尤其是宅园的绝大多数娱乐社交功能上升，成为园主人夸耀财富和地位的象征。同时又受到过分追求形式和技巧纤缛的艺术思潮的影响，园林里面的建筑密度加大，山石用量增多，运用建筑来分隔园林空间，在建筑围合空间内经营山池花木。宋明以来文人园林的简远、疏朗、雅致、天然的特色逐渐消失，所谓雅逸和书卷气亦逐渐溶解于流俗之中。表面上文人园林风格似乎更广泛地涵盖了私家的造园活动，但实质上相当多的一部分只不过是僵化的模式，徒具躯壳而缺失了思想内蕴。这种情况，一方面虽然发挥了建筑的造景作用，促进了叠山技法的多样化，有助于各式园林空间的创设；另一方面却难免削弱了园林的自然天成倾向，助长了园林创作的形式主义倾向，有悖于风景式园林的主旨。

乾隆时期是皇家园林的鼎盛时期，它标志着康、雍以来兴起的皇家园林建设高潮的最终形成，它在造园艺术方面所取得的成就使得北方园林与江南园林成为南北并峙的高峰。

其后的嘉庆朝尚能维持局面，但已不再进行较大规模的建置。道光时，中国封建社会的最后繁荣阶段已经结束，国家衰败，国库空虚，皇室再没有财力、能力营建新园。大内御苑大体上勉强维持着原来的面貌，但郊外和畿辅各地的行宫御苑失去了往日兴隆，呈破败景象，有的由于停止巡狩而常年废置不用，任其逐渐坍毁。西方殖民主义势力已经通过武力打开了古老封建帝国锁闭的门户，咸丰十年（1860年）十月，英法联军自通州直趋北京西北郊，占领海淀，掠夺圆明园，大肆抢掠园中珍宝、字画、古玩、陈设，后又两次大规模地焚烧，圆明园及附近的宫苑全部焚毁。光绪十四年（1888年），西太后依靠挪用兴办新式海军的造舰经费，重修清漪园，改名"颐和园"，就在西太后进住颐和园之后不久，华北民间爆发了带有宗教色彩的反对帝国主义的义和团运动。八月，八国联军占领北京，抢夺珍贵文物，洗劫宫禁，圆明园又遭劫难。俄、英、意侵略军先后侵占颐和园，盘踞达一年之久，建筑虽未被再次焚毁但也受到严重破坏，北京的皇家园林遭受帝国主义侵略军的摧残。这时的清政府内忧外患，吏治腐败，灾疫流行，民不聊生，财力枯竭，除了将残破的颐和园和西苑的南海加以修缮外，其他的行宫御苑则任其倾圮，就连日常性的维修亦完全停止。残留的建筑物陆续被拆卸盗卖，劫后遗址逐年泯灭，到清末，大部分均化为断壁残垣、荒烟蔓草、麦陇田野了。

随着封建社会的由盛而衰，经过外国侵略军的焚掠之后，皇室再没有这样的气魄来营建宫苑，宫廷造园艺术相应地一蹶不振，从高峰跌入低潮，园林建造也由全盛走向了衰落。但是，随着国际、国内形势的变化，中、西园林文化开始有所交流，乾隆年间任命供职内廷如意馆的欧洲籍传教士主持修造圆明园内的西洋楼，西方的造园艺术首次引进中国宫苑。一些对外贸易的商业城市，华洋杂处，其私家园林出于园主人的赶时髦和猎奇心理而多有模拟西方的。中国园林的造园手法亦为西方国家所借鉴和推崇，在西方一些国家掀起了"中国园林热"。中国园林"虽由人作，宛自天开"的意境、深刻的人文思想内蕴、集传统文化之大成的艺术，对西方建筑和文化产生了积极的影响。

　　从乾隆时期到清末，是中国历史由古代转入近现代的一个急剧变化的时期，也是中国古典园林全部发展历史的一个终结。这个时期的园林继承了上代的传统，取得了辉煌的成就，同时暴露出封建文化的弊端，反映了封建社会解体的衰颓。在这不到两百年的时间里，中国园林作为一个体系，逐渐从发展高峰跌入低谷，终于随着封建社会的瓦解而结束了它灿烂的古典时代。

建筑环境

『相地合宜，构园得体』是我国造园名著《园冶》对选址重要性的精辟论述。

中国古典园林的建筑特点

中国古典园林，山水风景是主体，园林建筑是从属。不论数量多少，也不论功能如何，都力求与山水相融，强调建筑序列自身的主从关系。不同类型的园林，存在着性质、大小、环境条件等差异，园林建筑和布局由于地域不同而呈现出不同特点。

一、皇家园林建筑

皇家园林有大内御苑、行宫御苑和离宫御苑之分。大内御苑建在京城里面，与皇宫毗连；行宫御苑和离宫御苑大多建在郊外风景优美的地方，与行宫和离宫相结合。皇家园林一般包括宫和苑两部分，宫的建筑布局严格规整，中轴对称，正殿居中，配殿分居两侧；苑即园部分，一般空间广阔，风光旖旎。

黄河流域是中华民族的发祥地，自然地理条件优越，在北宋以前一直是中国的政治、经济和文化中心，皇家园林建筑亦主要分布于此，西安、洛阳、开封等地最多。早期皇家园林建筑类型单一、布置零散、风格粗犷，至隋唐时形成了黄河流域格调高迈、整齐、华丽的园林建筑风格。平面布局已有别于宫殿与居住建筑的布局：一方面采用园中有园的手法，已具有中国大型皇家园林建筑布局之雏形；另一方面在大规模的山水环境中，园林建筑布局已着眼于造景与观景之需要。单体建筑，各间面阔从中央明间向两端递减，在柱梁及其他节点上施各种斗拱，柱身较矮，斗拱雄大，出檐深远，从而形成简洁雄厚的外观形象特征。主要园林建筑多用庑殿屋顶，其他为歇山顶和攒尖顶，在园林建筑组群中常因不同的屋顶形式组合而形成主次分明的群体形象。建筑花纹装饰构图饱满，线条流畅隽秀。

北方皇家园林建筑主要集中于北京及其周围地区，建筑多为中国园林建筑发展鼎盛时期所建，以其高超的技艺和独特的艺术风格在园林建筑中占据着重要地位。因大多建于优美的自然风景之地，所以园林建筑在园林中所占面积比较小，建筑的群体布置一般运用轴线对称和比较严整的几何关系，个体采取"大式"做法，以显示皇家气派。其余的地段则因就局部的地貌作自由合宜的群体布置，个体建筑一律为"小式"做法，或"小式"做法与民间建筑相融糅的变体。总体平面布局上，园林建筑多采用大分散、小集中的"集锦式"成群成组布局方式。但因气候原因和受宫殿建筑轴线对称布局的影响，园林建筑多为南北向，较少随意布置，皇家园林建筑多为官式，但苑中的宫殿建筑也与城中有别，很少用琉璃瓦而多用灰瓦卷棚顶，斗拱的尺度较小，出檐深度较小，不用柱的生起、侧脚和收杀，梁、枋的比例加大。屋顶呈现平缓的曲线，翼角起翘较缓。墙体厚重，隔扇、挂落、栏杆等各种木装折，图案严谨，体形粗壮，这些都形成了北方园林建筑庄重沉稳的形象特征。因气候及生活习惯的原因，园林建筑内、外空间界线分明，较为封闭，园林建筑整体尺度通常较大。在保持北方建筑风格的基础上大量使用游廊、水廊、爬山廊、拱桥、平桥、亭桥、舫、榭、粉墙、漏窗、洞门、花街铺地等江南常见的园林建筑形式以及某些小品、细部、装修。此外，皇家园林中还有众多的园林建筑小品，如牌楼、华表、石狮、铜狮、影壁等，对皇家园林建筑整体风格的形成起到了锦上添花、相得益彰的作用。

二、私家园林建筑

中国私家园林建筑，出现迟于皇家园林建筑，但由于广泛的地理分布、众多的数量和高超的艺术水平，被誉为中国传统园林建筑艺术的精华。

黄河流域是中国早期私家园林建筑的集中分布地之一，到宋代文人园林已成为私家造园活动中的新兴潮流，占士流园林的主导地位，风格特点概括为简远、疏朗、雅致、天然。建筑类型上，楼、台、亭、榭、轩、馆、庵、堂大体具备，以亭、台、堂、榭为主。园林建筑多作为花木景观的陪衬，数量不多，布局疏朗，多种类型的组合形式较少。园林建筑柱身较高，斗拱得到简化，变小，补间铺作的朵数增多，室内空间较大，各种构件避免生硬的直线和简单的弧线，普遍使用卷杀。大量使用可开启的、棂条组合丰富的门窗，以便室内外空间的联系。彩绘和装饰的构图和色彩极为考究，疏朗明快、柔和绚丽。

中国北方素以宏大壮丽的皇家园林建筑著称于世，而以北京为中心的私家园林建筑同样兴盛，在自然风景优美的西北郊，私家园林建筑与皇家园林建筑交相辉映。北方私家园林建筑风格与皇家园林建筑相比，除表现出共性的一面以外，还表现出自己的个性：园林建筑一般密度较大，为显示贵族气派，常采用轴线对称布局手法；北方建筑特点明显，屋顶和墙壁均较厚重，屋顶样式以硬山式居多；除贵族使用的园林建筑外，一般不用琉璃瓦，也不用朱红和金色装饰，墙面和屋顶均为大面积青灰色，只在重点部位施彩；影壁、墀头、屋脊等处砖面上加若干雕饰作点睛之笔。因特定的政治环境、人文因素和自然条件，以北京为代表的北方私家园林建筑形成了深厚凝重的艺术风格。

江南自古资源丰富，风景秀丽，在中国的政治中心北移之前，江南作为中国的经济中心和富饶之地长盛不衰。江南私家园林建筑分布广、数量多、水平高，闻名天下。江南私家园林建筑多处市井之地，周围一般没有开阔的视野，平面布局常取内向的形式并自成一体，在小型园林中表现最为明显。由于园林占地面积狭小，建筑布局顺应地形，蜿蜒曲折，园林空间并不显得局促。建筑的个体形象玲珑轻盈，具有一种柔媚的气质。结构上一般用穿斗式木构器，或穿斗式与抬梁式的混合结构；外墙为较薄的空斗墙，屋顶构造也较薄；厅堂内部根据使用功能的不同，用罩、隔扇、屏风等自由分割；上部天花做成各种形式的"轩"，秀美而富于变化；栏杆、挂落等各种木装折力求精细，图案设计以灵巧见长；门窗多空灵通透，室内外空间连通、渗透；梁架和装饰仅加少数精致的雕刻，一般少用彩绘。房屋外部的木构件髹饰为褐、黑、墨绿等颜色，灰砖青瓦、白粉墙垣配以水石花木组成园林景观，显示一种恬淡雅致有若水墨渲染画的艺术格调。木装修、家具、砖雕、木雕、漏窗、洞门、匾联等均表现出极高超的工艺水平。扬州园林建筑是江南园林建筑风格的重要代表，被认为是北方官式建筑与江南民间建筑之间的介体，外观介于南北之间，结构和细部处理兼两者之长，其园林建筑具北方之雄，兼南方之秀，集中体现了中国私家园林建筑的主要艺术成就。

三、寺观园林建筑

寺观园林建筑是指佛寺、道观及名人祠庙建筑，在现存的传统园林建筑中，寺观园林建筑的数量远远多于皇家园林建筑和私家园林建筑的总和，分布之广更非前二者所能及。

宗教建筑能够体现神权的至高无上，营造庄严神圣的宗教气氛。北京汉传佛寺的建筑以汉式建筑为主，其特征是木构架结构，梁柱交错，斗拱支撑，人字形两面坡屋顶，上铺青瓦、琉璃瓦或鎏金铜瓦，寺院大殿的屋顶有出头的柱头斗拱，这是汉式建筑中比较典型的结构，可以使建筑本身显得十分华贵与高雅。顶棚上有藻井，做成方形、多边形或圆形等多种风格的凹形物，饰有花纹、雕饰或彩画等，极尽华美之能。汉式建筑的屋顶形式有重檐式、庑殿式、歇山式、悬山式、硬山式，这五种屋顶建筑形式也是中国传统建筑法式中最为常见的。在北京汉传佛寺中，建筑类型按照中国古建筑构成来分，包含楼阁、殿堂、亭、廊、斋、门、牌坊、照壁、佛塔以及坛、台等建筑。

寺观园林建筑一方面大量分布于都城和文化兴盛之地，另一方面大量分布于风景优美、地形独特的山林地带。由于寺观园林具有的公共游览的功能性质，它又成为自然风景园林的构成之一。分布于自然风景优美的名山大川之中的寺观园林建筑，在总的景观构成上强调以自然山水为主，以建筑为辅，这是一个基本原则。园林建筑与自然环境的关系，应该如同树木扎根于土壤之中，浑然一体，自然统一。《园冶》的《兴造论》中说：园林建筑必须根据环境的特点，"随曲合方""巧而得体"，根据自然环境的不同条件"随机""应变"。因此山林寺观园林的特点是范围较大，建筑量较小，多运用"略成小筑，足征大观也"的手法，以较少的建筑布置在一些制高点、转折点、特异点，控制大的景观场面，达到"千山抱一寺，一寺镇千山"的艺术效果。寺观园林建筑空间处理善于吸收"世俗"园林建筑中开敞、渗透、连续和流动等技法，打破阴森、封闭和孤立的静态空间，加强与自然景色的对话。园林建筑单体营造上多就地取材，运用当地民间建筑的传统处理手法，既满足宗教活动的要求，又具有浓厚的乡土气息和地方色彩，同时运用极具特色的园林建筑小品深化景观意蕴。在细节处理上善于控制建筑尺度，掌握适宜的体量，用质朴的材料、素净的色彩，表现出不同于其他园林建筑类型的宗教园林气氛。

寺庙园林的环境特征

服务于佛教的园林环境，统称为寺庙园林环境，包括佛寺等宗教建筑所属的庭园、园林和风景点，宗祠、名人祠庙等传统纪念性建筑，其功能、格局也带有宗教建筑色彩。按所在的地方和构景特征，寺庙园林环境可归为城市型、山林型和综合型。

寺庙园林环境具有宗教性和游览性的双重功能，其选址自由，构景素材丰富，具有浩大的空间容量和灵活多样的建筑格调，表现出宗教性、人文历史性和景观性等特征。

宗教功能在寺庙建筑中占有主要地位。寺庙园林作为服务于宗教活动的景观环境，首先要满足僧众、香客在其中从事宗教活动的需要，这就要求维持宗教活动的佛寺建筑如佛殿神堂成为整个佛寺的中心。佛寺的山门、钟鼓楼、天王殿、大雄宝殿、藏经楼等宗教活动建筑，按香客事佛活动的顺序，沿一条中轴线向纵深展开，形成轴线式的多进院落，成为佛寺程式化的基本布局。寺庙庭院中多设水池，主要为供善男信女积德行善用的放生池；再以佛塔、经幢、碑刻、摩崖造像等宗教小品参与构景，通过植物配置等各种方式烘托，映衬佛门意境，营造了既有园林气氛又有宗教色彩的景观环境。

历代文人墨客、学者隐士总与僧人关系密切，他们有学识，艺术鉴赏力强，直接或间接参与园林营造，把山水诗画和对山林自然的感情，融入寺庙园林建筑中，营造出了富于人文气息的佛寺园林环境。很多修道高僧具有很高的文学艺术修养，亲手经营管理寺庙，直接提高了寺庙园林环境构景的艺术质量。另外，佛寺园林本身蕴含着丰富的历史和文化内涵，沉淀着佛教史迹和名人故事，彰显着佛、道、儒三种中国传统文化思想的精髓，使丰富的自然景观和人文景观交相辉映，泽被后世。

受宫殿府宅限制，皇家园林和私家园林的选址和布局往往有局限性，大多数是以人工造景为主的园林景观。而寺庙园林随佛学的传播，遍布全国各地，选址具有灵活性和自由度，为利于僧人习佛和吸引教众，地址多在名山胜地风景迤逦之处，佛寺所在之处多有崇山峻岭、沟壑溪谷等种种不同的天然风景地貌和变化万千的自然景观，成为寺庙园林丰富的构景内容和自然景观素材。寺庙园林常利用山石、清泉、丛林、古树、溪涧等自然景观要素，有机地结合亭、桥、廊、经幢、山门、堂、阁、佛塔、碑石题刻等人工园林素材，叠石为山，凿池引水，广植花木，营造小景，形成一幅富于宗教意味、充满天然情趣的绵延不断的风景画。

许多大型寺院空间容量大，视野广阔，具备深远、丰富的景观和空间层次，能近观咫尺于目下，远借百里于眼前。由于寺庙园林环境景观深度、广度和空间的层次都十分丰富，对比变化十分强烈，故而往往在一寺庙中形成远近、大小、高低、动静、明暗等强烈对比的立体化的环境空间。在浩大的空间容量中，寺庙园林的观景点和景观建筑分布，是由近到远，由密集到疏散的，加上景区的分散，主次干道的穿插、延伸，一方面容纳下寺庙中游览和事佛活动的大量人流，另一方面也以弹性的容量，适应随季节性变化的人流量，既可向外疏散、漫延，又可向内集聚收敛。

另外，寺庙园林环境所处的不同地理条件、地域的差异以及经济条件的差异，使其规模、布局、风格和用材上都有极大的差异性和伸缩性。在不同的条件下，有的重檐广厦、重岭叠翠，有的仅为一小筑，独居一隅，有的用高贵华丽的建筑材料，有的就近取材于山林岩石，使得寺庙园林环境在布局、规模、格调上差异很大，呈现灵活多变的布局和多种多样的格调。

寺庙的选址和地貌

"相地合宜，构园得体"是我国造园名著《园冶》对选址重要性的精辟论述。寺庙选址首先得保证有良好的生活条件，满足人本的使用功能要求。要近水源，解决基本的饮用水问题；要有林木，解决燃料和维修用材问题；要朝阳、背风、通风，有较好的小气候条件；要地势较高，防避山洪侵袭；要幽隐又交通方便，虽在深山又要近集市村落，既保持清净又不能造成香客难至和供应困难：这些都是寺庙的生存和生活的必要条件，也是寺庙地址"合宜"的重要抉择。另外，精心选择优美风景地貌，可为寺庙园林环境打下良好的构景基础，提供不同特征的构景素材，这些风景特征所表现出的自然美，为寺庙园林环境提供了风景意境主题，让人的情感注入景物，情景交融，从而创造出意境深邃的园林环境。

寺庙园林环境的地貌类型，除去城市、市郊平缓地形外，大致有峰峦、山间、水体、崖畔、洞穴和综合地貌等。千变万化的地理条件，为寺庙园林环境千姿百态的营造提供了可能。峰峦是群山之首，充分利用它高、险、幻的风景特征，构造具有峰峦特色的园林景观；山间地貌极为丰富，地势起伏，表现为倾斜、幽邃、空间视域狭窄等特征，因植被变化和地域不同而各有所异；水体形态丰富多变，"水，活物也"，自然风景中山得水而活，水得山而媚，故以水体为主题构景，常离不开山林烘衬辅佐，以创造出"山灵水秀"的园林景观；悬崖绝壁，峭立于江河湖泊之畔或堑谷深渊之侧，既别于孤峰矗拔的峰峦，又不同于幽丽静谧的山间，有着空虚、危绝、艰难的特异风景；洞穴为崖上地下的奇特的自然空间，视域窄狭，洞中幽暗清凉，与周围景色对比强烈，具有奇诡神秘特色，构景中常把天然洞穴空间纳入，使其成为建筑和景观的有机组成。凡此种种风景地貌，各具所长，各有其妙，互相交织，互有联系，互为补充，共同在构景中发挥作用。在寺庙园林环境中，正是充分地利用和结合各种地貌，发挥各种风景的优势，以传统的园林和建筑手法进行园林化处理，创造出了瑰奇多姿的园林景色。

北京汉传佛寺园林建筑布局及环境空间

北京佛教寺庙有汉传佛寺和藏传佛寺。藏传佛寺的建造绝大多数始于藏传佛教传入北京时的元朝，多数藏传佛寺集中建立和修缮扩建于清朝。北京作为千年古都，市内区域广布汉传佛寺，而城外更是以西北郊西山一带为最。北京的汉传佛寺园林也包括三种类型：城市型、山林型和综合型。下面主要介绍北京汉传佛寺园林的建筑布局及空间环境。

一、北京汉传佛寺园林的建筑布局

汉传佛寺园林群体采用传统的"伽蓝七堂"制式布局。"伽蓝"来自梵语，音译作"僧伽蓝摩"或"僧伽蓝"。"僧伽"指僧团，"阿蓝摩"意为"园"，原指僧众共住的园林，也称作僧园、僧院，即寺院。唐中叶至五代时期，禅宗大盛，佛教化进程加快，汉传佛教寺院的建筑平面逐步模式化，形成了"伽蓝七堂"制。所谓"伽蓝七堂"，即一所伽蓝之完成，需具备七种建筑物：塔、金堂、讲堂、钟楼、藏经楼、僧房、食堂。遵循"伽蓝七堂"制的佛寺布局多表现为纵轴式，就是将各主要殿堂井然有序地布置在一条轴线上，佛寺通常坐北朝南，沿山门南北中轴线，保持一定的距离修建若干殿堂，殿堂建筑大致按以下顺序排列：山门殿—弥勒佛殿—大雄宝殿—本寺主供佛殿—法堂—藏经楼（阁）。钟鼓楼、东西配殿及其他附属建筑则对称均衡地布置在主殿两边，烘托主体建筑，围合成多空间层次的院落。各组院落中，主体建筑的体量、造型，往往结合所供奉主像在佛界中的地位而有所变化，以满足佛事仪式及寺院生活的需求。

如法源寺就采用传统的"伽蓝七堂"制式布局，由南至北主要门、殿沿中轴线对称布置，有山门、钟鼓楼、天王殿、大雄宝殿、悯忠阁、净业堂、无量殿、大悲堂、藏经阁、大遍觉堂、东西廊庑等共七进六院组成，布局严正，结构严谨。如潭柘寺坐北朝南，依山而建，随山势层层上升，雄奇古朴。全寺中轴对称，也属"伽蓝七堂"，分东、西、中三路建筑，布局匀称和谐。中路是建筑主体，由下往上依次有牌楼、山门、天王殿、大雄宝殿、三圣庵、毗卢阁。

在佛教的观点中，轴被认为是生命无休止轮回的极轴，上接天堂，下达地狱，象征着宇宙的秩序。最重要和最具神圣色彩的场所便是空间上的中心位置，体现佛寺的神圣空间。这样的布局模式使佛寺整体布局简洁而规则化，也更加符合伦理规范与宗法社会观念。"伽蓝七堂"没有固定的模式，也没有将单体建筑的数量定位于"七"的规定，它只是一个一般性的原则，宋代"伽蓝七堂"制在寺院中的体现已较为灵活，许多大型寺院同时并列着两条或三条轴线。延至后世，佛教寺院历经千年的演变，部分寺庙仍遵循"伽蓝七堂"之制，但七堂的名称和配置，却因时代或宗派之异而有所不同了。

二、北京汉传佛寺园林的环境空间

在寺庙周围的自然环境中，园林构景手段和建筑处理手法加工剪辑了自然景观，改变了自然环境空间的散乱无章状态，使环境空间上升为园林空间。在建筑空间上，打破了宗教空间的森严沉闷与生硬冷漠，增强了空间的渗透性、连续性和流动性，用园林构景要素点缀内外空间，把宗教空间变成疏朗活泼、生趣盎然的园林观赏空间，从而达到寺庙建筑和环境空间的园林化。

北京佛寺园林环境空间类型划分为宗教空间、佛寺庭院空间、独立附园空间、寺外园林空间四种。宗教空间为供奉佛像和进行宗教活动的空间，佛寺建筑属于个体空间，它处在相对独立、规整单一和封闭静止的形态，以适应事佛的静态的佛事活动，表现出宗教神秘冷漠和压抑的气氛。佛寺庭院空间是为了促进佛教进一步大众化，并且提供优美的环境而产生的，包括僧人们生活用房周围的空间，其实质上是宗教空间向园林空间的转化。通过园林环境的空间布局，在确保主殿的显赫地位、维持寺庙整体中轴对称布局的前提下，结合地形和自然条件，灵活地把构景范围从寺院中扩展到寺院外的自然中，形成了寺观特有的园林环境气氛，冲淡了寺庙建筑内部局促沉闷的色彩，增强了寺庙园林的观赏性。独立附园空间为部分佛寺在宗教空间外营造的游览观赏空间，经常采取自然活泼的布局模式，在丰富佛寺园林环境的同时，给人亲切开朗、轻松自然的感受。寺外园林空间包括园林化的寺前香道和寺庙周围的自然环境空间。各空间之间，以院墙、建筑墙面、游廊等为界面，以不同的组合方式，形成千变万化的寺庙园林环境空间。

在北京汉传佛寺中，虽然整体布局受制于"伽蓝七堂"制，呈现的是严谨规整的寺院环境，但是受禅宗思想的影响，佛寺园林在空间组成的处理上，构成了由前导、过渡、高潮、收尾所组成的空间序列，通过空间序列的组织，形成一定的视觉空间秩序，一步步加深人们对寺庙的崇敬，营造出庄严神秘、佛法无边的宗教意境。同时也融入了空间园林化的处理，手法包含空间的转折与收放、渗透与流动，丰富了佛寺园林空间的层次，营造出自由灵活、丰富多变的佛寺园林空间，增添了佛寺的禅意氛围。

三、掇山理水、植物配置、宗教小品

掇山理水，是我国古典园林造园艺术的精华。掇山，亦称叠山，即利用石头的不同质感，构筑成不同的山势，有"多方胜景，咫尺山林"的审美意味。理水，在园林中同样至关重要，"山以水为脉，水以山为面"，"山得水而活，水得山而媚"。山主静，水主动，山水结合，相映成趣，体现出自然山水的精神，同时也是艺术上的高度象征。在寺庙园林设计中，为了营造"自成天然之趣，不烦人事之工"的意境，更是离不开掇山理水手法的运用。以石为峰，叠石造山，将石布于寺内庭院，随势而置，或小径尽头，或空旷之处，或交叉路口，或古树之下，或狭湖岸边，既不能求其线条整齐划一，也不能简单地平衡对称，而是要高低错落、自由多变，运用石的千姿百态"妙造自然"。水有溪流、池沼、湖泊、山泉等，以变化灵活、形状各异的水型，配合山石、花木和建筑来组景。而伴随宗教功能需要设置的放生池，成为佛寺园林中颇具特色的一处园林景观。

北京汉传佛寺在掇山理水的应用上较为灵活，力求营造出意境清幽的禅意空间。香山碧云寺水泉院，整个院落依山就势，叠石建造，泉水自岩壁的缝隙渗出，落地成池，人作天开，平添自然趣味。寺内还设置了放生池，增加禅意氛围。北海白塔寺为藏传佛寺，位于琼华岛最高处。岛的北坡地势上缓下陡，

上部的坡地大约有三分之二是用人工叠石构成的地貌起伏变化，赋予这个局部以崖、岫、岗、嶂、壑、谷、洞、穴等丰富形象，是旷奥兼备的山地景观的缩影。尤其是那些曲折蜿蜒的石洞，洞内嶙峋的怪石、洞的走向与建筑相配合，忽开忽合，时隐时现，饶富趣味，独具匠心。琼华岛保持了"海上仙山"的创作意图，经过历代的营建升华到更高的境界，为北京皇家园林的一个杰出典范。

寺庙园林离不开植物，通过植物配置，在听觉、视觉、触觉上给信徒与游客传递景观的宗教意境。寺庙园林中植物种类丰富，在听觉上利用植物作为天

玫瑰谷初夏

然的屏障，隔绝尘世的喧嚣，形成一种宁静而自然的园林氛围。潭柘寺有"竹林禅寺"之名，寺内种植的大片"黄金间碧玉"竹，以及法源寺悯忠阁殿院的丁香林，都为寺院营造了安静祥和的氛围。在视觉上通过严谨的对称式植物栽植，烘托佛寺庄严的气氛。万寿寺殿堂前对称栽植的圆柏，烘托出佛寺几分肃穆；法源寺通往天王殿列植的圆柏，使人踏入佛寺的山门便肃然起敬。另外，还通过植物多姿的体态、丰富的色彩、幽雅的气味来表现轻松活泼的意境氛围，如大觉寺内的玉兰，法源寺内的海棠、丁香等。在触觉上，雄伟、苍劲有力的

古树，尽显幽深的历史沧桑感。多数寺内都植有四季常青的油松、圆柏，古树苍劲，傲视群雄，展示着宗教礼制的森严。

除建筑外，佛寺更有万千气象。有佛寺必有佛造像，佛造像有显宗佛像与密宗佛像之分，汉传佛教以显宗为主，藏传佛教以密宗传承为主。在北京汉传佛寺与藏传佛寺中，无论是显宗佛像还是密宗佛像，在诸佛、菩萨、天王、韦驮的组合安排上，都体现了佛教普度众生、怜悯慈悲的宽广胸怀。为了教化众生，诸佛菩萨应众生之根机而应现无量之化身，其形象肃穆庄严，慈祥可亲。每一尊佛像都是弘法的艺术化教育，都充满着无限深广的佛法意蕴。佛寺内遍布佛塔、经幢、碑刻等宗教小品，为佛寺园林增加了宗教氛围。佛寺中晨钟暮鼓以报时，钟声能警睡眠、疏冥昧，引人遐思，似引导着人们进入佛法无边的境界。

植物配置

一花一世界，一叶一菩提。

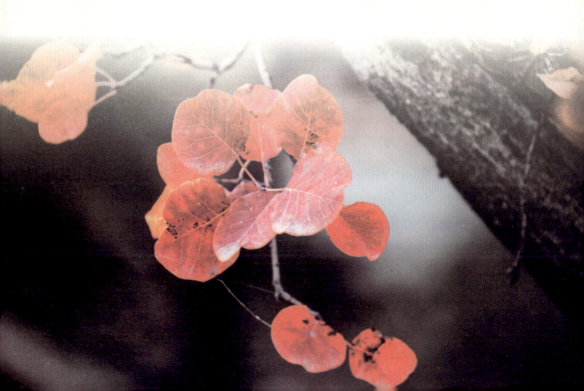

寺庙园林的植物景观

佛教创始人释迦牟尼所出生、苦行乃至圆寂的环境，都与美丽的树木有关。据经书记载，释迦牟尼诞生于外祖母家花园无忧花树下，顿悟成佛于菩提树下，圆寂于娑罗双树下，佛祖一生的关键时期都与植物有密切关系。佛祖得道，圣及草木。在佛教中，很多植物是神圣和智慧的象征，佛教园林更是独树一帜，将宗教思想、文化精神寄寓在园林景观的花草树木中。

一、传统文化对寺庙园林植物景观的影响

在中国文化发展史上，传统文化思想对宗教园林中的植物文化和景观有着深刻的影响。同时，儒、道、禅和风水理论各自以不同的文化特征，影响着寺庙园林的造园思想及意境表达。

我国拥有丰厚深远的传统植物文化，《诗经》为我国较早使用"格义比附"手法的文学作品，其中植物多处被赋予人性品质。《诗经》中的植物有100多种，其中有大量充当"植物比兴"的载体。如"杨柳依依""美人如花"与"萱草忘忧"等，皆体现了植物鲜明的感情色彩和审美倾向。著名的浪漫主义诗人屈原，于战国末期以"香草美人"喻忠贞贤良之士，以"馨兰"喻士之高洁；清代著名小说家李汝珍在神话小说《镜花缘》中将百花仙子作为故事主角，赋予众花神以不同的性格，是将植物人格化的典型代表。佛教自东汉传入中国，与中国传统文化相结合而产生的传播广、信徒多的中国化佛教——禅宗，更是以顺应自然不失本性为悟道的首要，以自然之景为永恒的本真体现。禅宗讲求顿悟，不重礼佛，不著言说，在园林中讲求空与静，在自然的一花一草之间寻求永恒。在园林中则体现为"适意"的审美意识，消极面对现实世界，却又不逃离，转而感悟园林山水、自然花草之乐。如"禅与茶"便是最为典型的代表，禅宗的精神与韵味皆富含在茶中，使茶多了一丝风雅与脱俗；"一花一世界，一叶一菩提"的哲学名言，更是将植物带入了智慧使者的殿堂；佛教亦强化了"松柏"的宗教意识形态，赋予其通天与永恒的精神境界。大自然中的风花雪月无不富有禅理，草木花叶皆是玄机。

佛教的传入以及寺庙园林的兴起，极大地丰富了植物文化的内涵。

道家的老子说："道常无为。"无为是道的核心思想。在自然中，一切事物的产生变化都是无意识、无目的、无为的，但其结果却又都是合乎某种目的、有序的。人们要顺应万物的本性及其内在规律，自然、人类、社会同源同构，万物都遵循着"人法地，地法天，天法道，道法自然"的规律，因而"自然"是"道"追求的最高境界。这种自然美学观反映在造园上，即"源于自然，高于自然"，这成为中国古代造园的基本指导原则。

儒家孔子提出："智者乐水，仁者乐山。智者动，仁者静；智者乐，仁者寿。"从人的伦理道德观点去看自然，把自然看作人的某种精神品质的表现和象征。不论山水、松柏还是某种自然现象，只要它同人的某种精神、品质、情操有同形同构之处，就都可为君子所乐。儒家的山水审美意识与伦理意识相结合，使人在观照山水之时，充盈了自己的情感与品性，"智者""仁者"，君子比德。同样，植物也具有人的品德，是感情和吉祥的化身。"岁寒然后知松柏之后凋也"，以松柏比喻坚贞的品德。梅、兰、竹、菊"四君子"和松竹梅"岁寒三友"，以及陶渊明"采菊东篱下，悠然见南山"之菊，周敦颐"出污泥而不染"之莲，林和靖"疏影横斜水清浅，暗香浮动月黄昏"之梅等，无不具有强大的人格象征。

"天下名山僧占多"，许多寺观园林都建在郊区风景优美的风水之地。而这些带有浓厚宗教气息的寺观，在追求名山大川的基础上，附托自然地形和地势，依山傍水，抱阳负阴，达到"自成天然之趣，不烦人事之工"的意境。风水理论强调园林树木的种植应当疏密得当、阴阳平衡，讲究"草木郁茂，吉气相随""木盛则生"。根据对光照的要求之不同，植物可分为阳性和阴性植物。在宗教园林中，依照植物本身的阴阳属性，植物景观规划设计需要既符合科学性，也符合中国传统的风水理论。用吉祥的植物配合宗教园林建筑，达到挡风聚气的目的，不仅能够维护寺庭小气候生息，也使得景观上生机勃勃。

二、寺庙园林植物景观的作用

植物是佛教园林中不可缺少的重要组成元素，它不仅是重要的思想象征和精神图腾，也是宗教活动的媒体和中介，还具有烘托气氛、医疗药用、劳动生产等许多实用功能和价值。

宗教给人以神秘、肃穆之感，寺庙园林就是庄严肃穆的场所。环境氛围在很大程度上依赖于植物的营造，园林中的甬道、香道是通往寺庙的主要交通路线，长长的香道在宗教意义上便成了从"尘世"通向"净土"的过渡阶段。如北京碧云寺、卧佛寺入口，用自然丛林、竹林、松柏林等植物群落，或结合墙体，来烘托、营造一种庄严肃穆的气氛。

宋代以后，许多佛寺、道观已成为具有公共性质的园林。于是，寺观内开始栽植大量与宗教教义一致的名贵花木，如象征品格高尚而脱俗的玉兰、质净而清香的梅花、吉祥而飘香的桂花等。

为了满足僧侣道士及香客们的饮食需求，需要在寺观周围开辟果园、花圃、药地等，果树、蔬菜、药用类植物在寺观中必不可少，兼具劳动、生产和经济价值。

三、寺庙园林植物景观的意境

寺庙园林中的植物景观是宗教意境的重要组成部分。宗教园林植物景观的宗教意境一方面通过植物景观本身的体形、线条、色彩、空间组合等实体语言表现出来，另一方面主要通过植物所蕴含的各种人格化的精神内涵表达出来。

宗教园林中的植物景观意境，是通过人的听觉、视觉、嗅觉、触觉、味觉传递给广大香客和游览者的。寺庙作为进行宗教活动的场所，它要营造既庄严肃穆又幽静舒服的气氛。大片的植物可以隔绝尘世的喧嚣，形成一种天然的屏障和自然宁静的园林氛围。佛教经典记载，竹林精舍是佛陀生前弘化的重要地点之一。为了营造静谧的参禅环境，佛寺园林中大都种植大片竹林。北京红螺寺"三绝景"御竹林闻名遐迩，潭柘寺于金大定十年（1170年）已有"竹林禅寺"之名。

宗教把"色"视为心相，视为"境"。植物景观婀娜多姿的体态，丰富绚丽的色彩，可以表现出不同的园林意境。寺庙园林中应用的观赏花木类有春天开花、娇艳可爱的海棠，有夏天开花、树形优美、枝干光洁、花色艳丽的紫薇，白云观的紫薇就远近闻名。

植物的根、叶、皮、花、果均可散发香味，其中以花朵为最佳。在佛教经典著作中，用香味来比喻戒德的芬芳及如来功德的庄严，因而在佛寺园林中运用了大量的香花植物。如花大洁白的栀子花、朵似玉铃的茉莉、可爱喜人的结香、芳香馥郁的桂花和花香持久的白兰花等。

四、寺庙园林植物的特点

寺庙园林集宗教与游乐于一身的特点，决定了其对园林植物的选择。在寺庙这种特殊的人文生态环境中，植物需具有以下几个特点。

（1）与佛教文化的相关性。所选择的植物种类应在人文寓意层面与佛教文化相联系，体现出其宗教内涵。

（2）与气候环境的适应性。由于寺庙分布地域千差万别，其园林所用植物也必然会受到生态条件和气候条件的制约而有所差异。

（3）与寺庙园林的统一性。寺庙园林气氛庄严肃穆，植物选择应与此氛围相符。

（4）与审美心理的协同性。所选植物树姿优美，花叶有较高的观赏价值。

（5）与地域文化的对应性。地域风俗之不同，历史文化底蕴的差距，对植物配置有直接或间接的影响。

（6）与经济发展的同步性。社会经济的状况和发展态势，都使植物配置呈现出不同的特点。

几种常见的佛教植物及文化内涵

植物是佛教园林景观构成要素，是佛教文化具象化的载体，《大正藏》《阿弥陀经》《经集》等经书古籍中都有关于佛教园林及园中植物的文字描述。在佛教园林中，植物因佛教而神圣，佛教也因草木意蕴丰厚而更添神秘色彩。佛教植物归为广义与狭义两类。广义植物为与佛教发展相关，在寺庙中具有特殊含义的植物集合；狭义植物为与佛教的产生、发展密切相关的植物，多指印度本土佛教植物。以下从植物的基本特征、典籍记载、佛教寓意、功能特性等方面，对几种常见的佛教植物进行认识和解析。

一、菩提树——智慧树

菩提树为桑科榕属常绿大乔木，高达15～25米，叶革质，三角状卵形。原产印度，喜温暖湿润气候，树冠圆形或倒卵形，叶柄细长，末端细长如尾下垂，又称"滴水叶尖"，多气生根，可形成"独木成林"的景观，约与佛教同时传入我国。

"菩提"一词是梵文 Bodhi 的音译，意思是觉悟、智慧。相传佛教创始人释迦牟尼出家修道七年，在菩提树下"大彻大悟"而得道成佛，菩提树因此被佛教尊为圣树，亦称智慧树。在我国，菩提树已有一千多年的引种栽培历史，首次传入中国是南朝时印度僧人于广州光孝寺内种植的。《修行本起经》描述："其地平正，四望清净，生草柔软，甘泉盈流，花香茂洁，中有一树，高雅奇特，枝枝相次，叶叶相加，花色蓊郁，如天庄饰，天幡在树顶，是则为元吉，众树林中王。"此树即为菩提树。有关菩提树有许多佛理名言脍炙人口："身是菩提树，心如明镜台。时时勤拂拭，勿使惹尘埃。""一花一世界，一叶一菩提。"（《神秀诗偈》）《六祖惠能诗偈》有云："菩提本无树，明镜亦非台。本来无一物，何处惹尘埃。"菩提子可为念珠，《校量数珠功德经》载："若用菩提子为数珠者，或时掐念，或但手持，诵数一遍，其福无量。"

菩提树被佛教徒视为神圣之木，用来祈福，广植于寺庙中。然菩提树喜温暖湿润气候，在我国主要分布于华南、西南及东南沿海，其他地区露地不能栽植。

二、无忧树——佛陀诞生之树

无忧树为豆科无忧花属，常绿大乔木，高5～20米；树冠椭圆状伞形，树姿雄伟，羽状复叶，叶柄柔软无法支撑叶片，赭红色的嫩叶低垂，远看仿佛一件件被雨打湿了的紫色袈裟披挂在绿叶间，又称"挂袈裟树"。原产印度等南亚热带国家，喜温暖湿润气候，随佛教的传入引种到我国后，云南东南部，广西西南部、南部和东南部，以及广东南部都培植归化成功。

相传大约2 500年前，在古印度的西北部（今尼泊尔境内），有一个迦毗罗卫国，国中净饭王的王后摩耶夫人怀了头胎，临产前回娘家途经"蓝毗尼"花园，看见一株茂盛的无忧树开满了金黄色的花朵，伸手扶在树干上，惊动了胎气，就在无忧树下生下王子乔达摩·悉达多，即佛教的创始人释迦牟尼，由此无忧树成为佛祖的诞生之树。《过去现在因果经》卷一中记载："十月满足，于二月八日日初出时，夫人见彼园中有一大树，名曰无忧，华色香鲜，枝叶分布，极为茂盛，即举右手，欲牵摘之，菩萨渐渐从右胁出。"

无忧树寓意为无烦恼与纯洁，只要坐在无忧树下，任何人都会忘记所有的烦恼，无忧无愁。我国云南西双版纳的傣族信奉小乘佛教，几乎每个村寨都有寺庙，寺庙里皆种植无忧树，为吉祥的象征。

三、娑罗树——佛陀圆寂之树

娑罗树为龙脑香科，娑罗双属的常绿乔木，具芳香树脂，树型高大；叶革质或近革质，全缘，羽状脉，网脉近平行，长卵形而尖，表面光滑；圆锥花序，腋生或顶生，花淡黄色，萼及花瓣外有灰色刚毛，气味芳香；喜温暖湿润气候，原产印度、马来半岛雨林。其木材坚固，可以用来制作家具或建材，又可供药用或做香料。

传说古印度有一条名叫希拉尼耶底的河，岸边长着一片高大茂盛的娑罗树。佛陀80岁时的一天，走进希拉尼耶底河里沐浴，然后上岸走到娑罗树林中，在两株较大的娑罗树中间铺了草和树叶，将袈裟铺在上面，然后头向北，面向西，头枕右手，最后便涅槃了。这情景便是后来的卧佛形象，北京卧佛寺的卧佛就是释迦牟尼圆寂的式像。

娑罗树树干可割采龙脑香，龙脑香是高级天然香料，十分名贵。虔诚的佛教徒常用龙脑香油点佛灯，用娑罗树木材点香敬佛，营造佛堂清香宜人的环境。

四、莲花——圣洁佛花

莲花为睡莲科莲属，多年生水生草本；根状茎横生，肥厚，节间膨大，内有多数纵行通气孔道，节部缢缩，上生黑色鳞叶，下生须状不定根。叶盾状圆形，叶柄圆柱形，密生倒刺。花单生于花梗顶端，高托水面之上，有单瓣、复瓣、重瓣及重台等花型；花瓣红色、粉红色或白色，矩圆状椭圆形至倒卵形，美丽，芳香。广泛分布于中亚、西亚、北美、南亚、东亚等亚热带和温带地区。

莲，花叶俱美，在炎热多雨的印度各地生长茂盛，为古印度人的自然崇拜物。古印度盛产莲花，据佛经记载共有七种（两种荷花，五种睡莲），有"七宝莲花"之说。印度文化中，莲花再生重生，集合了真善美所有的象征。佛教所宣扬的解脱、渡达过程是从此岸到彼岸、从尘世到净界的过程，则恰似莲花从淤泥中生。佛祖创立佛教时，便依据印度当时的文化习俗，将莲花置于尊位，佛教中的极乐世界遍布着美丽纯洁的莲花。《大正藏》记载："莲花有四德，一香，二净，三柔软，四可爱。"又："极乐国土，有七宝池，八功德水，充满其中，池底纯以金。"

莲为佛教法器。佛陀成道后，转法轮布道时所坐的座位称为"莲花座"，相应的坐势叫"莲花坐势"，现在的佛寺常见。莲花是菩萨的常见持物，象征着菩萨的清净、无污和慈悲。最早的观音菩萨形象为印度的莲花手菩萨，手持莲花是当时观音的主要特征。手持的莲花按照颜色可分为红莲花、白莲花和青莲花，一般以红莲花为胜，白莲花比喻未被烦恼污染的清净法性，青莲花比喻口气的香洁和佛眼的微妙。按莲花开放的程度可分为三种：第一种是未开放的莲花，即花苞，比喻众生含藏未开的菩提心；第二种是初开的莲花，比喻众生初发菩提心，虽初发但必能修习善行，圆证菩提果；第三种是盛开的莲花，花果俱全，代表修行者证悟了果德、智德、福德。

五、贝叶棕——东南亚文化传播使者

贝叶棕为棕榈科贝叶棕属，植株高大粗壮，乔木状，高18～25米，叶宽大、坚实、柔韧且扇状分裂，圆锥花序，顶生多佛焰苞，又名"贝多树"。原产印度、缅甸、斯里兰卡等亚洲热带国家，随着小乘佛教的传播而被引种到我国，在我国云南西双版纳地区零星植于寺旁和植物园内。

在古印度，贝叶棕叶片经晒干并切成长方形条片后，可用尖铁笔在上面刻写文字，用其刻写的佛教经文称为"贝叶经"或"贝叶书"。佛陀涅槃后，其弟子举行了5次大规模的集结活动，将佛陀宣讲的教法刻写在贝叶上，统称"贝叶经"。之后印度孔雀王朝的第三代君主阿育王派遣的佛教僧人携带刻写三藏的"贝叶经"，前往一些中亚国家、尼泊尔、缅甸、中国等地传教。"贝叶经"完整地记录了佛教原典，成为后来佛学的基础，在佛典中占据着重要地位。

"贝叶经"起源于印度，现在的印度、泰国、中国、缅甸和老挝都有遗存。作为最早的佛教传播媒介，它不仅改变了佛教的弘传方式，也促进了佛教的传播与发展，使佛法、教义逐渐遍及各地。"贝叶经"自唐代传入我国，据《大唐慈恩寺三藏法师传》记载，玄奘法师于公元667年从印度带回了657卷贝叶经，并将它们藏在了大雁塔中。云南的傣族人民和东南亚人民一样，很早就用贝叶代"纸"记录民族历史文化，因此，"贝叶经"也被称为"东南亚文化传播使者"。

六、竹——竹林精舍

竹是禾本科的一个分支竹亚科的总称，植物体木质化，体中所含的二氧化硅可高达70%，常呈乔木或灌木状。狭义而言，竹有70余属1 000种左右，分布在热带和亚热带。与佛教相关的主要包括紫竹（观音竹）、佛肚竹、罗汉竹与方竹。

竹子心中空无，和佛教教义相吻合。佛经里讲："色无边，故般若亦无边。""青青翠竹，皆是法身；郁郁黄花，无非般若。"喻示佛法无所不在，无所不能。而声色无边，终究是空。佛教认为，参佛需明心见性。

古印度的佛教徒没有固定的住宿之地，白日托钵乞食于市，夜晚就露宿在岩洞、树林之中。后来佛祖释迦牟尼来到古印度摩揭陀国的都城王舍城弘扬佛法，听者云集。有位皈依佛教的豪贵，名叫"迦兰陀长者"，见佛祖过着居无定所的艰辛生活，就将自己的竹园捐献出来，由虔诚的国王频婆娑罗修建精舍，布施给释迦牟尼居住和传教，称"迦兰陀竹园"，它成为印度佛教寺院的发端。由此，"竹林精舍"就成了佛教寺院的代名词。

由于竹子和佛陀、寺院的渊源，故而伽蓝十之八九植竹，竹林阴凉、清静、雅洁，成为寺院重要的景观。竹子掩映在高耸的殿宇、巍峨的宝塔之中，使佛教建筑富于层次变化，增添了环境的清幽、雅静，衬托了佛教建筑的肃穆庄严。竹子和精美的佛教雕塑、壁画、石刻相得益彰，与缭绕的梵音、佛曲、香火交融，是中国园林景观环境的重要配置。

北京寺庙常见植物及内涵

一、乔木类

乔木类植物是北京寺庙园林中的主体植物，占有很大比例，松柏、银杏、槐树、玉兰等最为常见，其他的还有龙爪槐、栾树、石榴、七叶树、文冠果、柿树、核桃、合欢、朴树、柘树、楸树、海棠、枣树等。

1. 七叶树

七叶树，为七叶树科七叶树属落叶乔木，高可达25米；树干挺直，树冠开阔，掌状复叶，小叶5~7片；圆锥花序，花白色。初夏繁花满树，硕大的白色花序似一盏盏华丽的烛台，是集观叶、观花、观果于一身的优良树种，与法国梧桐、椴树、榆树并称为世界四大行道树。

七叶树与佛教文化有着很深的渊源，相传印度王舍城有一岩窟为"王舍城五大精舍之一"，因周围长满印度七叶树，名之七叶岩（七叶窟、七叶园）。所谓精舍就是佛祖居住和说法的地方，这儿还是佛祖涅槃后其弟子们第一次结集、统一经法之所，意义重大。所以七叶树是佛树、庭院树，其寿命可达千年以上，又有风水神树之美誉。

七叶树，被称为中国娑罗树，在我国常将七叶树与娑罗树混同，甚至不少古文记载皆如此。在一些寺庙中可以看到这样的介绍："娑罗树又叫七叶树，释迦牟尼降生、出家成佛、弘扬佛法和涅槃均与此树有关，七叶树为菩提树的一种。"我国著名哲学家任继愈先生在《佛教大辞典》中讲道："汉地多将七叶树混同于娑罗树。"宋代欧阳修在《定力院七叶木》中也写道："伊洛多佳木，娑罗旧得名。常于佛家见，宜在月中生。"明蒋一葵《长安客话》记："卧佛寺内娑罗树二株，子如橡栗，可疗心疾。"在中国，特别是汉地，多将七叶树混同于娑罗树与其文化特点有关，如注重心境、意境等。由于气候地理的原因，中国北方没有娑罗树，佛门弟子就以七叶树来代替，久而久之，七叶树就俗称或又名娑罗树了。

七叶树在寺庙中的种植以北京最为广泛，潭柘寺、卧佛寺、碧云寺、大觉寺、灵光寺、香界寺等都保存有几百年以上的七叶树。《帝京景物略》载："游卧佛寺，看娑罗树也。……寺内即娑罗树，大三围，皮鳞鳞，枝槎槎，瘿累累，根拋拋，花九房峨峨，叶七开蓬蓬，实三棱陀陀，叩之丁丁然。……西域种也，初入中国，参山、天台，与此而三。"卧佛寺乾隆御制碑有诗句："七叶娑罗明示偈，两行松柏永为陪。豪色参天七叶出，恰似七佛偈成时。"香山寺乾隆御制碑歌咏："香山寺里娑罗树，种自何年不得知。翠色参天叶七出，恰如七佛偈成时。……毗舍浮证涅盘际，即此娑罗成非讹。"法源寺藏经阁楼前植以高大的银杏和七叶树，使殿堂既肃穆又不失生动，渲染了神圣庄严、空灵脱俗、优雅别致的佛家意境；千年古刹大觉寺，每年5月七叶树含苞待放，吸引众多游客。

2. 银杏

银杏，为银杏科银杏属落叶乔木，高可达40米，胸径可达4米，为中生代孑遗的植物。我国特产，栽培区广泛，北自东北沈阳，南达广州；寿命长，各地栽培的银杏多有数百或上千年老树，为中国四大长寿观赏树种之一。

银杏树树形高大、挺拔优美，秋叶金黄，衬托寺院宝殿的雄伟；其观赏性强，叶扇形具长柄，似女子所执扇，素雅洁净，与佛教圣洁雅致的宗教寓意相符。古代高僧常选用银杏树来代替佛门圣树"菩提树"，这是由于菩提树为热带亚热带的常绿植物，在温带和北方寒冷地区很难生长，古代高僧将其引入寺庙，替代菩提树，使得我国汉地"逢寺必栽银杏树"。

银杏木材质软轻盈，纹理细密，易加工，耐腐蚀，可用于雕刻。因其生长缓慢，故其木坚硬细腻，其汁液具有一定的杀虫作用，耐腐蚀。佛家常用其雕刻千手观音，栩栩如生，尤其佛像指甲微薄如真，不损不破不裂，故有"佛指甲"之称。唐及唐之前银杏树又被尊称为"圣果树"。

银杏又称"公孙树"，有不同说法：一是由于银杏雌株树龄在20年以上才结果实，在民间便留下了"公之树而孙得实""爷爷栽树子孙吃果"的俗语，因此称其为公孙树；二是银杏多具有根部分蘖的特性，常在主干基部周围萌发许多小树条形成子株，如众子孙围绕公公一般，故而因形得名。

银杏还被视为图腾崇拜的象征。北京潭柘寺银杏被清代皇帝命名为"帝王树"。大觉寺是北京西山观赏银杏叶的首选之地，有树龄已逾千年的辽代银杏王，而与之相对应的是在寺的北配院有棵300年树龄的树后，树的主干周围生成九棵小树，被称为九子抱母，这是一幅奇特的独木成林的景象。北京西山灵光寺中也有两棵年代久远的银杏，孤植于角落中，仍盎然挺拔，生机勃勃。

3. 玉兰

玉兰，木兰科木兰属，落叶乔木，高可达25米，枝广展形成宽阔的树冠；叶纸质，倒卵形，或倒卵状椭圆形；花蕾卵圆形，花先叶开放，直立，芳香；花梗显著膨大，密被淡黄色长绢毛；花被片9片，白色，基部常带粉红色，长圆状倒卵形；2—3月开花（亦常于7～9月再开一次花），花期10天左右。花盛开时犹如一朵莲花，圆柱状的聚生雌蕊直立于花朵中间，如释迦牟尼佛端坐莲花座上，形成庄严肃穆的宗教氛围。早春白花满树，艳丽芳香，是中国著名的早春花木，最宜列植堂前或点缀中庭用。大觉寺南院四宜堂的古玉兰早已驰名京城，据说是清乾隆年间的住持僧伽陵从四川移来的，距今已300年。

二乔玉兰，木兰科木兰属小乔木，高6～10米，小枝无毛；为玉兰和辛夷的杂交品种，形态介于二者之间。花蕾卵圆形，花大，呈钟状，先叶开放，花外面浅红至深紫色，花被片6～9片，里面白色，有香气，花期2～3月。潭柘寺毗卢阁下东侧有两巨株紫玉兰，老干粗已过尺，高三四丈，其树龄已达200年。

4. 国槐

槐，又称国槐，豆科槐属乔木，高可达25米，树皮灰褐色，具纵裂纹；圆锥花序顶生，常呈金字塔形，长可达30厘米，花梗比花萼短；树冠优美，花冠白色或淡黄色，花芳香，是优良行道树和蜜源植物。原产中国，现南北各地广泛栽培，华北和黄土高原地区尤为多见。由于生境不同，加之人工选育，槐产生许多变种和变型。

槐为古代三公宰辅之位的象征，还具有古代迁民怀祖的寄托，吉祥和祥瑞的文化意义源远流长，自古种植国槐就已经形成风气。国槐为北京市树，应用比较普遍，初夏槐花盛开，浓郁花香弥漫庭院和大街小巷。今天北京还有许多以槐树命名的地方，如槐柏树街、双槐里、槐树胡同、槐抱椿树庵、槐里胡同、槐树院、双槐树路等。作为北京传统文化承载的古老寺庙，国槐种植比例达到100%，著名的有京西戒台寺山门里的"辽槐"，西郊万寿寺门前元代的"万寿槐"，卧佛寺西和樱桃沟交接处古柯院的"明槐"，弘恩寺明代的"紫藤寄槐"，清代槐树更是数不胜数。

5. 松柏

松是松科松属植物的总称，常绿乔木，罕灌木；树形遒劲，树皮斑驳，针形叶，常2针、3针或5针一束，球果2年成熟，卵形木质。我国松科植物共10属113种，分布几乎遍布全国，性强健，多抗寒、抗旱且耐瘠薄。柏为柏科植物的统称，为常绿乔木或灌木。叶交叉对生或3～4片轮生，少螺旋状着生，鳞形或刺形，或同一树本兼有两型叶；球果圆球形、卵圆形或圆柱形。柏科共22属约150种，我国产8属29种7变种，分布几遍全国，多为优良的用材树种及园林绿化树种。

松柏挺拔而壮观，色彩凝重而肃穆，老枝苍虬而古拙，常被应用于我国古代祭祀建筑空间，以彰显空间的肃穆庄严。《论语·八佾》记载："哀公问社于宰我。宰我对曰：'夏后氏以松，殷人以柏，周人以栗。曰：使民战栗'。"可见古代祭坛植物以松、柏、栗等为多。关于松柏的审美品格，咏颂名句"岁寒，然后知松柏之后凋也"，便出自孔子的《论语·子罕》。其挺拔伟岸、庄严肃穆的形态特征与寺庙的建筑风格和庙宇庄严的氛围相契，松柏因寿命长、四季不凋、不畏严寒、不畏瘠薄等习性，被世人冠上万古长青、坚贞不屈的美名。

白皮松，又名虎皮松，松科松属，高可达30米，胸径可达3米；针叶3针一束，为我国特产；有明显的主干，或从树干近基部分成数干，枝较细长，斜展，形成宽塔形至伞形树冠；树皮呈不规则鳞片状剥落，脱落后近光滑，露出粉白色的内皮，白褐相间成斑鳞状；树形多姿，苍翠挺拔。《长物志》载："取栝子松植堂前广庭或广台之上，不妨对偶。斋中宜植一株。"法海寺大雄宝殿前至今尚存两株明代的白皮松，分枝较高，树体长满疙瘩，略显龙钟老态，但依旧挺拔，像两位天王在日夜守护着大殿。戒台寺、碧云寺、金山寺都有树形很好的白皮松。

油松，松科松属，高可达25米，胸径可达1米以上；针叶2针一束；树皮灰褐色或褐灰色，裂成不规则较厚的鳞状块片，裂缝及上部树皮红褐色；枝平展或向下斜展，老树树冠平顶如盖，极富韵感。北京很多寺庙均能看到树龄几百年的古树，戒台寺中油松苍劲，每一株都有其寓意，以天王殿前"凤松""龙松"最为有名，两松均五百余龄，造型犹如龙凤飞舞，令人叹为观止。

柏树有圆柏和侧柏，以侧柏应用较为广泛。但在北京寺庙园林庭院应用较少，多于外围成片栽植或植于香道两旁。

6. 楸

楸，紫葳科梓属，小乔木，高8～12米。叶三角状卵形或卵状长圆形，顶生伞房状总状花序，花冠淡红色，内面具有黄色条纹及暗紫色斑点，枝干通直，树姿俊秀，花多盖冠，有"美木""木王"佳名。古称梓，是我国栽培利用最早的树种之一，寿命长。据《洛阳伽蓝记》载："斋馆敞丽，楸槐荫途，桐杨夹植，当世名为贵里。"据此可知楸树在寺庙园林应用已逾两千年。楸树花形若钟，花期时，繁花满枝，随风摇曳，远远望去，一片绯紫，十分绚丽，有"紫气东来"之意。唐代韩愈如此赞誉："几岁生成为大树，一朝缠绕困长藤。谁人与脱青罗帔，看吐高花万万层。"杜甫的《三绝句》赞道："楸树馨香倚钓矶，斩新花蕊未应飞。不如醉里风吹尽，可忍醒时雨打稀。"

自古以来楸树就广泛栽植于皇宫庭院、胜景名园、游览圣地和名寺古刹之中，如北京的故宫、北海公园、颐和园、大觉寺、万寿寺等到处可见百年以上苍劲挺拔的古楸树。

二、灌木类

此类植物主要用于配殿前绿化，或者单独不同品种组合应用。但由于多有香气，所以也为整个寺庙起到了香化环境的作用。北京寺庙园林中常见的有丁香属植物和月季，多群植于殿堂之前。寺庙园林中多有附属园林，院内多划分"专类园"栽培灌木花卉，来增加其观赏性，其中牡丹最为常见，其他还有木槿、连翘、迎春、紫荆、紫薇、金银花、菊花、牡丹、大叶黄杨、小叶黄杨、蜡梅、荆条、太平花等。下面介绍其中几种。

1. 丁香

丁香为木樨科丁香属植物的统称，为落叶灌木或小乔木，小枝近圆柱形或带四棱形；叶对生，具叶柄；聚伞花序排列成圆锥花序，顶生或侧生，与叶同时抽生或叶后抽生；花冠紫色、红色、粉红色或白色，花萼小，钟状，花冠漏斗状、高脚碟状。本属约19种，多数产自中国，自西南至东北各地皆有栽植，应用于寺庙园林的主要为暴马丁香和紫丁香两种。丁香枝叶繁茂、花淡雅清香，有不少种类的花是提取香精、配制高级香料的原料，为佛教香料中常用原料，是庭园花木之珍品。

暴马丁香，落叶小乔木或大乔木，高4~10米；枝条直立或开展，叶对生厚纸质，卵形或长圆状披针形；圆锥花序，花冠白色，呈辐射状；花的浸膏质地优良，可调制各种香精，是一种使用价值较高的天然香料，分布于东北和华北、西北东部。

暴马丁香素有"西海菩提树"之称，在我国西北甘肃、青海，地理环境不适于菩提、无患子、银杏等的栽植，当地佛教弟子便选用具有顽强的生命力的暴马丁香代替。暴马丁香树姿开展，秀丽端庄，花色淡雅，芳香四溢，既符合佛教出尘雅静的审美观，还具有浓郁的民族文化属性，在青海等地流传着不少关于丁香花的神话故事，被誉为"爱情之花"和"幸福之花"。

紫丁香，灌木或小乔木，枝条粗壮无毛，叶革质或厚纸质，广卵形；圆锥花序，花冠高山堇紫色，有芳香，花开之际，极为烂漫；喜光，稍耐阴，耐寒性较强，耐干旱，为我国北方各地园林中应用最普遍的花木之一。

紫丁香春季盛开，香气浓烈袭人。丁香花未开时花蕾密布枝头，称丁香结，唐宋以来诗人常常以丁香花含苞不放比喻愁思郁结难解，表达夫妻或友人间深重的离愁别恨。杜甫《江头四咏·丁香》写道："丁香体柔弱，乱结枝犹垫。细叶带浮毛，疏花披素艳。深栽小斋后，庶近幽人占。晚堕兰麝中，休怀粉身念。"宋代王十朋称丁香"结愁千绪，似忆江南主"。

北京大多数寺庙都有丁香的种植，各有千秋。法源寺的丁香最为著名。据记载，清代中叶寺植有丁香数百株，盛开之际香气浓郁，香闻数里，号称"香雪海"。清末《竹枝词》里有"都下名花盛海棠，同时作伴有丁香"之句。印度诗人泰戈尔曾在徐志摩陪同下前来赏丁香，被传为佳话。戒台寺中丁香种类繁多，紫丁香、白丁香、暴马丁香应有尽有，每年的4—5月丁香花开放时节，满园中姹紫嫣红，美不胜收。

2. 蜡梅

蜡梅，蜡梅科蜡梅属，落叶灌木，高达4米，幼枝四方形，老枝近圆柱形，灰褐色；叶纸质至革质，卵圆形、椭圆形、宽椭圆形至卵状椭圆形，有时长圆状披针形；花着生于第二年生枝条叶腋内，先花后叶，芳香，花期为11月至翌年3月；花被多数，内层较小，色紫红，中层较大，色黄，略有光泽，似蜡质。蜡梅原产于我国中部秦岭、大巴山、武当山一带，是中国冬季观赏主要花木和特有珍贵花木。

此花名中的"蜡"字，一说和蜂蜡的"蜡"字相同，蜂蜡俗称黄蜡；蜡梅开黄花，色似蜜蜡，取其色近为蜡梅。蜡梅并非梅类，两者亲缘甚远。李时珍《本草纲目》载："蜡梅，释名黄梅花，此物非梅类，此梅非彼梅，因其与梅同名同时，香又相近，色似蜜蜡，故得此名。"清初《花镜》载："蜡梅俗称腊梅，一名黄梅，本非梅类，因其与梅同放，其香又近似，色似蜜蜡，且腊月开放，故有其名。"在植物分类学上，蜡梅属蜡梅科，落叶灌木，而梅花则是蔷薇科植物。由于它们相继在寒冬腊月或早春时节开花，而且花形、花香近似，所以常被人们误认为是同种。

另一说是据《礼记》记载："蜡也者，索也。岁十二月，合聚万物而索飨之也。"古代十二月的一种祭祀就叫"蜡"，岁暮举行大祭祀之月，故农历十二月就叫"蜡月"。而蜡梅开于蜡月，故此得名。"蜡"字系周代所用，汉代改用"腊"字。汉应劭《风俗通义》中谓："夏曰嘉平，殷曰清祀，周用大蜡，汉改为腊。腊者，猎也，言田猎取禽兽，以祭祀其先祖也。"又载："阴历十二月也，以是月腊祭百神，故谓之腊月。"意思是：阴历十二月，在这农闲的岁末，打猎获取禽兽，以祭祀祖宗和神灵，辞旧迎新，所以称为"腊月"，指"祭祀之月"。因而蜡月和蜡梅的"蜡"字，可和"腊"字通用，所以"蜡梅"与"腊梅"可以通用。

蜡梅花金黄似蜡，迎霜傲雪，岁首冲寒而开，久放不凋，象征忠贞、坚毅、高洁，禀赋浩然正气、高尚心灵，给人以思想启迪和精神享受。每逢隆冬腊月，百花匿迹，卧佛寺的蜡梅相继绽开，游人踏雪寻"梅"，可见山门两侧、主配殿旁、院墙内遍植蜡梅，尤其是卧佛殿前的蜡梅花轻黄缀雪，芳香幽雅，衬托着佛寺之庄严肃穆，香气似从卧佛身上散发出来，令人思绪游移渐入佛境。

3. 牡丹

牡丹，毛茛科芍药属，落叶灌木，茎高可达2米，分枝短而粗；花5瓣，或为重瓣，玫瑰色、红紫色、粉红色至白色，通常变异很大；品种繁多，色泽亦多，主要根据花的颜色，可分成上百个品种。牡丹花色泽艳丽，象征富贵，有"花王"美誉；花大而香，又有"国色天香"之称。唐诗人元稹《西明寺牡丹》写道："花向琉璃地上生，光风炫转紫云英。自从天女盘中见，直至今朝眼更明。"

自唐代始，牡丹逐渐应用于佛事插花中，且形成不同的风格。唐代卢楞迦绘《六尊者图》中，绘一罗汉旁，置一竹制花几，上有花缸插大小两朵牡丹，花色纯白清洁，于寂然中体悟禅意。唐宋以后，随着当时牡丹的兴盛，在各个寺院的庭院、案头都可以看到牡丹的芳踪。

在北京寺庙中牡丹常植于高大的乔木之下，三五成簇，或专辟花园连成一片。广济寺种植在绿篱中古树下，大觉寺等则用专类园栽培。与牡丹花形相似的芍药，为毛茛科芍药属，多年生草本，根粗壮，分枝黑褐色，茎高40～70厘米，无毛；花大艳丽，品种丰富，广为寺庙园林所用。《长物志》载："牡丹称花王，芍药称花相。"《析津日记》载："芍药之盛，旧数扬州。今扬州遗种绝少，而京师丰台，连畦接畛。"可见北京丰台一带多产，并且可见当时种植之盛。

4. 太平花

太平花，虎耳草科，山梅花属，灌木，高1～2米，分枝较多，枝叶茂密；总状花序有花5~7朵或5~9朵，白色花瓣，微芳香。此花产于我国北方中部，是庭院观赏花木。宋以前生长于四川，称为"丰瑞花"，宋时作为贡品移植入中原，并得宋仁宗赐名"太平瑞圣花"。到了清代道光时将其改称"太平花"，花名寓意祥瑞，一直沿用至今。作为一种名贵的花木，太平花过去在民间少有，一直栽种在皇家园林当中，保存不多。太平花为祥瑞之花，皇室人员多喜把它当作礼品赏赐给王公大臣，因此当时不少王公府第、官家私邸都有种植。著名学者季羡林对大觉寺情有独钟，他在《大觉寺》文中写道："此时玉兰已经绿叶满枝，不见花影，而对面的一棵太平花则正在疯狂怒放，照得满院生辉。"

三、其他植物

藤本类植物在寺庙园林中也大受推崇，尤其是紫藤，茎蔓蜿蜒屈曲，繁花满树，老枝横斜，常被引导成建筑小品，别有韵致。紫藤是豆科紫藤属大型落叶藤本植物，茎秆粗实，盘曲缠绕，先叶后花，浓密枝叶撑起大面积的阴凉场所，紫穗满垂，缀以稀疏嫩叶，十分优美，适于庭院园林中栽种，我国自古即栽培作庭园棚架植物。北京红螺寺的"紫藤寄松"，一株古藤枝条缠绕于枯木之上，似枯木新生，与雌雄银杏和翠竹并称为红螺寺"三绝景"。

北京寺庙园林中许多水池内常种佛教中极为推崇的荷花，有的寺庙如缺少活水水源，就用水缸来栽植，其他的水生植物还有睡莲、香蒲、萍蓬草等。寺庙园林中多有附属园林，有的院内多划分"专类园"栽培花卉，来增加其观赏性，栽植的草本植物主要有菊花、鸢尾、麦冬、玉簪、吉祥草、二月兰等。

北京寺庙在植物配置中常绿植物以庄重肃穆的松柏为主，配合多种落叶树种，虽然种类较少，但种植数量多，槐树为最；相对于乔木来说，花卉、灌木的选择更为多样；同时又尊重佛教文化，广泛栽植玉兰、七叶树。北京寺庙植物的选择在考虑生物习性和生态特性的基础上，更加注重人文性，即植物的文化内涵，在植物种植上充分应用当地树种，并根据其特定的历史和地理环境，将寺庙文化与城市文化深入结合，突破植物配置的局限，形成了具有北京特色的独特景观和更为丰富的寺庙植物文化内涵。

北京寺庙园林景观的植物配置

北京寺庙园林在辽以前的植物造景方面见诸书籍的文字记载较少，随着辽以后政治中心的偏移，北京地区寺庙园林植物应用才开始逐渐发展起来。植物是园林景观营造的主要素材，寺庙园林能否达到宗教性与景观性的有机结合，很大程度上依赖于植物的选择和配置。北京佛寺园林遵循古典园林的植物配置方法，为营造不同的景观空间和意境，常通过孤植、对植、列植、丛植和群植，达到不同的景观效果。

一、北京地区寺庙园林植物景观的营造

1. 植物景观营造与建筑

植物与建筑的关系实质是自然之美与人工之美的巧妙结合。寺庙园林建筑讲究体形高大，空间前后距离比例宽大且富于变化，单一建筑难免略显生硬，而植物以多样化的色彩点缀着建筑，以多变的枝条柔化着建筑，以不同的季相感染着建筑，植物与建筑相映成趣、相映生辉；反过来，植物或喜阳或喜阴，建筑可以为植物创造一定的生长小环境，利于植物按照自身的习性生长。宗教建筑色彩庄重典雅，更好地衬托了植物的花色、叶色景观。北京寺庙园林主要殿堂的庭宇多栽植松、柏、银杏、七叶树、楸树等姿态挺拔、叶茂荫浓的树种，以烘托宗教的肃穆气氛，同时丰富建筑物的立面效果；配殿及僧人生活区域多植玉兰、珍珠梅、丁香、竹类等基调树种，体现禅房的深远意境；塔院多有槐树、油松、白皮松、柏等植物，表达对先者的哀思。北京潭柘寺自山门到毗卢阁的主轴线两侧，苍古的油松反复出现，形成寺庙清幽的环境基调，大雄宝殿两侧植以高大的银杏树与七叶树，佛教寓意蕴含于植物中。北京法源寺天王殿前庭柏木及枯树上缠绕的地锦，使殿堂既显肃穆又不失生动。

2. 植物景观营造与山石

植物可以调节山石的小环境，固土强基，防止水土流失，还可以利用本身的外表、色泽、质感来构成山体的不同景观。大觉寺后院，是山石掇叠的假山

形成的院落，山石纹理清晰，搭配错落有致，呈婉转曲折不规则状，沿窄阶而上，有泉顺流而下，周边的绿色丛植不经意间点缀于每个角落。至最高处有一白塔，旁边是一高大的古松，松抱塔，相互掩映，附属园林中的山石景观院落环境富有情趣，令人愉悦而不失肃穆。

3. 植物景观营造与水体

在北京寺庙园林中，水体多为放生池，或是单独方形小池，或是形成泉流飞瀑，或是与外围小河、其他水系连接。里面多栽植荷花、睡莲等水生景观植物，岸边松柏和柳树为主植，有的栽一些观花植物，每当夏日微风掠过，松柏沙沙作响，柳树枝条摇曳，池面水生花卉吐露芬芳，鱼儿游动，组成了一幅天然的生动画卷。香山碧云寺因山势而逐渐高起，整个院落依山叠起，或堆砌假山，或蓄水成池，或利用植物营造幽静的寺院环境。寺院的北侧建有一个园林式水泉院，院内松柏参天，还有一株奇特的古树，名"三代树"，柏树中套长柏树，最里层长着一棵楝树，楝树现在仍旧活着。院内还有著名的"水泉"，又称"卓锡泉"，泉水自石缝中流出，汇而为池，旁边是用太湖石堆叠而成的假山，有亭立于假山之上。花木、泉水、假山、亭榭构成了一座优美、静谧的庭院花园。

二、北京寺庙园林植物配置的常见手法

北京的寺庙园林，由于受到地域条件、气候条件等因素影响，配植的植物种类比较简单，配植特点也较突出。根据不同树种、不同作用，多采用孤植、对植、列植、丛植、群植等配置手法。

1. 孤植

孤植即单独一株或几株捆绑在一起种植，来表现整体效果的栽培类型。其作用是，可以引导游人视线，或者单独构成庭院景物的视觉中心。孤植的树木或因姿态、花色和香气出众，或因久远高古而突出醒目弥足珍贵。北京寺庙园林中经常种植白皮松、国槐、银杏，许多寺庙以单株树种而闻名，主要与其姿态独特、寓意突出、树种名贵、历史悠久有关。戒台寺内植于辽代的卧龙松，为诸松之首，此松扎根于石砌的高墙上，凌空横卧，虬曲离奇，"枝柯偃后龙蛇

老，根脚盘来爪距粗"，犹如苍龙倚碑石而偃息；还有屹立在寺内戒坛院山门前的九龙松，主干分九杈，形态高大，气势磅礴，仿佛九龙腾绕。八大处大悲寺的古银杏树，逾800年，至今仍枝繁叶茂，秋天满树金黄，犹如古木披袈裟，天人合一。

2．对植

对植即两株相同或者类似的树种，按照一定的距离关系栽植在所呼应的物体两边的种植形式。在寺庙园林中，对植的手法比较常见，多用于主要殿堂前或两侧，遵循对称和均衡原则。北京地区寺庙园林多数在第一进院落、大雄宝殿的前面，或者其他厅堂院落围合的小空间里面对植树木。卧佛寺三世佛殿的东西两侧，分别植有雌雄银杏树各一株，高约30米，树龄逾千年，雄树每年春季繁花似锦，雌树秋季硕果累累。

3．列植

列植即乔木或者灌木按照一定的比例关系成行栽植的形式，这种形式往往起到分割空间、欲扬先抑的作用。在北京寺庙园林中列植多用于香道上，卧佛寺从"智光重朗"牌坊到"同参密藏"之间有古桧百余棵，排列在道路两旁，桧树粗干茂冠，荫蔽着道路，行走香客仰慕古刹，肃穆油然而生。白云观第一个院落比较空荡，而进入第二个院落，两排高大的油松顿时把游人引向灵官殿的方向，起到了夹景与引导的双重作用。这两排列植的油松，树体丰满，遒劲有力，游人沿香道行走，仿佛进入仙境。

4．丛植

丛植即几株到十几株乔木或者灌木栽植在一起的栽培形式，要求栽培的形式变化遵循多样统一的美学原则。在寺庙园林中，丛植的配置手法既可产生小的景观空间，又可阻隔建筑物，使景致虚实对比，情趣无穷。方法是按不同花木之间搭配的合理性，选择相同的植物或者相似的品种，或者是多种植物辅助一个单一的品种进行栽植。单一树种的成片种植，会产生单纯的整体效果，可以突出某一植物的特殊景观。法源寺就由于大量种植丁香而闻名遐迩。不同树种的相间杂植会产生形态、季相的变化对比和丰富多样的审美效果。大钟寺大

车耳营关帝庙古松

大觉寺古柏

香山公园古银杏树

金山寺古银杏树

雄宅殿庭院一隅有合欢、白皮松、龙柏、芍药等植物，常绿和落叶、乔木和灌木混搭在一起，一年四季都有变化；万寿寺中间的小花园内有紫藤、侧柏、圆柏、五角枫等植物，但四周都是国槐，比例几乎占到一半，所以大体还是以国槐为主的小庭院；八大处灵光寺阔叶与针叶相杂的林带，是前池后塔间的绿色屏障，拉开了前后距离，绿色自然错落的林带与古寺建筑相互掩映，形式变化而富有韵律。

5. 群植

群植是十几株到几十株的乔木或者灌木单一或者混合种植的栽培形式。树种不必单一，而要求树体参差耸翠，一般用在大环境的布置中。从寺庙的整体规划来说，绿化用地面积要大于建筑面积，以其整体的气势产生恢宏的绿化效果。古诗云，"深山藏古寺"，这"深山"既在于远离尘嚣，更在于树木茂密，北京地区寺庙园林多以松柏来展现这一景致。红螺寺在寺庙山门前栽植成片的竹林，起到引导游人路线和障景的作用，游人可以顺着路线欣赏竹；寺庙外围前屏的凤凰山、东西峙立的白龙岗和青龙山树木葱茏，浓荫蔽日，意境如"攒峰叠翠微"。

园林略揽

文化阐释

智者乐水，仁者乐山。智者动，仁者静；智者乐，仁者寿。

——《论语·雍也》

道家思想对中国园林文化的影响

一、天人合一，崇尚自然

中国园林崇尚自然，以山水式园林见长。在儒、释、道三大传统思想流派中，道教对中国古代山水文化的形成起了直接的推动作用，佛教和道教把人们引向超尘脱俗的大自然，而儒家思想中的隐逸观念也是推动文人士大夫走向山林的重要因素。其中道家思想对中国园林的影响尤为深远，中国园林的艺术风格和思想内涵深受道法自然、清净无为、逍遥自在、自由浪漫、潇洒飘逸等思想观念的影响，形成了独特的审美特点和建筑格局。

对原始神灵、山川的顶礼膜拜，与道家的老庄学说交杂通融，构成中国古时的神仙思想。昆仑山、蓬莱、壶天三大神域，不仅是道家追求的理想圣地，也是中国传统园林早期模仿的对象。将仙境和神域自然化并作为创园蓝本，是"天人合一"哲学思想的最初表现形式，"一池三山"成为中国传统园林的经典布局模式，南朝宋文帝时期的真武湖、唐代大明宫后苑的太液池，以及圆明园的福海和蓬岛瑶台、北海琼华岛等，都是这一思想指导下的产物。

道常无为，"无为"是老子的理念，是"道"的核心，它要求人们顺应万物的本性及其内在规律。自然、人类同源同构，万物都遵循着"人法地，地法天，天法道，道法自然"的规律，因而"自然"是"道"追求的最高境界。"道法自然"建立了道与自然的联系，暗示了整个宇宙的运行法则。这种自然美学观反映在造园上，即一切取法自然、师法自然，追求"虽由人作，宛自天开"的造园意境。

随着中国园林的发展，对仙境神域的模拟逐渐演变为对现实山水的仿写，以山水为园林的基本构架，"源于自然，高于自然"，成为中国古代造园的基本指导原则。园林之美，贵在自然，自然者存真。在这种尊天抑人思想的影响下，中国传统园林开始推崇大巧若拙、不事雕琢的天然美，表现在具体的造园过程中，即园林选址和布局注重从大环境中借景，充分尊重和利用基址条件提炼自然美景，景物布局安排因地制宜，不刻意追求中轴对称的布局形态，"景到随机""得景随形"，将人工美和自然美相互融合，造就"天人合一"的园林景观。

"天人合一"的哲学观，是人性与天道合二为一，追求自然无为，以达主客观和谐平衡，在艺术上则表现为"神与物游，思与境谐"的审美意识。东晋陶渊明《桃花源记》中描述的世外桃源所蕴含的道家隐逸思想和自然审美情趣，对后世园林意境的营造影响甚广。"达则兼济天下，穷则独善其身"，文人造园家力求摆脱传统礼教的束缚，主张返璞归真，寄情山水。"崇尚自然，师法自然"，是中国园林千百年来一致遵循的法则，园林萌芽期的囿和苑，魏晋南北朝的自然山水园林，唐宋的文人园林，明清的写意园林，都充分体现着"天人合一"的哲学思想：源于自然，高于自然；依自然之美，又有诗情画意；建筑与自然山水相融糅，达到万物和谐的境地。

二、阴阳相生，虚实共济

魏晋社会动荡，名人雅士隐逸山林，饮酒作乐，放浪不羁，超然避世，一时玄学鼎沸，形成魏晋风流，是历史上思想异常活跃的时期。深受儒学濡染的文人，在社会不安中无以立足，价值观念被摧毁，心中郁结，孤独愤懑，无所宣泄，转而冲击儒家，悖逆不羁，在道家影响之下出现了文艺、思想上异彩纷呈之局面。园林作为人们精神上追求的一种表现，在这一时期孕育蜕变，自然山水园林与文人开始关联，园林作为栖居隐逸场所而于无形之中熏陶感召着文人，他们或仕或隐，或处江湖或居庙堂，使园景成为寄情、移情的精神空间。人生如园，虚以涵万千气象临危不惧，静以纳古今兴衰处变不惊，体现文人的感性之情与理性之思，虚静观在园林中发挥得淋漓尽致。

"自然"一词，可理解为本身那个样子。道家抓住了自然这个要点，方才发展了无为而治的哲学观，延伸出虚静观。虚在园林中指空间的涵容与意境的营造；静则是动之肇始，动不仅是势之动，更是神之动，所谓"精骛八极，心游万仞"。

土地和水体是园林的地貌基础，山、水、植物、建筑是构成园林的基本要素，通过筑山、理水、植物配置、建筑营造这些手段，使之虚实、静动相生相济，达到意境的涵蕴。《园冶·相地》篇中说："涉门成趣，得景随形，或傍山林，欲通河沼。"中国园林的营建充分尊重自然，理解自然，讲求因势利导。从巡察选址、立基布局，到营建馆舍、堆叠山石、引水以绕，都随势成景、因地制宜。园林中的绝处落瀑、高处建亭，馆舍台阁错落有致，阶路廊桥互相勾连，形成了避直求曲、贵柔尚静的风格。

"坤至柔而动也刚，至静而德方。"园林中水有动静之分，而动与静并非绝对，往往你中有我、我中有你。流水鸣泉表面是动，而体现的是大地之沉静、山林之静谧；池湖之水表面为静，实则游鱼竞逐、云影徘徊，一番热闹之象油然而生。湖光写出千峰秀，天影融成十里秋，水是最能体现虚静之物，其无形无影，却能容天纳地。与水不同，山多为崇高厚重的象征，起初山是先民自然崇拜的对象、沟通天人的场所，也是帝王登临、膺受天命之地，后来园林中的台就是自然中真山的描摹。在园林的发展中，山的功能逐渐转向审美，多用以登高远望，山巅设亭，其位虚，而涵景远。此外，假山则多用于丰富景观趣旨，有些也以登临为用。堆叠假山讲究览尽千峰打草稿，力求神似不求形，用湖石的瘦透漏皱与层次肌理，塑造玲珑的阴柔美。小径迂回其上，石阶或高或低，或宽或窄，顿生崎岖陡峭之感。假山饰以植物，柔以化刚，两相成景，意趣无穷。"曲池山倒影，虚阁水生凉"，虚静观成为一种造景与观景的审美逻辑，园林的生机与趣味在虚实、静动之中悄然呈现。

中国古典园林除极少数强调建筑之外，均将建筑隐藏于山林中，把建筑自然化，使之虚化而融于场地，便是古典园林虚静的功力。建筑立基选址强调随地势而变，随水势而转，发展出了亭、阁、轩、榭、廊等多种形式；材质以木、石为主，自然亲切；体量、装饰因需而异，风格多样。园林建筑通透玲珑，隔而不断，视线通于外，以借四方之景，正是虚静之虚。而建筑形式以翘角飞檐取胜，静中有动，直中有曲。

道家虚静观是古典园林中得以营造意境的内核，在虚涵景致、静以生势的辩证中，在空间转换、步移景异的变幻中，寓无中还有、象外生意的哲思。虚静观可视为阴阳观的一个部分，道教阴中有阳，阳中有阴，合而成万物，往复不已，生生不息。道法自然，阴阳观实际上是道家自然主义哲学观的体现，崇尚飘逸洒脱、自由不拘，就园林艺术而言，则体现了空灵质朴的审美意识。虚静观中，虚为阴，实为阳，静为阴，动为阳，故而能虚实相生，动静相涵，创造园林意境。在园林中，不论选址布局、景观元素，还是意境创造，都离不开阴阳相生的概念，具体包括有无、虚实、动静、抑扬、障透、山水、明暗、开合、藏露、隔连等。景观布局强调的是景观元素之间及单体内部的和谐，如湖石选"瘦、透、漏、皱"者，外形婀娜，中空而多玲珑之趣；园墙隔而不断，月门洞开，实中有虚；水系聚散有致，或藏或露，饶有兴味……

阴阳观所倡导的虚实相生是意境营造的基本条件。老子意境观："是谓无状之状，无物之象，是谓惚恍。"面对虚实相生的景观，感知它，想象它，从而产生虚幻，由虚幻而沉醉，沉迷而升华，这便是意境，亦即大音希声、大象无形。中国古典园林视意境为最高境界，景致虚实多变，象外之意丰盈，形成由实到虚、由虚到幻的高级审美。

儒家思想对中国园林文化的影响

一、中和伦理、扬抑中庸

与释、道等不同，儒学选择了内圣外王、经时济世的入世理念，成为中国传统文化的背景哲学。孔子提出了"克己复礼"的社会理念，使人回归其社会角色，因而构建了"君臣父子"的伦理纲常。这也决定了中国传统文化浓于伦理淡于宗教的倾向，不讲究信仰，不迷信崇拜，但强调中庸和谐、伦理纲常。儒学这一套强有力的社会伦理历来深受统治阶级喜爱，被视为维护封建统治的思想工具。

《礼记·乐记》中首次使用了"伦理"一词，说："乐者，通伦理者也。"《乐记》从音乐谈到政治，认为音乐与社会伦理是息息相通的。这是因为儒家的文艺充满了理性色彩，将所有情感纳入理性之中，不是为了音乐而音乐，不是为了艺术而艺术，一切的宗旨是表达某种思想，表达特定的规范与意识。中国园林艺术表征了社会伦理，体现了伦理秩序，儒学通过这种"表征"手段影响中国园林的发展。

道家自然无为，佛家精神超脱，而儒家则中庸平和；道家出世，佛家超世，而儒家则入世。儒士宣扬家国天下的志向，寄托在园林中的情感往往是社会志向、人生理想，自然不是儿女情长。在营建园林乃至体味园林的时候强调"内圣"，即外在景观都体现了自己的情趣，因而在建筑形制、植物选择等方面极为谨慎，不怪诞，不颓败。追求骄奢淫逸并非儒家的理念，君子得道于乐，小人得道于欲。园林对儒家来说是品德修养的寄托，以含蓄为美，藏与露、开与合、抑与扬往往互相包含，不绝对，不偏颇，这即是"发乎情，止乎礼"，体现了"中和"趣旨。

儒学虽然积极入世，倡导学而优则仕，认为文人当居庙堂之高，为生民立命，为百姓谋福祉，但宦海浮沉，"达则兼济天下，穷则独善其身"思想又为儒士的归隐提供了"理论依据"。致仕则为万世开太平，归隐则乐以忘忧不知老之将至。诸多文人历仕之后筑园独隐，寄情园林，以饮酒作诗为乐，将自己对于人生、仕途的抱负寄托在园林的一亭一台、一草一木上。很多园名所对应的其实是园主人致仕和归隐的心理变化，题词、匾额则体现了儒士在园林审美中的一种兴趣、一种雅乐、一种情怀，而装饰上表现出的象征寓意，是世俗与高雅的交替。园林艺术雅俗共赏与文人复杂心理相匹配，满足了"中和"的审美需求。

与中和理念不同，伦理秩序在园林中表现得较为直观。儒家的秩序观打破了自然的屈曲有情、依山就水，人为地开辟轴线形成气势恢宏的对称结构，这主要体现在皇家园林的政务建筑、纪念性建筑和寺观园林的大殿、私家园林的起居建筑的布局上。对称能强化视线，具有庄严肃穆的美感，加之皇家园林中建筑本身就以高大恢宏为胜，轴线的尺度与建筑的尺度恰能协调一致。皇权的威仪不仅体现在高大尺度上，雕梁画栋、金瓦红墙的建筑装饰亦彰显了皇室生活的奢华和皇权的威仪。古时城市规划将帝王的居所与北极星对应，抬高地势，与天感应，统率整个城市布局，这种规划方式也体现了对权力秩序的维护。

皇家园林是皇族威仪及国家权力的载体，私家园林讲究规制，不可逾越，否则要背负罪名。儒学"君臣父子"的伦理纲常，强调社会角色的回归，每个人按其社会角色不逾矩，这套伦理的体系被推演至社会的各个层面，从而形成了"家本位"至"家天下"的封建统治格局。私家园林以秀巧见长，"雕梁"精致，但"画栋"甚少，即便有画栋，亦不像皇家园林那么富丽堂皇。色彩上皇室多以黄顶为贵，而私家园林则多粉墙黛瓦。但对于寺观园林，儒学的伦理限制较小，如在建筑装饰方面，有的佛寺园林也富丽堂皇，但并不被认为逾越了伦理。这主要是因为宗教有其独立性，宗教建筑体现的是神权的至高无上，营造的是庄严神圣的宗教气氛，供奉神灵的场所极少受世俗社会的制约；另一原因是宗教信仰的兴衰与皇家的崇抑相关，寺观园林兴建的高潮必然是皇族推崇的结果，或为维护统治，或因自身信仰。

儒学伦理还影响着不同类型园林的内部，园林空间布局上渗透了尊卑有序、主从分明的理念。尊卑、主从主要从社会性质的层面来考察，其次从景观需求的角度来确定。从轴线来说，皇家园林的政务建筑、纪念性建筑，寺观园林的大殿和私家园林的起居建筑，都处在"尊""主"的地位，需要强调和彰显。私家园林园宅有别，宅邸部分是反映儒家尊卑长幼之序的核心区域，而园的部分以观景优劣来强调主次，最适宜赏景处必然布置亭楼。佛家虽强调众生平等，但寺庙园林中建筑布局亦主从有序，所供奉的佛像不同，则位置不同，既要与佛门故事相匹配，也要考虑信众的需求。寺庙园林既是佛家的庄严道场，也是人们世俗活动场所的一部分，或多或少都有双重烙印。

儒学通过园林艺术表达伦理，是一种渗透式的影响，并不像道家、佛家那样显得那么直接。通过皇家园林、私家园林、寺观园林的比较，可看出儒学严谨的伦理规制和尊卑长幼之序均在其中，其内部的和谐与统一与儒学的影响密不可分。

二、君子比德，仁智山水

君子比德的思想，在中国园林中无处不在，造园主题、空间布局、建筑格调、植物配置、装饰小品等等都有充分的表达。

儒家倡导仁义道德、三纲五常的伦理规约，追求"内圣外王"，而儒士也隐逸，"穷则独善其身"，有明确的穷达意识作为标准。儒家的隐逸有"不忘其志"的自勉，十分重视品格的修养。《论语·雍也》中"智者乐水，仁者乐山。智者动，仁者静；智者乐，仁者寿"，将人的智、动、乐与水对应，仁、静、寿与山对应，将山水审美意识与伦理意识相结合，人观照山水之时就充盈了自己的情感与品性，这就是君子比德。"比德"一词在《荀子·法行》中首次被直接表述："夫玉者，君子比德焉。温润而泽，仁也；栗而理，知也；坚刚而不屈，义也。"以玉比拟君子的德性，是儒家思想在美学上的跨越。"比德"之"德"指伦理道德或精神品德，"比"意指象征或比拟。比德是将自然物的某些特征比附于人的某种道德情操，使自然物的自然属性人格化，使人的道德品性客观化，实质是认为自然美美在它所比附的道德伦理。这一思想对后世产生了广泛深刻的影响，尤其影响了融汇了文学、绘画等艺术的园林。园林艺术将山水等物质客体化为精神主体，强调了主观感受及其能动性。

中国园林掇山理水，比德思想在园林艺术中渗透。山与水的审美，不仅仅是山水本身之美，不论是自然山水园还是掇山理水之园，山与水更多地寄托了静与动的审美志趣。在比德思想中，"山""水"相依，山与水是相辅相成的关系，山无水不静，水无山不动。以山喻指人的仁、静、寿，以水喻指人的智、动、乐，并非侧重于山与水象征品格的区分，而是强调君子人格养成是立体的、多层次的。

比德思想在园林建筑方面的表达显得较为繁缛。中国传统建筑必有台基与反宇，台基象征地，反宇象征天，通过建筑营造将天与地意象化，从而达到天人合一、与天地合德的精神效应。园林中的建筑样式繁多，装饰复杂，如窗格就以梅花、松树、海棠等植物和凤、鸟等动物作为艺术题材，多种表达寄寓安乐、幸福的趣旨。皇家园林中常用石狮、瑞兽、铜鹤等装饰，以象征皇权的威仪与统治的万寿无疆。而这些装饰，其实就是比德思想的载体。

古代文人的比德思想，很大程度寄托在植物上，表现在园林艺术上，内容变得更为丰富，寓意更为生动。屈原在《离骚》中以多种香草比喻美人、美德。"岁寒，然后知松柏之后凋也。"松柏四季常青，孔子将这个自然现象人格化，以此喻指君子应该不畏艰艰险阻，无所畏惧，矢志不屈。"出淤泥而不染，濯清涟而不妖。"莲，被视为清洁品格的化身。"墙角数枝梅，凌寒独自开。"梅花独步早春、凌寒而开，被赋予了高雅不屈的品质。竹气节不俗，岁寒不凋，可见竹的不凡气节。菊是不畏风霜、活泼多姿的勇士，它开放在深秋时节，呈现出千姿百态的花形，为萧瑟的寒秋增添一抹亮色；"采菊东篱下，悠然见南山"，是陶渊明以菊象征着归隐田园的淡泊。植物的人格化是君子比德思想在园林中极为普通的现象，欣赏植物，一种是单纯以植物为观赏对象，观其姿态，赏其风格，懂得其语言；另一种是植物与山石、亭廊、水体等组合成景，形成象外之象，体味景观意境。这些植物不仅独具美感，更是深深镌刻着文化和思想的历史痕迹。

比德思想拟人化的审美意识，以物拟人的例子在文学作品中不胜枚举，园林主题通过景题、楹联、匾额、诗词等媒介，传达主人的思想志向，是

主人审美情趣、精神境界和园居者当下生活的表达，起到深化景观意境的
作用。

　　世道不清，儒士归隐，不忘内圣之志，将情感寄托在园林景观上，以物喻
德，以物寓情。将品格修养寓于景物，从而达到"人与天合"的境界。观照一
景一物，饱含道德情怀与人生理想，虽处江湖之远，心中依然是社会生民，这
是儒家高尚的归隐。

卧佛寺踏雪寻梅

禅宗思想对中国园林文化的影响

　　魏晋南北朝时期，是中国历史上的一个大动乱时期，也是思想十分活跃的时期，儒、道、佛、玄诸家争鸣，彼此阐发。佛与道涵容互摄，佛吸收了道的自然无为，性空的佛理通过虚无的道学阐释，形成了禅。禅宗是自省觉悟的，凭沉思冥想、直觉观照顿悟，达到梵我合一、物我为一的境界，是向内寻找精神解脱，追求淡泊自然，崇尚清净高雅的"适意"人生哲学。

　　到了唐代，统治者采取了道、儒、释三教并尊的政策，在思想上和政治上都不同程度地加以扶持和利用。佛门子弟亦精通道家学说，名僧士人往来谈佛论理；文人参禅论道，诗、画、书法得以与禅互通玄妙，禅文化也已然成为园林意境审美的不可或缺的部分，中国古典园林发展进入全盛时期。

　　唐代文化艺术空前繁荣，诗歌、绘画、雕塑、音乐、曲艺、舞蹈群星灿烂，盛极一时。文人精于书画诗曲、通晓佛理禅意、热爱山水园林并参与造园，园林成为文人精神栖居的场所，亭台楼阁、碧波青荷是吟诗作赋的天地与素材。文人通过造园赋予园林以禅意，又通过游园审禅意之美，品自然之静。与皇家园林有别，寺庙园林和私家园林，更多地渗透、表现出禅文化的意境。寺庙园林本就是禅师栖居、供参禅之人寻访的公共园林，禅意的园林生活既能获得心灵上的平静，又有助于接近"空"的境界，求得精神的解放。而深受禅文化熏陶的文人将禅文化附着于私家园林之上，消极面对现实世界却又不逃离，转而感悟园林山水、自然花草之乐，沉湎于俗世中的清净与安宁。

　　天下名山僧多占，寺庙园林云雾端。古寺多藏于深山，占尽了名山大川的清静、空灵与神韵。"山不在高，有仙则名"，占据宝地、山环水抱、非灵则奇的那些寺庙，远离尘嚣，濡染了自然胜景的一份仙气，顿添了一份禅意。禅宗强调众生平等，寺庙园林需要为各阶层广大信徒提供服务，决定了它必然是雅俗共赏的。寺庙园林需要体现佛的庄严肃穆，因而大殿均按轴线对称布置。为了更大限度地满足人们的景观要求，休闲型的小型建筑则依山就势而建。

雪后玉泉山

　　禅修文人不离现实，大都"中隐"，正是"大隐隐于朝，中隐隐于市，小隐隐于野"。文人在城市中选一处居所，凿池堆山，筑园成景，与友人赏景参禅、琴棋书画，抛社会烦恼于脑后，寻觅、享受一份解脱。私家园林其实就是"城市山林"，在高墙围合下，在林木掩映中，闹中取静。正如苏舜钦在《沧浪亭》中所说："一径抱幽山，居然城市间。"私家园林深受禅文化影响，布局上因势利导、浑然天成，有的园林宅园结合，宅则多以规整为主，是园主入世的体现，而园则是园主心灵游憩的空间，体现为一种别样的出世。

　　禅宗讲求顿悟，不重礼佛，不著言说，在园林中讲求空与静，在自然的花树木草间寻求永恒。禅保持着无限的生活、生命和生机，禅与物质同在，禅和精神永存。

　　"青青翠竹，尽是法身。郁郁黄花，无非般若。"芥子纳须弥，禅境由心生，自然的一草一木均是文人、禅师神游世外的依托。佛教有"五树六花"之说，禅宗继承了对这些植物的文化解读，通过这些有生命的物体去体认世界，花开花落，春去春来，在刹那与永恒的变化中寻求清净与解脱。禅宗影响之下的园林植物配置，通过建筑、湖石等非生命与植物的生命相比较，以一种永恒去观照植物叶绽叶落的短暂，从颜色、从姿态去体认生命；通过植物围合空间和意境营造，或藏或露，或障或透，形成象外之意、意外之意。

道家文化在尚静贵柔、虚实相涵的变幻中催生园林的意境，而禅则更进一步，道以"无"为要，禅以"空"为本。禅以妙趣横生的景观营造与空间变化，通过对应、对比、隐喻、象征、点题等手段深化意境，如禅机一般反常玄妙。一花一木，于禅即是菩提，禅在营造意境的时候更加向内，即向人本身寻求解脱。一些特定的事物，无须一词一句便能体会到充盈的意境，如落花、明月、流云。"蝉噪林逾静，鸟鸣山更幽"，园林中有声更觉静的氛围，也表达了佛教的虚空和静寂，渲染了园林禅的气氛，引起冥冥禅思。不论是寺庙园林还是私家园林，均在禅文化的影响之下形成写意的、模糊的空间观，追求"神似"而非"形似"，侧重以景寄情，在园林物质空间中寻求精神世界，在园景中观照自身，最后达到"恬然怡然，硕然悠然，园人合一，冥视六合"的禅境。

禅理玄机把彼岸世界视为心灵与精神的畅达之所，一草一木都是体会，一石一水也是体验。参禅依求于内心，追求精神的超脱，入世而又出世，园林空间起承转合、柳暗花明，或幽闭深奥，或豁然开朗，更是禅的机锋妙转、生趣灵现。妙趣、妙理、妙法的禅文化，是其写意风格形成的基础，是创造园林意境的条件，推动了中国园林的发展。

风物逸闻

京西古道

盖闻造桥梁以济人渡，修道路以便人行，务民之义，此善举之第一也。况西山一带，仰赖乌金以资生理，而京师炊爨之用，尤不可缺。道路忽而梗塞，各行生计攸关。

——《重修西山大路碑记》

京西古道的历史起源

京西之山统称西山，属太行山北端支脉。西南沿太行山东麓，为南通华北大平原的唯一门户；西北出南口，经居庸关、八达岭，穿行过山间盆地，径上蒙古高原；东北出古北口，越过丘陵和山地，通向松辽平原。蓟城就为山后地区和广大平原之间南来北往所必经的地方枢纽，是南北货物交流的中心，也是封建统治者作为经略东北的前方基地和兵家必争之地。西山人类活动历史悠久，房山区周口店龙骨山发现的六七十万年前的"北京人"、十万年前的"新洞人"和两万年前的"山顶洞人"，以及门头沟发现的新石器时代早期"东胡林人"的墓葬，证明距今一万年乃至十一万年前人类已经踏入西山。山体及永定河的山峡沟谷，为进出西山提供了天然通道。经过人类的生息繁衍、生产、生活和道路的不断修拓，北京西部山区形成了以"西山大道"为主干线，连接着纵横南北支线的商道、军道、香道、牧道等，统称京西古道，交通网络四通八达，通衢各方，长盛不衰。

作为京城的西部屏障，京西门头沟区群山之中，盛产煤炭，遍藏乌金，元、明以来京城百万人家，皆以石炭为薪。出产的石材、烧制的琉璃更是闻名京城，是京城建设和人们生活必不可少的用品。拉煤运货的驼马成群结队，经年累月地在山路石道上往来，久而久之形成了一条条纵横交错的古道，这就是京西的商旅古道。据《辽史》记载，辽圣宗于统和七年（989年）三月"开奇峰路通易州"，即从紫荆关（今河北省易县城西紫荆岭长城关口）北行，在齐家庄与西山大路相接，为南京重要交通干线之一。《金史》记载，金世宗完颜雍于大定二十一年（1181年）六月"命修治怀来以南道路，以来枭者"，即将怀来、蔚州所产粮食运至京城。自元代起，京城用煤量大增，熊梦祥在《析津志辑佚》中写道："西山所出烧煤、木植、大灰等物，并递来江南诸物，海运至大都。""城中内外经济之人，每至九月间买牛装车，往西山窑头载取煤炭，往来北新安及城下货卖，咸以驴马负荆筐入市，盖趁其时。冬日，则冰坚水固，车牛直抵窑前；及春则冰解，浑河水泛则难行矣。往年官设抽税，日发煤数百，往来如织，

二、三月后，以牛载草货卖。北山又有煤，不佳，都中人不取，故价廉。"明代陈子龙《明经世文编》记载："今京城军民百万之家，皆以石煤代薪。"《钦定大清会典事例·工部》记载，清康熙三十二年（1693年），"京城饮爨，均赖西山之煤，将于公寺（今香山碧云寺）前山岭修平，于众甚属有益。着户、工二部差官将所需钱粮确算具题"。由于京城对京西煤所需太多，原有阜成门（煤门）运煤路已不敷用，故而又修香山一带道路，以运煤进京（西直门）。及至再后，清廷甚至鼓励开办煤矿，修造运煤铁路，拨款整治门头沟泄水沟。西山大路诸道，屡经修整，成为颇具规模的官山大道。历史上，除为数不多的几次是朝廷或官府组织外，绝大多数修路工程是民间组织募化筹资，由当地百姓进行施工的。古道旁诸多石刻记载了民间百姓修路之事。牛角岭《重修西山大路碑记》云："盖闻造桥梁以济人渡，修道路以便人行，务民之义，此善举之第一也。况西山一代，仰赖乌金以资生理，而京师炊爨之用，尤不可缺。道路忽而梗塞，各行生计攸关。"

特殊的地理环境，形成西山历史上古道的基础，不仅商旅驮队进京需要通畅的道路，为防御外域民族的侵扰，走兵马、运粮草、行防御，也要修好道路，西山各种边城、关隘都有古道通达。京西大山连绵，沟谷纵横，山高谷深，曲折悠长，不少路段利用天然峡谷开辟道路，形成了具有特色的天堑古道。这些峡谷几乎都是门头沟内长城的关口，连通长城，形成完整的军事体系的军用古道。峡谷险要处建有碉楼、边墙等防御设施，给这些古道增加了雄浑、神秘色彩。相传五六千年前，黄、炎、蚩三部落在涿鹿大战，黄帝获胜后建都于涿鹿之阿，"披山通道"于西山以逐鹿中原，这可能是西山古道最早的修路之举。其后，战国、秦、汉、南北朝时，对西山道路屡有修治。唐末五代时，幽州节度使刘仁恭在房山区与门头沟区接壤地带的大安山建宫馆，置玉河县，为生活和军事需要，下令修筑玉河道，以大安山为中心，向四方辐射。还有历史上著名的西奚古道，金兵利用这条古道，隐秘行军突然袭击，从宋军手中夺取了燕京城。

宗教及民俗活动兴盛也促进了道路的发展。西山之中古刹庙宇遍布，潭柘、戒台二寺名扬海内外，妙峰山万人朝顶的盛况举世闻名，进山拜佛的信徒常年络绎不绝。例如潭柘、戒台二寺，不仅僧人及其所需均须运至，皇帝驾幸更须修筑高规格道路。金代以后，每个朝代都有皇帝到这里来进香礼佛，特别是从明代之后，潭柘寺就成了京城百姓春游的一个公共场所，"四月潭柘观佛蛇"已经成京城百姓的一项传统民俗。在每年潭柘寺举办"浴佛法会""莲池大会""龙华圣会"等佛门盛会的时候，成千上万各地的游僧和善男信女涌来。因地处深山，交通不便，在历史上曾形成多条古香道，从不同方向通往潭柘寺。这些古道有的是皇室或官家出资修建的，有的是由与潭柘寺结有善缘的民间香会出于对佛的虔诚之心而集资修筑的，还有的是当地商号与百姓共同铺就的。经过历代不断的整修，这些古香道使用了几百乃至上千年，有的至今保存较好，如石佛村上下道路为厚石板铺砌，能通行马车，从大灰厂接"京易御道"，经石佛村到戒台寺、潭柘寺。妙峰山朝顶进香活动更为宏大，东、西、南、北四方道路竟有六七条之多。

京西古道如今在平原地区已难觅踪迹，但山里还有不少遗存，其中商用道历史遗迹最多，经过了几百年沧桑变迁虽显出残败颓相，但风情古韵犹在。远古烽烟、民族交往、宗教活动、筑城戍边等历史，散落或留存在古道上，是时代经济、文化的具体象征，是时代变迁的历史足音。京西千年古道，蕴含的灿烂、厚重历史文化，是京西古代文明的重要标志和历史见证。

圈门

京西古道

商旅故道

阜成门是北京内城的西门，过去俗称"煤门"，运煤的车马均从此门进城。明清以后，京城用煤量越来越大，仅靠阜成门进煤已难供所需，所以在康熙年间，作为"水门"的西直门也开始大量进煤了。

出阜成门向西二十多公里就到模式口，模式口以前叫磨石口，因为出产上好的磨刀石而得名，是京城自平原向西部山区过渡的第一隘口，为戍守京西的军事要镇。旧时通往张家口必经磨石口，京西出产的果品、煤炭、木材以及口外的皮货都要经此运进城，在清末民初最兴旺的时期，商贾云集、百业兴盛，街道布满大车店、杂货铺、铁匠铺、饭铺、药铺、肉铺、理发店、粮店、茶馆、旅店等。每天镇上驼铃悠扬，经声环绕，店铺红火，人流熙攘。模式口除了一条通往妙峰山、天泰山的香道外，还有南、中、北三条古道通往京西的重要关口王平口，所以自古以来形成了自模式口出入京城的一条条商旅故道。

一、西山大道

西山大道即西山古道北路，是京西古道的主干线，也是京西历史最悠久的一条古道。从模式口至三家店，跨永定河，穿琉璃渠而出，一路西去，从丑儿岭，经斜河涧、水峪嘴，翻牛角岭，到桥儿涧，再穿越石佛岭悬崖峭壁，经色树坟，又经东、西王平村到王平口。西山大道沿九龙山向斜北翼傍永定河峡谷而行，它翻山越岭，串起一个又一个古老的村落，沿途村庄大多数出产煤炭。从王平口可通往斋堂川，过去斋堂地区所产煤炭，大部分通过这条古道外运出山，三家店有煤厂子（保存完好的天利煤厂等），主要收购斋堂、王平村一带所产之煤。

三家店成村于辽代以前，因始有三家客店而得名。这里是路出西山后最初的平原地带，成了一个煤炭集散地。明清时期三家店是京西古道上最为热闹繁盛的村落之一，街市上五行八作，大小买卖、商铺二百多家，其中仅煤厂就有二三十家。

牛角岭在明清时期是宛平县捕卫南乡与王平口巡检司分界之处，建有关城，被称为西出京西古道第一隘口，至今留下了一拱形城券。关城东侧路面上留有大量深浅不一的蹄窝，西侧路边现存石碑两块：一块是清乾隆四十二年（1777年）所立"永远免夫交界碑"，是当地村民可以免除税赋的公文，是康乾"盛世滋丁，永不加税"政策的具体体现；另一块是清朝同治十一年（1872年）所立"重修西山大路碑"。碑文曰："盖闻造桥梁以济人渡，修道路以便人行，务民之义，此善举第一也。况西山一带仰赖乌金以资生理，而京师炊爨之用，尤不可缺。道路忽尔梗塞，各行生计攸关。"碑文中记载了同治十年（1871年），暴雨成灾，冲毁道路，民间举善修复道路的情况。此碑一共刻了两块，另一块存于三家店白衣观音庵内。当时捐资修路的以三家店和琉璃渠两村的商业店铺为主，内有三家店村的煤厂子14家，琉璃渠村煤厂子3家，表明这条古道是煤商们的经济命脉，它也是京西古道中使用时间最长的一条，一直到1977年下清（下苇甸—清水）公路修通之后，这条古道才自然废弃。

自西北蜿蜒而来的永定河水在三家店村西口流淌千年，当年这里是京西古道上最大的一个古渡口。早在明朝的万历年间，因为运煤的需要，河上架起了木板桥。直到1921年，北洋政府拨款30万大洋，横跨永定河修筑了由法国人设计、法商承建的永久式桥梁"洋灰桥"，它是我国最早修建的一座现代化公路桥。

跨过永定河便到了西山脚下的琉璃之乡。琉璃渠村明清时称琉璃局，明朝初年，扩建京城、筑造宫殿所用的大量琉璃砖瓦，有一半产自琉璃局。清朝乾隆年间，北京城内的琉璃厂撤销合并到了琉璃局，琉璃砖窑的炉火至今很旺。

二、玉河古道

从模式口向西，经麻峪村跨永定河，经大峪村、东西辛房、圈门、天桥浮、官厅、峰口庵、黄石港，到王平口，全长约27.5公里，是西山大路的中道，所经之地为门头沟的主要产煤区。这条古道最晚在唐代末年就已经存在了。唐哀宗天祐三年（906年），割据一方的军阀刘仁恭设置玉河县，在大安山建立行宫，修筑了从幽州城经门头沟过峰口庵，穿越千军台沟，翻越百花山，到达大安山行宫的古道，因这条大道是贯穿玉河县中心的一条交通主干线，故称"玉河大道"。

大峪村历史悠久，明代已成村，位于九龙山南大岭东端、永定河河谷西侧，原为京畿地区进出西山的必经之地。大峪村古迹众多，原有建于唐代的古佛寺和建于明代嘉靖年间的朝阳庵，今已无存。明万历二十年（1592年）建的双圣庙、龙王庙及始建年代无载的菩萨庵、关帝庙、地藏庵、娘娘庙等尚有遗迹可寻。1984年3月，在村南出土的汉白玉石质辽经幢八面刻有梵文经咒，仅"辽大安八年"字迹可辨，其余漫漶不清。1990年11月在村东南育新学校内发现金代壁画墓一座，历史可窥一斑。

圈门在玉河古道中段的沟谷中，因河沟上架起的一座过街楼下方的券洞而得名。过街楼下原有三个门洞，现只有南边一个，古道从券洞通过。过街楼坐西朝东，横跨山谷，原有三座并连，后两侧过街楼被拆除，只留中间一座。从圈门向西到峰口庵是一条13里长的沟谷，被当地人称为门头沟，北京门头沟区的名字便是由此而来的。京西古道自西向东穿过圈门就算进入了通往北京的大路，因此圈门就是门头沟之门的标志，形成于此地的村落叫作门头口。

在圈门过街楼以东沟谷南岸，有建于明代的大戏楼，坐东朝西，为勾连搭形式建筑，建于高1.2米的台基上，分前后台。整个戏楼布局设计十分精巧，门前的开阔地，是门头沟民众的集会之所。窑神庙位于沟谷北岸，相传腊月十八是窑神爷的生日，所以过去每到腊月十七这天，都要由各煤窑窑主摊钱，在这里举行盛大的祭祀活动，清代管理京西煤业事宜的机构就设在此庙。1949年以后，这里还一度成为北京市京西矿区政府驻地。

古道从过街楼穿券门洞而过，顺着沟谷前行，就到了京西第一要隘峰口庵。峰口庵位于九龙山西头之大垞顶南段与桑峪大梁北端之绝石梁在此相交形成"V"字形山口之底，东西各为一条大沟，东风或西风由此冲过，其势峻急，常年有风不断，故称风口岩；因两峰夹峙，似放倒的马鞍，故称峰口鞍；又因关口外有庵堂，故名峰口庵。现今关城仍存，石砌券洞。距离关城西南不足200米的古道处，凹陷着大大小小深浅不一的蹄窝一百多个，最深达半尺。这段13米长的小路是京西古道上蹄窝最为密集的地方。古代京西煤产地因排水、提升等条件的限制，煤窑大多分布在峰口庵以西的山区，这就使得京西这条中路古道在夏秋之季几乎全天候运行，作为必经之地的峰口庵更是车马云集，畜蹄日月不息地蹬踩踢踏，形成了撼人心魄的古道景观。

京西古道曾经是官山大道，全部是用石块铺砌的，保存基本完好。因为山路陡峭，所以每隔一米就会栽立石一排，以防石块松动下滑。这也是古道经久坚固的诀窍所在。历史上，今石景山区庞村也有一条进入西山的大路，就是西山大路南道，这条南道中途与中道会合后直奔王平口。这样，北、中、南三条古道在王平口聚合为一，然后继续延伸西去。

三、王平古道

王平口为京西古道上的一处重要关口，由数条东来的古道在此并合为一路再往西去，可谓咽喉，号称"过山总路"。王平古道风景美丽，遗迹众多，逸闻丰富。有蹄窝遗存和各种碑志石刻，有马致远故居、关帝庙、三义庙、关城、碉楼，有囚禁宋徽、钦二宗的大寨。王平古道中保存尚好的路段还有西马各庄段、石佛岭段、落坡岭段、王平口段、峰口庵段等。其中，韭园至牛角岭关城段是古道精彩的局部，以石佛岭路段为极致，古道蹄窝更加密集、清晰，鬼斧神工，令人叹为观止。

在王平口以东斋堂乡境内，小小的安家滩村不仅出煤，还是京郊驰名的砂锅产地。今天，在这个荒弃的村子里，还可以看到很多房子的屋顶是用烧制砂锅剩下的焦渣铺成的。元末明初的北京有"砂锅做饭斗量柴"的说法，砂锅是用沙子黏土烧制、煮饭很香的锅，"斗量柴"的柴指的则是煤。封煤窑是必然，只可惜古老的烧砂锅的工艺失传了。

出王平口行曲折40多里山路，就到了斋堂。早在唐代贞观年间，这里的山上就建有寺庙，寺庙的僧人在庙里施粥以行善，故名斋堂。从斋堂开始，古道由西行折向西北行，途经爨底下村。爨底下村因较好地保存了清代村容风貌的村落而负有盛名。

古道从爨底下村北侧上山，过天津关，出罢山口，进河北的怀来盆地后，向西北，经宣化、张家口去内蒙古；向西，过蔚县进山西。由此，京西古道东连帝京，西通塞外，成为过去京城重要的出塞道路。

如今，大西山深处遍布现代化公路，现代化的汽车取代了骡马驼队。门头沟煤炭采空区的山村已全部搬迁，那些从前因古道兴盛而凝聚成的大小村落，很多也随着古道的荒废而成为断壁残垣。古道失去了路的功用，甚至被荒草掩埋而不见踪迹。

时光荏苒，古道上骡马嘶鸣、驼铃叮当不再，一幅京西古道图消失在历史的长河里。

爨底下村

西山大道上废弃的村落

古道·瘦马

牛角岭关城

牛角岭段蹄窝

潭柘寺的古香道和庙会

北京西山，叠嶂群峰中寺庙众多。潭柘寺、戒台寺，以及九龙山、百花山和"金顶妙峰山"的娘娘庙，自古就是京西一带祭祀社神的圣地，也因此形成和遗存了记载着宗教与民俗活动信息的进香古道。从东部的九龙山到西部的百花山，从南边的马鞍山到北边的妙峰山，条条香道交错纵横，交通密布。这些古道，有的是皇室官家出资，有的是民间香会集资，有的是当地商号与百姓共同募资，经历代不断整修，使用了几百至上千年。

潭柘寺位于北京市西部潭柘山麓，始建于晋代，是北京地区最早的庙宇之一，民间自古以来就有"先有潭柘寺，后有幽州城"的说法。寺院初名嘉福寺，唐代改称龙泉寺，金代称大万寿寺，明代复称嘉福寺，清代康熙改其名为岫云寺，赐匾额"敕建岫云禅寺"。寺院坐北朝南，背山面水，九峰环抱，佛塔林立。金代金熙宗始到寺院礼佛会僧，开创朝廷出资整修潭柘寺的先例。金章宗也到过潭柘寺并在山后"弹雀"，"弹发不虚"，"章宗喜，即行幄为庵，曰'雀儿庵'"。此后，各个朝代都有皇帝到潭柘寺来进香礼佛，游山玩水，并且拨出款项整修和扩建寺院，使潭柘寺成为著名的皇家寺庙。明代之后，潭柘寺成了京城百姓春游的一个公共场所。

一、芦潭古道

芦潭古道东起卢沟桥，西至潭柘寺，为京西古道南路之一路古香道。这条古道是旧城通往潭柘寺的一条主要道路，原是一条山间土路，路面质量较差。从清代世宗雍正皇帝起，在河北省易县修建皇陵（清西陵），为了拜谒皇陵之需，乾隆年间由朝廷出资将原有的道路拓宽展平，并将部分路段用条石铺砌，当时称为"京易御道"。芦潭古道是京易御道的支线，起自京易御道上的卢沟桥，过长辛店、东王佐、沙窝村、大灰厂，穿过石佛村，到达戒台寺，再翻过西峰岭，经鲁家滩、南辛房、平原村，到达潭柘寺。

从石佛村到戒台寺之间长约两公里的古道，平缓易于行走，至今保存尚好。

清代康熙和乾隆皇帝到戒台寺、潭柘寺进香时，走的就是这条古道，当地人称之为御道。

芦潭古道从石佛村穿过，大部分呈东西走向。昔日古道整日人来车往，络绎不绝。进香拜佛的、游玩踏青的、僧人受戒的、和尚云游的、骆驼驮煤的、骡马运灰的、挑筐背篓的、赶牲口的、抬轿子的……人声鼎沸，马蹄声脆，回荡山谷。

石佛村明代已建村，最著名的文物古迹当属石牌坊和摩崖造像群。位于石佛村西路北的山崖上有一处摩崖造像群，坐东朝西，现存摩崖造像16龛18尊，崖下还有3尊，至今共发现21尊。这是北京地区现存规模最大、保存最完好的摩崖造像群。造像题材不拘一格，有释迦牟尼佛、药师佛、阿弥陀佛、文殊菩萨、普贤菩萨、地藏菩萨、大势至菩萨、观世音菩萨、罗汉及供养人。"石佛村"一名便是因为这些雕刻于明天顺到嘉靖年间的石佛而来的。从石佛村沿着西北前行一公里，有一座精美的汉白玉石牌坊，最早创建于明万历年间，清光绪时又经过重修。汉白玉栏杆上精细的垂兽与佛像雕刻相映，雕刻精细，典雅气派，成为昔日御道鼎盛的见证。

二、庞潭古道

从石景山区庞村渡口过永定河到潭柘寺的古道称"庞潭古道"，又称西山大路南道，是西山大路主干道之一。这条古道从石景山区的庞村，过永定河，经卧龙岗、栗园庄、石门营、苛萝坨村，越西峰岭，与芦潭古道汇合。石牌坊则是一个四岔路口，既有穿石佛村过来的芦潭古道与庞潭古道汇合，同时又分出前往戒台寺与潭柘寺的两条线路。

苛萝坨村位于门头沟区东南部，明万历之前，苛萝坨村因潭柘、戒台二寺的香火旺盛、香客聚集而成形。庞潭古道经村的岔路口分成了两支，一支向西去潭柘寺，一支向南去戒台寺。在苛萝坨村西有千年西峰寺，明《宛署杂记》载："西峰寺在李家峪，唐名会聚，元时改为玉泉。正统元年太监陶镕等重建，敕赐今名。"寺院坐西朝东，满山青松翠柏，环境清幽，寺内原有清泉一泓，名

阳台山和凤凰岭山路

妙峰山中北香道上的"善来金阶"

胜泉池，泉水清澈照人。西峰寺是戒台寺的下院，唐辽金元时是戒台寺僧人的茶毗之所，元末毁于战火，明清得以重修。

秋坡村与戒台寺紧邻。随着每年四月戒坛庙会的举行，五湖四海的香客聚集戒台寺，除了听佛、求戒、许愿、还愿，也有闲游、踏青的。各地的伎女（以歌伎为主）也相聚而来，用她们的歌舞增添"耍戒坛"的热闹气氛，秋坡成为戒台寺之外一个重要的落脚和娱乐的地方，"赶秋坡"逐渐成了戒坛庙会期间人们前往凑热闹、歌舞玩乐的代名词。据《宛署杂记》记载，戒台寺庙会期间，"天下游僧毕会，商贾辐辏，其旁有地名秋坡，倾国妓女竞往逐焉，俗云'赶秋坡'"。

明代时，伎女们在戒台寺旁秋坡村举办"伎女大会"，共同到戒台寺去进香。古香道从这里向南行去戒台寺要过一道水沟，为了能够早日脱离苦海，来世远离娼门，伎女们捐资在沟上修了一座石桥，意思是将此桥作为自己的替身，让千人踩万人踏，以赎自己的罪过，此桥被后人称为"娼妓桥"。娼妓桥为三拱石桥，桥基、涵洞券石和桥栏均为青石材质，石桥总长约20米，桥宽4米，位于苛萝坨村西。庞潭古道过娼妓桥一分为二，一路南行穿过秋坡村再至戒台寺，一路西行到西峰寺。民国六年（1917年）一场山洪把这座古桥卷走了一半。由于河床南移，尚存的两个涵洞也已淤塞，如今只能见到顶券以上的部分了。往事如烟，却曾见证古道历史的热闹繁盛。

寺庵茶棚

每届四月，自初一开庙，香火极盛。人烟辐
辏……车马喧阗，夜间灯火之繁，灿如列宿，
以各路之人计之，共约有数十万……香火之
盛，实可甲于天下矣。

——清·富察敦崇《燕京岁时记》

金顶妙峰山庙会和进香古道

妙峰山矗立于北京西山峰峦之中，主峰海拔1 291米，地势险要，挺拔高峻，群峰拱围，景色秀丽。

妙峰山娘娘庙，创建于明朝末年，康熙初年称北顶天仙庙。当时妙峰山上有大云寺、伏魔庙和北顶天仙庙，天仙庙位于三岔涧村（今涧沟村）内伏魔庙、大云寺之北，并居于顶，故有"北顶天仙庙"之称。初创时期香火不盛，由道教管理，因为天仙圣母等神祇是道家尊崇膜拜的偶像。但据史料得知，最迟在康熙十二年（1673年），妙峰山顶的天仙庙就已经归佛教僧众管理。康熙二十八年（1689年）后佛教势力上升，改由僧人住持，香火逐渐兴盛。

有关将妙峰山冠以"金顶"之名，最早始自清乾隆七年（1742年）宗室弘晃撰《金顶妙峰山进香碑记》，其中记载："兹都城之西金顶妙峰山者，据西山上之胜境，为畿辅之具瞻，上有天仙圣母之庙，至灵至圣，有求必应，无愿不从，显赫六字，光被八方。"至于为何称为金顶，据奉宽《妙峰山琐记》记载："正殿后巨石屏立，传为妙峰之巅，所谓'金顶'也。西畔有松二株。《燕京岁时记》：'后殿之前有石凸起，似是妙峰之巅。石有古柏三株，是百年之物。'后殿奉白衣送子观音，金顶即当其前。"另外还有一种说法：妙峰山主峰近西部有一处石崖，绝壁百丈，秀润如莲，中部突起的光润巨石，在阳光下发出黄金色泽，得名莲花金顶。

康熙年间，妙峰山一带佛道并存，关系融洽。此时道教已从北顶天仙庙搬到山下三岔涧村（今涧沟村）伏魔庙，以后道教在此更为衰微，最后完全被佛教取代，这与清初顺治、康熙年间统治者提倡、推崇、利用佛教密不可分。康熙帝钦命广济寺高僧震寰任潭柘寺住持，妙峰山佛教僧侣归属广济寺，师承京城广济寺的法脉，妙峰山借助潭柘寺皇家地位声名鹊起。

清早期京城内外就有一些香会组织，在农历三月十八天仙圣母的诞辰日，前往妙峰山朝顶进香。乾隆二十五年（1760年），妙峰山天仙庙经扩建重修改称灵感宫，庙内供奉天仙圣母碧霞元君等五位娘娘，民间则以娘娘庙称之。从康熙初年到民国末年的200多年里，妙峰山一直由僧众管辖，庙内香火最盛的一直是娘娘殿、王三奶奶殿，妙峰山历代供奉的女神的出身经历与佛教信仰没有任何关联，但由于"娘娘"的缘故，妙峰山却成了"佛门灵圣之地，香火最盛之区"。乾隆三十六年（1771年），乾隆皇帝之孙质庄亲王亲捐资财，重修娘娘庙，并立下石碑一方。据妙峰山乾隆六十年（1795年）《修补道路圣会碑碣》记载："京师内外善男信女，秉虔诚以通神心。不外捧表章以上告身，不辞辛劳进香朝顶，年岁罔懈，作为例矣。……蒙赤心忠良隆恩真君，德被苍生，恩施黎庶，殿前建石以示久远。"可见此时妙峰山的进香朝顶已成定例习俗，稳固而深入人心。终清一代，不仅京城内外士民百姓年年朝顶进香，捐钱祈福，就连清皇室王公贵戚也加入了这个行列，道光年间的宗室贵族载瀛、载津时有光顾，同治年间更有慈禧太后亲自为娘娘殿题写匾额之举。《燕京岁时记》记载："每届四月，自初一开庙，半月香火极盛。人烟辐辏，车马喧阗，夜间灯火之繁，灿如列宿，以各路之人计之，共约有数十万……香火之盛，实可甲于天下矣。"可见妙峰山庙会胜景。

清末民国时期，北京城梨园行各界艺人多在庙会期间朝顶进香，并在妙峰山建造喜神殿，捐资助善。他们还用修建茶棚、道路汽灯和表演助兴等形式以飨香客。抗战时期，因日军盘踞庙院，妙峰山香火冷落。1945年收复妙峰山后香火日渐恢复，1946年庙会期间，平、津、保定等地前来的香客多达15万之众。

关于妙峰山的宗教面貌与庙宇建筑，有记载说主要殿堂分成四处：一是山巅的娘娘庙，二是回香亭，三是半山腰山道间的灵官殿院（傻哥哥殿），四是妙峰山顶峰娘娘庙东北侧的菩萨殿院（又称法雨寺、洛伽别院）、喜神殿院、关帝殿院。在涧沟村西南部还有玉皇顶庙院，规模狭小。金顶妙峰山灵感宫雄踞大顶之上，庙院处海拔1 000米，旧有各类殿堂建筑60余间，后屡遭破坏，20世纪60年代末仅有娘娘殿独存，1976年娘娘殿也被彻底拆除，此后山巅一片瓦砾，残垣断壁，蒿草荆棘丛生。庙前石雕宝塔相轮被拆毁，须弥座精美石刻力士金刚亦遭厄运。

妙峰山每年农历四月初一至十五开庙，京城善男信女离家朝顶进香，德胜门、阜成门各条大道上香客络绎不绝，京西山脚下人流汇集。出德胜门的到北安河一带登山，出阜成门的在三家店聚集过永定河登山，京南的香客沿着永定河往北到五里坨、三家店奔赴妙峰山，京西近郊一带旗民香客经八大处翻山途经满井茶棚、双泉寺茶棚，参拜天太山慈善寺魔王老爷后，经打鹰洼、军庄前往妙峰山。远至天津、保定的信众也不辞劳苦，跋涉数百里到妙峰山朝顶进香。各条大道沿途村镇庙门大开，设置茶棚，提供服务，极尽地主之谊而唯恐不周。上百里范围内，人欢马叫，旗幡招展，笙歌一片，尽显盛世太平景象。

从北京城进香朝礼妙峰山的道路有很多，但抵达妙峰山附近的登山道路仅有五条，称为五路香道。奉宽《妙峰山琐记》记载："都人士进香之路，最著者四：曰'中道'，大觉寺也；曰'中北道'，北安窠也；曰'南道'，三家店也；曰'北道'，聂各庄也。南道山景幽胜，中道北道亦佳，中北道次之。以道里计，则中道最近，中北道稍远，北道又远，南道最远。南道之北，可以谓之中南道，久废不治，香客行者绝少。"此外还有中南道。以里程计，南道最远，出阜成门至妙峰山路程约100里；中道最近，从城区至山麓约有50里，另有山路约30里；中北道较远，山路约38里；北道又远一些，山路约45里。关于进香古道及茶棚，奉宽《妙峰山琐记》有较为详细的注解考证。

南道：从三家店起，渡浑河至琉璃渠，西过泉子沟至西井，经龙泉务村，北行至陈家庄，西北行经西北涧、孟尝岭，岭盘旋以登，过仰岭十八盘，下岭西行到达担里村，北行至大水泉，西至桃园村，北至南庄（又名玉和庄），又北至樱桃沟，是为仰山村，土名寺底下，自此而东、而北，登峰造极是为仰山，沿山道往西数里抵达涧沟，由此登山三里即可到达妙峰山"金顶灵感宫"。

沿途旧有10座茶棚，依次为：西北涧、桃园、南庄、樱桃沟、兴隆十八盘、水泉降香会、诚献白米粥会、仰山药王殿香老会、香风岭、引香亭。

中南道：妙峰山中南道与南道在进入山区后几乎是平行的，一东一西，中间相隔约6里。南道北行较平缓，中南道攀登较为费力。此香道分属海淀区、门头沟区。军庄村是中南道起点，北行经灰峪村、六郎塔，在仰山寺与旧南道、中道交汇，达涧沟。此道前往妙峰山较近捷，自军庄达于中道全程26里，但香客行者极少，已久废不通，路途中旧有茶棚3座。

中道：从海淀区的北安河乡徐各庄村开始上山，稍西南行过周家巷，到大觉寺。大觉寺是中道的必经之地，沿寺南垣西行，过涧桥，上行至寨尔峪，再上经登道悬梯，左右盘纡，径仄而陡，被称为"三百六十胳膊肘"（又名"狗石磴"），到达峰顶即"冷风口"。至此，山路趋于平缓，再前行经萝卜地，登五道岭，见阳台山正面。再过岭西北行，曲径通幽，沿玉皇顶山麓，至涧沟，与中北道合。

沿途旧有11座茶棚，依次为：关帝庙、栗子台、寨儿峪、上平台、萝卜地、修道路灯会、松棚、三岔涧、回香亭、菩萨殿、喜神殿。

中北道：自海淀区北安河村向西仰望，南北10里长的一道山峰横亘眼前，即妙高峰（阳台山），这是前往妙峰山的四条香道必须翻越的山峰。从北安河出发，经响墙茶棚，上行经骆驼石、金山寺、"瓜打石"、"三瞪眼"、"平三里"、妙儿洼，再西行下山，便进入涧沟村正东宽阔的"玫瑰谷"。这条香道沿途庙宇最多，民国以来以天津的香会、香客最多，他们可以乘火车到沙河后再西行而来，此处登山最为便捷。

沿途旧有7座茶棚，依次为：清福观、响塘庙、青龙山朝阳院、金仙庵、玉仙台、瓜打石、妙儿洼。

北道：从海淀区聂各庄台头村上山，经车耳营上行即磨镰石河，峭壁倾斜，如割如削，山泉自南部山麓喷涌而出，须徒步穿越。这里是妙峰山北道山景绝妙的地方。复沿路而登，经双龙岭，再上行，路亦险峻，后山的最高处即"大峰口"。自此向东南远望，可见阳台山山巅风光，西北的山脉连绵起伏。因这里"天风甚劲"，故亦名"大风口"。过此即是下行的道路，先到磕头岭。磕头岭一带，山路颇多陡折，坡高道滑，行走不易，下行南部山下就是涧沟村。由此登山3里即可到达"金顶灵感宫"。

沿途旧有8座茶棚，依次为：老爷殿、车耳营、磨镰石河、双龙岭、花儿洞、大风口、磕头岭、贵子港。

旧时，每逢庙会到妙峰山进香，是京城民众的第一等大事。民国时期的民俗学者、社会学者对妙峰山香会多有记叙、研究，妙峰山有中国"民俗学研究发祥地"之称。20世纪60年代末，从担礼至涧沟村30里长的简易公路修通，结束了妙峰山几百年驴驮肩扛的原始状况，之后公路扩建整修，盘绕贯穿大西山，形成了现代化公路交通的新景观。

凤凰岭奇石

阳台山山脊

妙峰山香道上的古迹

金顶妙峰山的娘娘庙（碧霞元君庙）庙会，在明清两代和民国期间，是京城最盛的庙会。届时，北京、河北、河南、山东、山西和东北，以及广东、广西等处的香客们纷纷前来"朝顶进香"，各路香会、花会、茶会等民间组织蜂拥而至，各显其能。据《燕京岁时记》载："每届四月，自初一开庙半月，香火极盛，自始迄终，继昼以夜，人无停趾，香无断烟，奇观也。""人烟辐辏，车马喧阗，夜间灯火之繁，灿如列宿……香火之盛，实可甲天下。"

妙峰山五条香道，周围的文物古迹丰富集中，还存有当时的茶棚、粥棚遗址多处，沿香道访古探幽，尽是一路风光。

一是南道：从三家店起，过仰山十八盘，有仰山栖隐寺遗址、桃园、张公洞、滴水岩奇洞、庄士敦（溥仪的英文教师）别墅。其中栖隐寺遗址为金章宗时的西山八大水院之一"灵水院"。滴水岩是京西名洞，洞内"侧身螺旋而下，水光折射，几无绝，潭深莫测"，还可访天利煤厂古院。

二是中南道：也是从三家店起，有建阳古洞、六郎塔。

三是中道：从北安河起，有大觉寺、鹫峰、寨儿峪清泉。大觉寺是金章宗八大水院之一"清水院"，寺内有辽代的"银杏王"以及北京"古玉兰之最"等古树名木。

四是中北道：此道的景致最多，也是去妙峰山的主道，其登山的石板路相传是太监刘诚印和安德海为讨好慈禧所修。进香期，人流数以万计，无尊卑贵贱，相见以诚，饥渴茶粥相待，憩息茶棚解劳，都为善来；修治香道砌成石阶，每铺一石块就得用银一两，故称"善来金阶"。从北安河环谷园遗址起，沿香道上行，经驼峰石、瓜打石、金山寺，到达妙儿洼，眼前即是著名的玫瑰谷。其中的金山寺是金章宗时西山八大水院之一"金水院"，有著名的金山泉和两棵古银杏树。骆驼石和瓜打石都是京西名石，妙儿洼是观日出佳处。

五是北道：从聂各庄起，有车耳营关帝庙及金代古松"迎客松"、北魏石佛造像、古刹龙泉寺、黄普院遗址，黄普院遗址为金章宗时西山八大水院之一"圣水院"。

清水院

黑龙潭，入金山口，北八里……又北十五里，曰大觉寺，宣德三年建。寺故名灵泉佛寺，宣宗赐今名，数临幸焉，而今圮。金章宗西山八院，寺其清水院也。清水者，今绕圮阁出，一道流泉是也。

——明·刘侗、于奕正《帝京景物略》

清水院——大觉寺的起源和发展

坐落在北京西郊阳台山东麓的大觉寺，历辽、金、元、明、清五代至今，在世事沧桑的变幻和岁月风雨的消磨中，虽几经兴圮，但仍完整地保留了殿堂、禅房、佛塔等古代建筑，并藏有各类文物千余件。作为中国北方一座著名的禅宗寺院，其法脉千载相承，享誉京师。

一、大觉寺（清水院）的起源碑刻文献考

大觉寺始建于辽代，时称清水院，其创建的具体时间史籍无征，很难详考。但根据目前存在的石刻资料，可以上溯到辽统和十年（992年）。在北京门头沟区斋堂川双林寺旧址上原立有一座"佛顶尊胜陀罗尼"经幢，题记由当时的辽南京道析津府玉河县令齐讽等当地官员拟制，参与修建的有县域内四座佛教寺院的僧侣和邑众参与者，多达千人，为首者是"清水院山门僧功德主绍迁，院主绍金、绍兴、绍文"及其门人等17人。这座经幢立于辽统和十年（992年），大觉寺应早于这一年存在并具有相当规模，在当地众多寺庙中居于"领衔"地位，属于辽代古刹。据此，清水院的历史已在千年之上。

大觉寺现存辽咸雍四年（1068年）由名僧觉苑主持修立的"阳台山清水院藏经记碑"，是北京现存辽代石刻中规格最高的碑。碑阳为文僧志延撰写的《阳台山清水院创造藏经记》一文，记叙了辽代朝野崇佛盛况和清水院筹资印制《契丹藏》的始末，并且描述了阳台山清水院的山川形胜。其中记述：

> 阳台山者，蓟壤之名峰；清水院者，幽都之胜概。跨燕然而独颖，侔东林而秀出。那罗窟遽，韫性珠以无类；兜率泉清，濯惑尘而不染。山之名，传诸前古；院之兴，止于近代。

该寺院辽时已有"幽都胜概"之誉，说明清水院的历史非常悠久。碑文记叙玉河县南安窠村（今海淀区南安河村）邓从贵一家于辽咸雍四年（1068年）三月，舍钱30万（缗），修葺清水院僧舍，复施舍钱50万（缗），印制大藏经579

帙，"创内外藏而龛措之"一事。由此可知，当时清水院的规模之大、香火之旺，在辽南京地区的众多佛寺中居于前列。碑文末尾记载："玉河县南安窠村邓从贵合家承办永为供养。"这说明清水院的地域隶属辽南京道析津府玉河县，正与上文所述双林寺经幢的内容相一致。

大觉寺在金代不见载录，至今也未发现相关的金石文献。最早明确记载大觉寺（清水院）为金章宗西山八大水院之一的文字，是明末崇祯八年（1635年）刘侗、于奕正合撰的《帝京景物略》一书，在该书卷五《黑龙潭》一文中记载道：

> 黑龙潭，入金山口，北八里……又北十五里，曰大觉寺，宣德三年建。寺故名灵泉佛寺，宣宗赐今名，数临幸焉，而今圮。金章宗西山八院，寺其清水院也。清水者，今绕圮阁出，一道流泉是也。

这段文字阐明大觉寺即金章宗八大水院之一的清水院。金代不仅仍沿袭了清水院之名，而且第六代皇帝完颜璟将其辟为行宫。自此，清水院除了进行正常的佛教活动之外，还兼有皇家行宫别苑的功能。可以说，帝都远郊的这座佛教寺院从金时便与皇家发生了直接的联系，帝王的游幸、驻跸，必然使清水院的殿阁及园林建设呈现一时之盛。这一时期为其发展历史中第一个繁盛阶段。

《帝京景物略》是一部记述明代北京山水、园林、刹宇、风俗、掌故等内容的都邑志书，内容丰富，资料翔实。此书的撰著是极其严谨的，作者在长期实地访察的基础上，认真推敲和研究，做到言之有信，成书有据。正如刘侗所言："侗北学而燕游者五年，侗之友于奕正，燕人也，二十年燕山水间，各不敢私所见闻，彰厥高深，用告同轨。奕正职搜讨，侗职摘辞。事有不典不经，侗不敢笔；辞有不达，奕正未尝辄许也。所未经过者，分往而必实之，出门各向，归相报也。"虽然作者未注明清水院的依据来源，但必定是可信的。

后世碑刻和史籍中对于大觉寺（清水院）的记载多了起来。清代的碑刻中称其为金源别院，现寺藏清康熙五十九年（1720年）秋雍亲王胤禛撰写的《送迦陵禅师安大觉方丈碑记》中记载："西山大觉寺者，金源别院，表刹前明。山深境幽，泉石殊胜，岩中宴坐当不减鹫岭雪峰。"在寺藏清乾隆十二年（1747年）《御制重修大觉寺碑》文中，清高宗也指出："大觉寺者，金清水院故址，明以灵泉寺更名。运谢禅安，蔚为古刹。"

《日下旧闻》与《钦定日下旧闻考》，在"郊坰"条内，几乎是原文照引了《帝京景物略》的记述：

黑龙潭北十五里曰大觉寺，宣德三年建。寺故名灵泉，宣宗易以今名，数临幸焉，今圮矣。金章宗西山八院，寺，其清水院也。

此后的许多方志、笔记，如《春明梦余录》《光绪顺天府志》等，均沿袭此说。其中清代英和撰《恩福堂笔记》，不仅记大觉寺为金之清水院，而且生动描绘了这座旧时寺院行宫秀美的自然景观，赞誉该寺秀甲都下，名胜诸寺：

西山大觉寺，金之清水院，故名灵泉，明宣宗易以今名，正统间，复修茸之。寺建于山腰，远望烟树葱茏，但露浮屠数级。及庙，始见山门，碧瓦丹垣，缭以方沼，有泉出自山巅，盘旋回绕，到处皆通，淙淙潺潺，不舍昼夜，与檐马塔铃相酬答，闻之发人深省。寺中花木不多，惟翠竹千竿，高盈四丈，一碧千霄。七尺牡丹一树，花时绚烂甲都下。西山南北梵宇不少，各标名胜，而余独以此寺为最焉。

《鸿雪因缘图记》是完颜麟庆用图画的形式记述身世和经历的作品。完颜麟庆（1791—1846年），金世宗后裔，官至河督。他博学多才，见识深远，将宦游四方的见闻编成书，文字清新，流畅简练，图绘精美。他写的《大觉卧游》一文，细致地描绘了大觉寺的泉水、飞瀑的优美景致，结合听泉抒发情感，情真意切，富有情趣和幽思，书中绘有《大觉卧游图》，为大觉寺留下了可资参考的当时实景图。其文如下：

寺本金章宗清水院故址……垣外双泉，穴墙址入，环楼左右汇于塘，沉碧泠然，于牣鱼跃。其高者东泉，经蔬圃入香积厨而下，西泉经领要亭，因山势

228

重叠作飞瀑，随风锵堕，由憩云轩双渠绕溜而下，同汇寺门前方池中。……余乃拂竹床，设藤枕，卧听泉声，淙淙琤琤，愈喧愈寂，梦游华胥，翛然世外。少醒，觉蝉噪愈静，鸟鸣亦幽，辗转间又入黑甜乡。梦回啜香茗，思十余年来值伏秋汛，每闻水声，心怦怦动，安得如今日听水酣卧耶。寺名大觉，吾觉矣。

二、清水院的易名及明清以后的兴盛和发展

金代沿用了辽时"清水院"的称谓，章宗将其发展为八大水院之一，辽、金两代前后300余年间统称"清水院"，直至元、明两朝易换新名。

金、元易代，战乱频仍，蒙古大军数围金中都，畿辅糜乱。此时西山八大水院多成劫灰瓦砾，清水院不能幸免。推测元代初期，清水院作为前朝旧寺兼行宫，因破坏甚巨而一度荒圮凋敝，直到元代中期方渐次修复，然而虽钟磬声声，却已非复旧观。关于元代大觉寺的情况，至今未见同时代任何文献记载，仅从明宣德三年（1428年）《御制大觉寺碑记》中"北京旸台山故有灵泉佛寺"的记述推测，元代和明初的百余年间，该寺曾名"灵泉佛寺"。

明代宣德三年（1428年），宣宗朱瞻基奉其母孝昭太后之命，出内帑翻修了凋敝已久的灵泉佛寺，并更其名为"大觉寺"。除这次大规模的翻修外，明英宗正统十一年（1446年）、明宪宗成化十四年（1478年），明朝皇室对于大觉寺又先后进行了两次较大规模的修葺，而后一次是由宪宗生母周太后出资的，竣工后派周太后从弟周吉祥主持寺务。至此，大觉寺这座敕建禅院，也就兼有了太后家庙的地位。

明代早中期，是大觉寺历史上第二个兴盛阶段。帝王们不仅出资重修寺庙，还多次临幸驻跸于此，又遣僧住持，颁赐藏经，赏赐庄田、佃户和银两，使得大觉寺不仅殿堂巍峨，佛像庄严，僧弥众多，而且寺庙经济相当发达，成为西山三百寺中富甲四方的一座巨刹。由皇家内廷出钱施工的寺院建筑基本保留至今，奠定了今天大觉寺殿堂门庑的格局和规模。

明代末年，世乱年荒，义军多起，经济衰败，佛事不兴，大觉寺年久失修，廊宇多圮。《帝京景物略》关于大觉寺的描述已经是"而今圮"了。"清水者，今绕圮阁出，一道流泉是也。"作者应是亲历本寺，亲眼目睹了大觉寺当时建筑的塌毁和庭院破败的景象。这种局面一直持续了许多年，直至清代康熙四十五年（1706年）以前，尚未有较大改观。

康熙五十九年（1720年）至清中期，为大觉寺历史上第三个兴盛时期。是年，时在藩邸的皇四子胤禛，不仅出资修缮大觉寺，还力荐临济正宗三十四嗣法传人迦陵禅师为大觉方丈。迦陵与胤禛交往甚密，任大觉寺住持后开堂演法，辑纂、刊印佛教典籍，遐迩闻名。乾隆十二年（1747年），乾隆帝出内帑重修大觉寺，并撰写了《御制重修大觉寺碑文》，这通石碑也是大觉寺清代历史上唯一一通御制重修寺庙碑。乾隆多次巡幸驻跸于寺内，为寺内殿堂建筑题写了许多匾额、楹联，寺内后山园林假山石上刻有多首吟咏寺内景物的抒怀诗词。虽然雍正末年至乾隆初年及道光、咸丰年间，大觉寺因国家内忧外患影响有过几次低谷时期，但是大觉寺作为京郊的一座敕建禅寺和雍、乾两代皇帝的行宫，不仅得到过皇家的格外重视和多次修缮，建筑面积时有扩大，而且园林的秀丽、环境的清雅不曾减弱，加之当家僧侣们法理修养的精湛，自康熙五十九年（1720年）至清末近二百年间，大觉寺一直都是求法拜佛、修心明性的一处伽蓝圣地。

民国抗战时期，军阀混战，社会秩序混乱，经济衰敝。大觉寺香火虽不比前世盛隆，但它作为京西名刹及其特殊的人文环境，仍吸引了达官贵人、民族志士、政教人物及文人学者。现当代的冰心、吴文藻、俞平伯、朱自清夫妇、陈寅恪、郭沫若、季羡林等都曾与此地结缘。民国十八年（1929年），河南大学文学院教授胡改庵，出资修补寺内所藏《宗鉴法林》一书刻板，并刊印流传，这是民国期间大觉寺一次较大的弘法活动。1937年北平沦陷，大觉寺一度被日伪军强占为军事据点，这一时期千年古刹遭到了惨重破坏。新中国成立后，政府在积极保护文物的基础上，对残破的建筑进行了多次维修，今天已基本恢复了明、清两代寺院建筑的面貌。

三、禅宗名刹大觉寺

从佛教宗派上分，大觉寺是一座以禅宗临济宗为主的寺院，为辽、金、元三代的清水院和灵泉佛寺。辽南京析津府地区的寺庙、律院和密院居多，禅院甚少。辽咸雍四年（1068年）《阳台山清水院创造藏经记》载："燕京右街检校太保大卿师赐紫沙门觉苑。"据碑文书写的规制，可知觉苑既是刊碑的主持人，又是募集资金修葺诸僧舍宅和印制经藏的主持人，朝廷所赐爵位极为显赫，据推测觉苑一度兼任主持清水院寺务。觉苑是当时著名高僧，内外典兼通，是一位密宗大师。据此推断，辽代的清水院教理上属于佛教密宗。

金中都时期，佛教崇禅宗，又以临济宗为盛，中都地区寺庙也多为禅院。金代清水院，被金章宗辟为游幸之地，清水院成为佛教禅院兼行宫别苑。元代灵泉佛寺的宗派情况，文献无考。元代初年，元大都的禅宗教派十分兴盛并且发展很快，金中都旧时的一些著名寺院，多为禅宗所占，前朝的清水院，在元初应仍是一处禅林。自忽必烈即位开始推崇藏传佛教，对盛极一时的禅宗教派加以限制，将清水院更名为灵泉佛寺，但其是力主禅宗，还是藏传佛教与汉传佛教兼行，有待进一步考证。明、清两代的大觉寺，一直是北方临济宗弘法的活动中心，特别是清代大觉寺先后出了几位学养较深的临济派高僧，他们对于弘扬禅宗教理、重振宗风，作用不凡。但后来统治者很重视藏传佛教，藏传佛教对于这所敕建禅寺的影响较大。在今天的寺存文物中，带有密宗色彩的佛教造像占有一定的比例。

大觉寺古刹高僧辈出，如辽道宗时期的觉苑，位至公卿，学赡群经，业专密部，名冠京师。智光是明初著名高僧，他精通佛学，广译佛经，一生政教成就卓著。《明史》中有关于智光的记载，称其"历事六朝，宠赐冠群僧"。仁宗时赐号"灌顶广善大国师"，英宗时加封为"西天佛子"。明宣德三年（1428年），宣宗重修大觉寺，特命81岁的智光居住于此，以佚其老，并敕礼官度僧百余人为其徒。宣德十年（1435年）六月，智光示寂于大觉寺，被赐授"大通法王"封号。周吉祥是明代中期的一位高僧，出家于香山永安寺，明成化十四年（1478年）周太后出资重修了大觉寺，周吉祥被任命为僧录司右阐教兼住大觉寺方丈，并兼管番汉僧，主持大觉寺寺务达15年之久，因此大觉寺这座皇家敕建禅院也兼有了太后家庙的地位。迦陵性音是清代早期的一位著名的禅师，为临济正宗第三十四代嗣法传人，深通佛学，独悟禅机，平生著述甚丰，有多种佛学著作传世。清康熙五十九年（1720年），经和硕雍亲王力荐，任大觉寺方丈。胤禛继位后，性音却忽然辞去大觉寺寺务，悄然南行，从此山栖水宿，居无定止。清雍正四年（1726年）秋示寂于江西庐山归宗寺，终而归葬于京师大觉寺，建灵塔于大觉寺南塔院，追赠国师，并赐予"圆通妙智大觉禅师"的谥号。迦陵示寂后，佛泉实安禅师继任大觉寺方丈，他是迦陵的嗣法弟子，临济正宗第三十五代传人，精通佛理，著有《语录》数卷传世。清乾隆九年（1744年）圆寂，其灵塔位于大觉寺之南塔院。

历经千年五个封建王朝的政权更迭，大觉寺在沧桑世事中虽兴衰几度，却衣钵相传。除完整保存的古代建筑群落外，也保留了造像、碑刻、诗文、经板、地契文书、匾额楹联等许多珍贵的佛教文化遗存。大觉寺所藏经板，雕镂讲究，最早的雕于康熙末年，最晚的刊于乾隆初期。经板计有519块，梨木质，片状。内容均为佛教典籍，共8种，大体可分为内典、外集两类，多为迦陵禅师编撰。其中内典为清代高僧语录，5种，分别为《宗鉴语要》《宗鉴指要》《集云百问》《佛泉安禅师语录》《月天宽禅师语录》；外集为当时增削编纂的佛教旧籍，3种，分别为《是名正句》《宗鉴法林》《杂毒海》，包括了中国佛教禅宗六祖慧能而下，以南岳系临济宗为主线的禅宗师徒上堂、小参、普说、垂示、垂代、勘辨、对机、偈颂、颂古、拈古，以及行状、遗诫、遗表、奏对、请疏、塔铭、赞语、序跋、祭文等，约25万言。其中少部分收入清雍正、乾隆年间清政府编印的《龙藏》，但因微妙的政治原因，大部分被雍正帝敕令撤出。而幸存至今的未正式印刷行世的著作，是反映中国封建社会末期禅宗思想、研究清代佛教历史的重要典籍。

大觉寺另有寺藏契约文书百余件，时间上起清康熙下至民国。这些契约文书内容十分丰富，涉及土地制度、宗法制度、赋役制度、风俗人情等多个方面。它们不仅直接反映了大觉寺二百多年来的寺院状况，也间接反映了北京地区整个社会的风貌，具有研究寺院经济、社会风俗、土地制度等多方面的文献价值。

辽代古碑

大觉寺的布局和殿堂建筑

　　大觉寺地处阳台山麓，背倚山峰，现在的大觉寺基本恢复了明清两代寺院的建筑原貌，其布局基本是"伽蓝七堂"制。大觉寺坐西朝东，保留了辽金时期该寺庙面东的原始格局。辽金寺庙最显著的特点就是坐西朝东。这是因为古契丹、女真民族有崇拜太阳的习俗，认为太阳升起的地方神圣吉祥，所以大觉寺的朝向与北京大多数寺庙的朝向迥然不同。在寺院东北的古香道上还有一堵朝向东方的砖砌影壁，上书"紫气东来"四字，也是契丹、女真族"朝日"信仰的反映。

　　寺院建筑随着起伏的山势，依次升高，布局精巧幽深。建筑整体分为五个部分。前导建筑部分包括影壁至山门。中路由山门殿到无量寿佛殿，前后由一条砖砌甬路贯穿东西，形成寺院布局的中轴线，线上整齐地排列着山门、天王殿、大雄宝殿、无量寿佛殿和大悲坛等主体建筑，两侧对称分布着碑楼和钟鼓楼，配殿与主殿以廊相连，屋顶错落有致。殿堂建筑是寺院的主体建筑，是进行宗教活动的场所。南北两侧各有几组封闭式的跨院。南路行宫建筑部分包括四宜堂、憩云轩等院落。北路是僧人居舍，包括方丈院、香积厨等。整个寺庙的后院为附属园林区域，建筑包括龙王堂、畅云轩、领要亭等。寺院占地近4万平方米，东西长约400米，南北宽约100米，平面呈长方形。

　　大觉寺寺院有高大的围墙环绕，山门殿面阔三间，单檐歇山式建筑，门窗呈拱券形，山门两侧有八字墙，正中门楣上嵌有宣德皇帝书"敕建大觉禅寺"。山门两侧置有石狮一对。据说以前山门殿内旧有金刚力士像两尊，惜今已无存，现在的山门殿为1996年在旧址上重修而成，门前石狮亦为后补。

　　进山门，为第一进院落。南北两侧对称分布着碑亭和钟鼓楼，正面是天王殿，中间是功德池。大觉寺是一座皇家敕建寺庙，明清两朝多次得到皇室出资更修扩建，寺内有石碑数通，上面记载了历代建寺修葺的经过，是珍贵的文物。山门两侧有两座碑亭，平面呈正方形，四角重檐攒尖顶，亭壁为红色，灰瓦红墙，气势不凡。亭内各置石碑一通，北侧石碑记载了明宣德三年（1428年）重修寺庙的经过，南侧石碑记载了清代康熙、乾隆年间重修寺庙的情况。碑坐西朝东，为汉白玉石质，螭首龟趺，雕工精美，历经百年沧桑，仍字迹清晰，保存完整。

寺院里设有钟鼓二楼，对称而建。钟楼在北侧，鼓楼在南侧。钟鼓楼底层辟石雕券门，楼东西两面有砖雕花窗。楼内有木梯可登临二层，楼上四面开窗，钟楼内悬有铜钟一口，鼓楼内有架鼓一面。钟鼓是寺院起居行事的号令，也是用于佛事活动的法器。从朝到暮，寺院钟鼓交响，余音不绝。

天王殿面阔三间，进深二间，灰筒瓦，歇山顶，檐下饰有斗拱，明间檐下原悬有巨匾一块，上书"圆证妙果"四字，为乾隆御笔，原物已佚。殿内正中供奉弥勒坐像，南北两侧有四大天王像，原佛像今已不存，现在所供奉的佛像为近年新塑。

穿过天王殿即进入第二进院落，这里是全寺的中心。大雄宝殿是寺内主要殿堂，坐落在1.6米高的石基之上，周围环以汉白玉石栏板，东、南、北三面设有石阶可供上下。殿堂面阔五间，进深三间，单檐歇山琉璃瓦顶，整体建筑方正端庄，气势雄伟，为寺中最大的佛殿。大殿门额上悬挂乾隆御笔"无去来处"九龙漆金大匾，字体刚劲有力。殿内顶部为井口式天花，中有盘龙藻井。殿顶彩画由于年代久远，已经剥蚀不清。殿内还悬有两块慈禧太后手笔匾额，一为"妙悟三乘"，一为"法镜长圆"，字体娟秀醒目。殿内正中有一石砌的须弥座，座上供奉木质漆金三世佛，南北两侧为二十诸天立像。佛像雕造精美，神态端庄生动。此殿佛像皆为原塑，保存基本完好。

第三进院落以无量寿佛殿为主体，大殿坐落在高大台基之上，前面带有月台，周围绕以汉白玉石栏杆。大殿面阔五间，灰筒瓦，歇山顶，门窗菱花均为古钱式，做工精美。檐下九龙漆金大匾上书"动静等观"，为乾隆御笔。殿内供奉一佛二菩萨，中间坐像为无量寿佛，两侧立像为观音和大势至菩萨，木质漆金，背光花纹细腻，雕刻精美。佛像背后有悬塑，上塑观世音像以及一些山水，形象生动，堪称悬塑精品，为清代遗物，至今保存完好。佛殿两侧的十八罗汉塑像系近年新塑，旧像早年残佚。

第四进院落以大悲坛为中心。穿过无量寿佛殿，拾级而上，迎面建有一双层建筑，面阔五间，硬山顶，兽头脊，上层吞廊，并设有木制栏杆。这座建筑为大悲坛，是寺院藏经的地方，故而又名藏经楼。上层檐下横置华带匾一块，上书"最上法门"，为醇亲王手笔。北侧有一座一米多高螭首龟趺的辽代古碑，镌刻《阳台山清水院创造藏经记》碑文。

绕过藏经楼，又是一处清府幽境。中路建筑最高处、寺庙后山园林中，耸立着一座外观与北京城内妙应寺白塔和北海永安寺白塔相近的藏传佛教建筑——覆钵式白塔，又称喇嘛塔。大觉寺白塔即为典型的覆钵式塔，砖石结构，分为地宫、塔基、塔身、塔刹四部分。塔高约15米，下有八角形须弥座，须弥座的束腰中刻有精美的砖雕图案。中部是圆形塔肚，上方是细长的相轮，顶上饰有宝盖。整座白塔造型优美，比例匀称。关于这座古塔的名称、功用、建造年代及背景，辽、金、元、明代文献史料及寺内现存历次重修碑都未提及，仅在清代、民国及近年一些史料中有所记述。近年著作多认为此塔是清代高僧迦陵的墓塔，迦陵是禅宗一代宗师，为临济正宗第三十四代传人。又有考证，高僧迦陵和尚的舍利塔应在寺外西南一公里处的塔院之中，不应在此藏教佛塔。而此白塔塔身既无记载塔主身份的塔铭，又无记载立塔目的和背景的石碑，期待新考古发现和更深入研究。

寺内后山是一座布局精巧、幽深别致的寺庙园林，有白塔、龙王堂、畅云轩、领要亭等建筑。园内古树参天，浓荫蔽日，流泉淙淙，鸟语花香。白塔位于园林最高处，是全寺的最高点，塔旁植有一松一柏，树龄均在500年以上。高大的松柏枝条向白塔伸出，似将塔身围抱起来一样，形成寺内著名的八绝景观之一——松柏抱塔。塔后是一座方形水池，古称龙潭，潭后有一双层建筑龙王堂，两侧石阶可至楼上二层。领要亭位于后院西南角坡上，周围假山叠石，是一座典型的园林式建筑。

南路排列着一组四合院式建筑群，曾是清代帝王的行宫。山坡上的一组建筑形制和规模都与中轴线的建筑不同，富有园林的风格。憩云轩位于南路山坡高台之上，檐下悬挂一块云形匾额，上书"憩云轩"，为乾隆御题，据说是乾隆皇帝休息的地方。院内景致优美，门前的台阶和墙角的护石听其自然，不加雕饰，随意而设；苍松翠柏参天拔地，翠绿青竹亭亭玉立，整个院子古朴雅致。

沿着弯曲小径，转过假山，顺势往下走，进入四宜堂，该堂修建于康熙年间，呈四合院形式，俗称南玉兰院。名噪京师的古玉兰树就在这个院子中，相传为清雍正年间的迦陵禅师亲植。大觉寺的玉兰人人皆知，姿、色、香、古均为北京玉兰之最，花繁瓣硕，色洁香重，一杆一花，刚劲俊逸，堪称一绝。

北路原来僧人居住，有方丈院、北玉兰院、香积厨。香积厨堂前有一用整块大理石雕刻出的水池，原为香积厨取水水池，从龙潭流下的泉水蓄在池中，又从池中顺水道向下流淌，池沿上刻有"碧韵清"三个字。

大觉寺为皇家敕建寺院，深受皇家文化影响，其建筑布局、形制、装饰是封建礼制文化的反映。寺内殿宇宏丽，气势壮观，主体建筑结构坚固，工艺制作精良，古色古香的明代木结构建筑群堪称古建珍品。建筑采用传统的砖木结构体系，台基、墙体和屋顶都具有浓郁的北方特色，又突显出皇家寺庙的等级制度。中轴线两侧的建筑及院落，相较中路建筑降低了高度和大小，从而突出了主要建筑的地位。寺内殿堂的装饰艺术也十分出色，通过对梁、柱、枋、斗拱、天花、藻井、屋顶等结构的艺术处理，用壁画、彩绘、脊饰等多种形式对佛殿的空间部分进行装饰，使得殿堂建筑极具传统风格和宗教色彩。古刹大觉寺是至今保存完好规模宏大的佛寺建筑，其布局和建筑艺术堪称中国古代佛寺建筑中的精品。

大觉寺第一进院落

领要亭

天王殿

钟楼

香积厨

大觉寺园林环境的山和水

坐落在郊外阳台山麓的古刹大觉寺，是一座典型的园林式皇家寺庙。寺院三面环山，前临平畴沃野，景界开阔，中有泉水通过，绕寺环流。得天独厚的地理环境创造了大觉寺天然的山水形态，构成了完整的山环水绕、草木葱郁的景象。

山、水、植物、建筑是构成园林的基本要素，大觉寺寺内后山园林充分利用了可凭借的山形地势、泉水流向和山石，动静结合，产生池、飞瀑、叠瀑、溪流等富有层次、曲折多变、清幽雅致的山水小园林。

大觉寺一进山门的院落中间，即是功德池，又称放生池。池为正方形，池边有棋盘式花栏矮墙，池上正中建一石桥，将水池一分为二，南北两端正中壁上各有石雕龙首，造型古朴，据考是辽代遗物，距今千年，殊为珍贵。过去池中曾养殖有两色荷花，红白相间，争奇斗艳。乾隆皇帝当年曾为此池赋诗一首："言至招提境，遂过功德池。石桥亘其中，缓步虹梁跻。一水无分别，莲开两色奇。右白而左红，是谁与分移。"

在寺庙后院最高处的白塔后面，有一个用汉白玉石砌成的水池，周围护以石雕栏板，上面刻有牡丹花卉的盆景，栏板柱头上雕有石狮四个，姿态活泼，神情各异，据考证为金代清水院遗存。水池西侧壁有一石雕龙首，泉水由龙口吐出，缓缓注入，汇成一长方形碧潭，称为龙潭。泉水名"灵泉"，清冽澄碧，长流不竭，乾隆为之御题诗文："山畔涌天池，淙泉吐龙口。不溢复不涸，自是灵明守。"泉边有一双层建筑，名为龙王堂，位于中轴线的最后。古人迷信，以为这水是龙王赐给的，所以要为它建庙膜拜。

大觉寺的水系是以东西向的泉水为脉络的，与天然地表水流向一致，顺西高东低地势，流淌而下。寺内山泉水源自寺外李子峪峡谷，伏流入寺，池中汇聚成潭。过去泉水流量极大，潭池中砌有一座玲珑的"笔架山"，泉眼就藏在峰的底部，池水回旋，激起巨大水花，形成了"喷泉射窦"的胜景。如今泉水流量明显减少，笔架山也埋伏在池内淤泥当中了。泉水出龙潭后分作两道水线，南路水线出龙潭顺山势下泻，呈三叠飞瀑状，汇于憩云轩后石渠，经四宜堂等院落流入功德池中；北路泉水呈溪流状，随小石渠潺潺流淌，淙淙之声与舍利塔铃相呼应，经畅云轩、竹林、碧韵清池，最后也汇入前院功德池中。当年两股流泉长流不息，从山上往山下望去，两道泉水摇摇摆摆，萦纡环折，犹如二龙戏珠，构成寺内八绝之一的"二龙戏珠"泉水景观。大觉寺早在辽代就因水景之胜而得名"清水院"，双泉贯穿全寺，既作为生活饮用之水，又创造了多层次的水景。长流不息的山泉水，串联了龙潭及大小不同、形态各异的各处水池，形成丰富多彩的水体景观。

大觉寺寺内的假山具有独特的艺术风格，主要分布在憩云轩建筑前后及龙王堂和畅云轩等古建筑附近。憩云轩曾是清代帝王的行宫，轩前有片云状青石铺就的台阶，两侧堆砌山石，假山两旁是青翠竹林，把整个建筑半遮半掩，登上山石台阶方能看到宽敞的主体建筑。假山造型突出了憩云轩的高大轩昂，使之藏而不露，清幽隐秘。寺内后山的西南边有六角形古亭，掩隐在葱绿林木之中，亭子名叫领要亭，为乾隆所赐，惜额已不存。憩云轩后至领要亭一带，地势陡峻，用青石堆叠了大片假山，假山随坡而造，高低错落，连贯起伏，颇具自然山野之意趣。领要亭前则是石块横卧于地，其形如人之睡姿。在这片假山石中，还藏刻有乾隆皇帝游览大觉寺的许多御笔诗文。过去这里曾有泉水顺山势呈三叠飞瀑状奔腾而下的壮丽景观，清代麟庆所著《鸿雪因缘图记·大觉卧游》中有一段优美的文字描写："垣外双泉，于韧鱼跃，其高者东泉，经蔬圃入香积厨而下，西泉经领要亭，因山势三叠作飞瀑，随风锵堕。由憩云轩双渠绕阶而下，同汇寺门前方池之中。"遗憾的是此景早已不存。如今所见"飞瀑流泉"，为近年恢复，其形其势已非当年景象了。假山石中还间杂种植着许多树木，盛夏时节，浓荫蔽日。

憩云轩至寺内最后边一座建筑龙王堂，有一条青石铺成的小道，蜿蜒曲折，顺石阶而上，直达龙潭泉水之旁。龙王堂两侧也堆叠着人工山石，中有石阶可直通二层楼上，此处假山的堆叠使得这座殿堂有了仙山神气。再加上堂前龙潭，波平葱翠，鱼戏莲荷，蓝天、丽日、塔影倒映其中。在憩云轩、四宜堂、领要

241

亭等建筑附近有几株老松古拙遒劲，山石中还间杂种植着许多树木，四时不同，景自天成。

龙王堂北侧高台之上高大的建筑名畅云轩，周围植有大片竹林。龙潭泉水沿着石渠水道顺坡而下，经过竹林，涓涓细流像一条丝带蜿蜒回旋，从轩前经过，一直到坡下的建筑香积厨堂前，流入一个石雕的大水池。池的西沿镌刻"碧韵清"三字，字体古朴，苍劲有力。水池长2米，宽1.3米，深约1米，由一整块天然大理石精雕细琢而成，石上的纹理如玉石般细腻，选材之精，雕镂之细，匠心独运。石质主体呈灰白色，其间夹有乳白、浅紫、墨黑等各种花纹，外形秀丽奇特。池两端各有一个凹口，一为进水口，一为出水口。泉水从出水口流出时与下面的小方池形成高低落差，发出富有韵律的声音。从山上流下的泉水常常夹带着一些落叶泥沙，泉水在流经此池时，由于池深水缓，泥沙逐渐沉积，池子起到了过滤沉淀的作用，从出水口流入功德池中的泉水又变得清澈透明起来。青石绿水，交相辉映，因而得名"碧韵清"。池边这座宽敞高大的建筑物为香积厨，是僧人的食堂，在此处建池为的是方便僧人生活取水。

在北玉兰院曾有一水池，不规则形状，有半米高的青石护栏。池内配有一组曲湖假山石，水池中植有莲花，池边种有两棵玉兰树，小院也因此得名北玉兰院。清池碧水、绿树繁花使得玉兰院清幽秀丽，后因此院重修，水池被填平，当年泉水穿廊跨院的美景消失了。

历史上北京西山泉流众多，泉水丰沛，金代章宗的八大水院之一的清水院选址在此，主要因素当也是这昼夜不舍、奔流不息的山泉水了。泉水不仅是寺内重要的生活用水，同时也是构成寺庙园林风景的重要内容，形成山环水绕的绝妙景致。然而随着时间的推移、生态环境的改变，天然水源渐渐减少，地下水位逐年下降，有许多泉眼已干涸。如今大觉寺内的南路水道已不见水流，唯有北路泉水至今仍汩汩流淌，春天山花烂漫，水道上漂流着散落的花瓣，南路的玉兰院已作为明慧茶院。古寺寂寂，古琴悠扬，于盛开的玉兰花树之下，赏花、品茗、听泉，那碗明前清茶却也飘着杏花的香味，而那叠石假山上的瀑布飞泉只有在大觉梦游中寻觅了。

龙潭

功德池

功德池入水口

243

明慧茶院

北路泉水

大觉寺的花草树木

大觉寺地处群山环抱之中，寺外群山连绵，林木茂盛，寺内古树参天，繁花似锦。寺内共有古树160株，有千年银杏王、300年玉兰，还有百年七叶树、楸树、松柏。花草树木，品种丰富，数量众多。乔木与灌木、常青树与落叶树混杂生长，山花野草，杂错丛生，相映成趣。主要的常绿树为油松、侧柏、白皮松，高大的乔木有银杏、国槐、楸树。灌木之中有连翘、珍珠梅、榆叶梅，生长于南方的修竹也有大面积种植，其间还点缀着枫树、柿树、杏树、核桃树、樱桃树、枣树等。大觉寺的景观以"八绝"最负盛名：古寺兰香、千年银杏、老藤寄柏、鼠李寄柏、灵泉泉水、辽代古碑、松柏抱塔、碧韵清池。其中五绝是寺内古树。千年古寺，林木森森，烘托出庄严、肃穆和优雅的寺庙园林意境。

七叶树　大觉寺现存2株七叶树，其中一棵为一级古树，在方丈院内，栽植于明代，已有500多年的树龄，尤为珍贵。树高10余米，周长近3米，枝干劲拔，郁郁葱葱。夏初开花，花如塔状，又似烛台，远远望去花簇白中泛紫，像蒙上一层薄纱，美妙至极。更为可观的是，这满树的花簇朝天而立，微微向中路主殿方向倾斜，仿佛众多弟子在向佛祖朝拜，为众生祈福。

古银杏树　在无量寿佛殿前北侧，有一株高达30多米，干周长7.5米，六七个人才能合抱的大树，这就是被称为"西山之冠"的雄性古银杏树，此树为辽代所植，已逾千年，号称"银杏王"。每到秋季，南侧的银杏树树冠上挂满金黄色的果实，随风摇曳。北侧的银杏树王，巨冠参天，形同一把撑开的金色巨伞，秋风吹过，黄叶飘落，铺满殿前的地面，金光耀眼。当年乾隆帝曾为此树题诗曰："古柯不计数人围，叶茂孙枝绿荫肥。世外沧桑阅如幻，开山大定记依稀。"

寺内北跨院生长着一棵树形奇特的古银杏，树高20余米，树龄已逾500年，其主干周围生长着9株小银杏，为根蘖所致，可谓"独木成林"。这九棵小树枝叶茂盛，粗细不等，围绕着一粗大主干，人称"九子抱母"，也称"一龙九子"。

寺内靠近山门处的北侧跨院内还有一棵更令人称绝的古银杏，这棵古银杏雌雄共生一体，其根部树干盘绕相缠，很难分清原为两棵古银杏树。到金秋时节，巨大的树冠只有一半结出丰硕的果实时，人们才能分清哪一棵是雌树，哪一棵是雄树，因此这棵银杏树被称为龙凤树。

古玉兰　大觉寺的四宜堂是一座古色古香的四合院，在此院的北堂门西，玉立着一棵清乾隆年间的白玉兰，这就是名噪京华的大觉寺古玉兰。它高达10米，树冠如盖，向以"花繁瓣硕，色洁香重；一杆一花，刚劲俊逸"著称。西山优越的地理环境和灵泉水的滋润，使这株近300年的古玉兰树风姿绰约，花朵繁盛，花香清雅，花色洁白，其姿、色、香、古堪称北京玉兰之最。它是寺中一绝，所谓的"古寺兰香"指的就是它，此院也因此被称为南玉兰院。古玉兰据说是寺内清代住持迦陵和尚从四川亲手移植而来的，又一说是迦陵禅师圆寂后，弟子们遵其遗愿从南方移来的，当时两棵，一棵夭折，现堂门西侧的一棵白玉兰是后来补栽的。寺内的北配院有两棵近百年的白玉兰，是民国时一位常来寺院避暑的官员种植的。

每逢初春，寺内南北玉兰院的几株玉兰花迎时盛开，满树晶莹，如冰似雪，分外绚丽，把深山古刹点缀得古色古香。到大觉寺赏玉兰，很早以前就是一件雅事，文人墨客赏花之时纷纷吟诗作赋，如今院内北房廊壁上还存有清末著名诗画家溥心畲的题壁诗两首，诗词的内容是围绕观赏玉兰的情景而作的。现在南玉兰院已建为明慧茶院，古寺寂寂，钟磬声声，于盛开的玉兰花树之下，赏花、品茗、听泉，不觉中便寄情青山、流泉、禅茶之中了。

古柏　大觉寺内的柏树，古老遒劲，树姿奇特，常被游人赞赏称奇。在功德池桥边的一棵古柏树，树龄已近千年，古拙的树干分枝处曾寄生一棵老藤，得名"老藤寄柏"。当年数根藤条盘曲而上形成奇景，后来藤条又被一棵碗口粗细的小树代替，依旧形成树上长树、一树二叶的自然景观，堪称一绝，如今小树已不存在。

在四宜堂玉兰树的西面，还有一棵巨大的柏树从根部向上一米处分成两大树干，树杈中生长着一棵阔叶树，学名小叶鼠李，是西山一带特有的硬杂木。此树寄生在古柏树上已有百年，至今鼠李树的树冠枝叶繁茂，挺拔壮实，婆娑多姿。"鼠李寄柏"为寺内八绝之一。这两棵古柏，不仅形态古拙，而且树干上还有藤李寄生，形成独具特色的古柏奇观，平添雅趣，堪称京西奇树。

古楸树　在功德池旁边栽有楸树数株，树姿古拙，长势良好，树龄已逾百年。春季满树繁花，花朵形状如同小钟，随风摇曳，白色花冠上点缀着紫色的斑点，令人赏心悦目。大觉寺楸树树体高大、挺拔，花开时节，花朵或落在池边小径，或落在池水之上，晶莹剔透的白色、淡紫色花朵，浮游在池水上，美丽异常。

古松　大觉寺的古松、古柏很多，著名的一株是后院藏经楼高台上的"抱塔松"，树高20米，树龄300多年，其巨冠把南侧舍利塔紧紧围住，"古松抱塔"也是寺内一绝。

白皮松生长在寺内方丈院后院，树高30余米，枝杈分生，枝叶繁密，浓荫蔽院。寺内只有一棵白皮松，树形奇特古雅，树皮呈鳞片状，像贴在树干上面一样，常常自动剥落下来的树皮，会有一股松木清香，沁人心脾。

太平花　落叶灌木，夏季开花，花朵白色，花香扑鼻。大觉寺院内共有三株太平花，一株生长在功德池桥畔，另外两株与玉兰同在四宜堂院内。太平花是祥瑞之花，过去在民间少有，皇室喜欢将其作为赏赐的礼品。按照大觉寺的发展历史判断，大觉寺的这几株太平花应为皇室赏赐，所以它们也见证着这座皇家寺院的今昔。

紫藤　大觉寺内大雄宝殿前面有一棵古藤萝，是生长快、寿命长的紫藤。每年四月下旬开花季节，老桩横斜，茎蔓蜿蜒，浓密的小花密集地长在一个花序之下，犹如串串紫葡萄悬挂在枝叶之间，花团如锦，幽香异常。

金镶玉竹　与参天古树高低呼应，大觉寺内竹林盛茂。竹林集中在北路建筑附近，香积厨后面大片竹林青翠挺拔；天王殿北侧竹林为品种极为珍贵的金镶玉竹，在那嫩黄色的竹竿上，于每节生枝叶处都生成一道碧绿色的浅沟，位置节节交错，如金条上镶嵌着碧玉，清雅可爱，人称"金镶玉竹"。寺内有竹，修以化身，这两处竹子从明代开始，经过数百年的繁衍生长，形成今日的大片竹林。

古玉兰花

金镶玉竹

鼠李寄柏

古银杏树

碧韵清池

寺后白塔

辽代石狮

香水院

妙高峰，峰下法云寺，寺有双泉，鸣于左右，寺门内甃为方塘。殿倚石，石根两泉源出：西泉，出经茶灶，绕中霤；东泉，出经饭灶，绕外垣；汇于方塘，所谓香水已。

——明·刘侗《帝京景物略》

香水院——法云寺的起源和沿革

在海淀区北安河北、妙高峰下原有法云寺，群山环绕，景色幽深，清泉淙淙，此即金章宗的香水院。

法云寺初创年代说法不一。东汉年间佛教传入中国，佛寺也以洛阳为中心向四周扩散，到达中原地区北端的北京。传统说法"先有潭柘寺，后有幽州城"，北京最早的佛寺当属晋代的潭柘寺。但王同祯著《寺庙北京》一书中，认为北京周边地区之前早已存在汉代寺庙。如易县蟠道寺、蓟县香林寺、涞源县阁院禅林；北京郊区的有昌平旧城的香水寺，怀柔县东40公里的昙云寺，密云云峰山上的超胜庵，门头沟区灵水村的灵水寺，房山六聘山的天开寺，海淀后山妙高峰下的法云寺等，这些都是东汉年间（25—220年）创建的。相比之下，西晋年间（265—316年）的潭柘寺要比法云寺晚百年左右。

清光绪初年缪荃荪、刘万源等修纂的《光绪昌平州志》，是当时为《光绪顺天府志》提供的昌平州志资料，在其第九卷《伽蓝记》中记载："香水寺，在州治西南。汉建武五年建。"香水寺的具体地理位置，应是昌平西南的凤凰岭一带。凤凰岭原名驻跸山，《帝京景物略》记载："山在昌平州西南二十五里，高十余丈。石嶂沓危立，相与趋走，状不可驻，西北袤二十里。自金章宗游此，镌'驻跸'字，人呼驻跸山，遂逸其初名。上有台，章宗自题'栖云啸台'四字。"又因"西山三百七十寺"，驻跸山刻有"神山拱佑""神岭千峰"，故又称为"神山"。《光绪昌平州志》也记载："又二十一里曰神山。一名神岭峰，亦名驻跸山。昌平山水记：山之南有栖云啸台，高二丈许，金章宗建亭于此。"在昌平州西南二十五里的驻跸山，石皆壁立，石顶呈白色，金章宗到此玩赏，镌刻下"驻跸"二字，山南有金章宗题名的"栖云啸台"，山下有金章宗的石床、石斧等遗迹。香水寺应该就是指位于驻跸山以南妙高峰下的金章宗的行宫香水院，香水院之名应该是出于此。

查阅曹子西主编的《北京史志文化备要》一书，其中写道："妙高峰香水院，在海淀区大觉寺以西七王坟，为金章宗八大水院之一。唐代于此建佛教圣地法云寺，山门内筑石砌方池，左右双泉汇注，金章宗命名香水院，并立碑以志。今庙宇已毁，但方池尚存。"法云寺初创于唐代的说法多见于一些文献，虽然都没有明确出处，但在唐代是佛教圣地已被公认。可以推断，东汉年间的"香水寺"于唐代改称"法云寺"，金章宗在原法云寺基址上，辟行宫香水院。明刘侗、于奕正《帝京景物略》记载：

过金山口二十里，一石山，鬅鬙然，审视，叠千百石小峰为之，如笋张箨。石根土被千年雨溜洗去，骨棱棱不相掩藉。小峰屏簇，一尊峰刺入空际者，妙高峰。峰下法云寺，寺有双泉，鸣于左右，寺门内甃为方塘。殿倚石，石根两泉源出：西泉，出经茶灶，绕中霤；东泉，出经饭灶，绕外垣；汇于方塘，所谓香水已。金章宗设六院（此误，应为八院）游览，此其一院。草际断碑，"香水院"三字存焉。塘之红莲花，相传已久，而偃松阴数亩，久过之。二银杏，大数十围，久又过之。计寺为院时，松已森森，银杏已皤皤矣。章宗云，春水秋山，无日不往也。

文中明确法云寺即金章宗的香水院，明时仍称法云寺。香水院是在原寺院的基址上辟建，计寺为院时，塘内的红莲相传已久，偃松荫广，银杏十围，可知寺院的历史久远。此处峰峦巍峨，丛林秀美，泉流潺湲，金章宗感慨地说，春水秋山，无日不往。依此说，香水院应为金章宗春水秋山之行宫。

明袁中道《珂雪斋集》记载：

妙高峰去沙河四十里。远视之，惟一山；逼近，则山山相倚如笋箨，皱云驳霞，极其生动。其根为千年雨溜洗去，石骨棱棱。每山穷处，即有小峰如笔格。法云寺枕妙高峰最高处。近寺有双泉，鸣于左右。过石梁，屡级而上，至寺门。内有方池，石桥间之，水泠然沉碧，依稀如清溪水色，此双泉交会处也。其上有银杏二株，大数十围。至三层殿后，乃得泉源。西泉出石镈间，经茶堂、两庑，绕溜而下；东泉出后山，经蔬圃，入香积而下，会于前之方塘，是名香水也。山石虽倩，更得此水活之，其秀媚殊甚。有楼，可卧看诸山。右有偃盖松，可覆数亩。故老云：金章宗游览之所，凡有八院，此其香水院也。金世宗、章宗俱好登眺，往往至大房山、盘山、玉泉山，而其中有云春水秋山者，章宗无岁不往，岂即此地耶？

此文与《帝京景物略》描述的法云寺相似，只是袁中道猜测，法云寺似乎就是章宗于中都近郊春水秋山之所。

清吴长元《宸垣识略》卷十四也有类似记载：

> 法云寺在西山后妙高峰下，有双泉鸣于左右。寺门内甃为方塘，殿倚石，石根两泉源出焉。西泉出经茶灶绕中溜，东泉出经香积厨绕外垣，汇于方塘，所谓香水也。金章宗设八院游览，此其一院。草际断碑，"香水院"三字尚存。

清孙承泽《天府广记》卷三十五和《光绪顺天府志·寺观二》记载法云寺，都引用了《珂雪斋集》袁中道的叙述；清于敏中《钦定日下旧闻考》记载法云寺，则引用了《帝京景物略》《珂雪斋集》的原文。

法云寺的两股泉水最为著名，引人驻足，有许多诗词赞美。袁中道曾赋诗《法云寺》，盛赞双泉："直北西山曲，峰峦似剑铓。近皴飞雨点，高岭入星光。西水浸茶灶，东泉绕饭堂。双流鸣玉雪，滚滚赴黄粱。"朱彝尊题香水院诗："坏磴接云根，流泉来树底。宛转入僧厨，淙淙鸣不已。"华亭释宝律题《法云寺》："山回不见寺，仄径有人迎。峰黛皆过画，花幽莫辨名。避炎秝树合，催雨瑗云生。独喜无尘事，流观泯泯清。"

法云寺山泉景色绝佳，文献中的记载都是明末时法云寺的一些基本建筑和园林环境的描述。进入寺门，有一方池，上有石桥将方池间隔为二，最后面有三层殿堂，依靠着山石。有双泉源出，西路泉水从山根的石罅流出，流经茶堂和两处廊庑，沿屋檐流下；东路的泉水从后山流出，经过蔬菜圃园，流入香积厨，绕外墙而下。两路泉水汇于寺门前的方塘，方塘中有久远的红莲，周围是巨大的古松和银杏树。寺院内还有楼阁可远眺诸山……文献中对于建筑布局的描述并不清晰完整，而至于法云寺的法嗣沿脉和元代及明初的情形状况，史料中却无从发现。根据金代遗存的草际断碑推断，金元、明初八大水院多数毁于

254

战乱，香水院应该也遭到了重创，而且元明时期也没有得到大规模重建，所以随着时间推移而逐渐圮废。

直到清末，法云寺被辟为道光皇帝第七子醇亲王奕譞的陵寝，陵寝布局广阔，分阴宅和阳宅两部分。1869年，醇亲王奕譞选址在法云寺旧址上修建陵墓，初期慈禧拨银五万两。历时五年多，园寝初步建成，为其阴宅。1891年醇亲王病故，两年后葬进妙高峰，其陵墓即为"七王坟"。园寝北侧，与阴宅隔山沟相望，有一组依山而建、层层升高的五重院落，这就是七王坟的阳宅，为奕譞生前的"退潜别墅"。

爱新觉罗·奕譞（1840—1891年），字朴庵，号九思堂主人，又号退潜主人。为道光帝第七子、咸丰帝之弟、光绪帝生父，母为庄顺皇贵妃乌雅氏，其大福晋为慈禧太后胞妹。他是晚清政治家，光绪初年军机处的实际控制者。道光三十年（1850年）被封为醇郡王。咸丰帝死后奕譞与恭亲王配合慈禧太后发动辛酉政变，得到慈禧太后重用。同治三年（1864年）加亲王衔，同治十一年（1872年）晋爵醇亲王。光绪帝正式即位后，奕譞被两宫太后授予亲王爵位"世袭罔替"的殊荣，并于光绪十一年（1885年）负责总理海军衙门，光绪十六年十一月二十一日（1891年1月1日）奕譞病逝，谥号曰"贤"，葬礼格外隆重，庙制和祭礼都按照皇帝的规格办理。慈禧临奠，光绪"诣邸成服"，"葬以王，祭以天子，立庙班讳"。奕譞与侧福晋所生的五子载沣则继承醇亲王封号，载沣的长子溥仪为清朝末代皇帝。

醇亲王奕譞一生爵高位显，尊荣备至，但谦恭谨慎，明哲保身，对文学和园林颇为喜好。奕譞多次来退潜别墅避暑闲居，看花、赏月、品茗、观瀑、读书，留下很多诗作，他在《九思堂诗稿续编》中有诗题称："余自同治戊辰西山养疴，旋营圹于妙高峰下，十年以来，山居吟咏俱编入《退潜别墅存稿》。"这些诗篇和样式雷遗留的图档，成为今天了解这座园林最直接的重要文献依据。

历经一百余年，虽然隆恩殿、朝房、流杯亭等已倒塌毁坏，部分建筑物也破败受损，但七王坟园寝规模依然清晰可见，部分房屋建筑还有保存。1984年，七王坟被确定为北京市文物保护单位，阴宅得以保护，阳宅现归一机关单位使用。

碑亭

神道石阶

妙高峰七王坟

清道光皇帝第七子醇亲王奕譞之墓，又称七王坟，墓址为金章宗西山八大水院之香水院遗址，背倚风景幽丽的妙峰山。墓园建筑群坐西朝东，前方后圆，依山而建，层层递上，在北京西山历代修建的陵寝古墓中，七王坟规模最大、保存完好，为清代亲王陵墓杰作。

金章宗于唐代法云寺旧址上建立的香水院，有双泉从殿后的石罅间涌出，分别绕雷而下，汇于寺前方塘。池中生有花色灼灼的红莲，池畔有枝叶森森的卧松，荫广数亩，还有两株银杏，大数十围，高耸挺拔，历来被视为风水宝地。

同治七年（1868年）夏天，奕譞因病告假，在蔚秀园小住旬月，复往西山响塘庙避暑。此次休假，奕譞看中妙高峰之上吉风水，选择此地作为自己的园寝。在七王坟阳宅的北跨院有一通卧碑，正面刻有奕譞写作并手书的一首长律及小序，其中详细记载了选择确定园寝地址的经过。《同治戊辰九月十九日看定妙高峰风水志喜并序》记：

是庙（响塘庙）为太临王照录、王正光等创建，皆随余旧仆也，素性朴诚，行复清洁。遁世山居深洽余宿好，偶话及是处林峦之妙，王照录因余尚无园寝，深为系念，告余山南有九龙口者，九峰环抱，局势颇佳，欣然请堪舆托某往视，奈伊竟无可否。秋间闻有堪舆李唐，字尧民，深通斯术，于是请假邀与俱往，周视上下，据云山高地狭，万难适用，乃索然思返。王照录复告以山北最高之峰名妙高峰，盍往视之，余尚夷犹，护军校色可图、太监曹进寿从旁敦劝，姑为一游。北行二十余里，甫露峰峦，尧民即遥瞩称善，至则层峰巍峨，丛林秀美，遍山流水潺湲，其源澄澈如镜。山高三里许，凭凌一望，目极百里，洵大观也，尧民深赞不已，指古松西北为来正脉，点穴最佳，余喜极，不复狐疑，一言断绝，念斯事切要，而余看择风水如此之速，又如此之佳，实王照录之力也，喜吟长律记之。

257

从自述中可以看出，因钟情妙高峰极佳风水，奕譞在他去世前20多年的1868年，即他还不满30岁时，便着意营建自己的园寝了。

奕譞对此处风水情有独钟，赋长律表达："螺鬟殊解意，鹤膝严成形。石凑玲戏骨，林开锦绣屏。细流分径曲，斜日印渊淳。鱼漾千头碧，龙盘百尺青。奇缘钟造化，佳气郁峥嵘。"长律中还注明李尧民说妙高峰形如鹤膝，为金象最佳。

卧碑的右侧诗及小注，记载了购买山地、修建坟茔经费的来源："深公只解巢由隐，支叟无由谢俗缘。何幸平生遭际盛，圣明钦赐买山钱。"旁边有行小字："买山建茔蒙慈恩圣恩赐银五万两。"1869年，醇亲王奕譞修建陵墓，慈禧拨银五万两。历时五年多，园寝初步建成。奕譞逝世后，又陆续添建抱厦、月台、燎炉、官兵营房、福晋陵墓等，到光绪二十五年（1899年）完工。整个园寝所耗经费银两，仅账册有据可查的，即达276 000多两。

醇亲王墓建筑群横亘于山前台地之下，东面开阔，南、西、北三面冈阜萦回，远处群峰起伏，南北两侧又有山溪潺潺而下，形成典型的山环水抱之局。其格局遵照清代亲王墓的规制，在层级台地上依次设置碑亭、石拱桥、门殿、享殿和宝顶。整个建筑群沿东西中轴线形成颇为壮观的空间序列，东西长约200米，南北宽约40米，四周筑有围墙。阴宅依山势分为三层，自下而上修建，庄严肃穆。来到墓地，首先纳入视野的是一道高高的岩石垒砌的墙壁，中间是一条斜起的台阶甬道，即墓地的神道，仰面望去，是层层上升的台阶，最上端仅可隐约看到功德碑楼顶端黄色的琉璃瓦，难以望见其他建筑。神道中间为台阶，两侧为青砖平铺的斜面，共由三层阶梯组成。数阶而上，前两层共计99级，第三层12级，总计111级，可见设置的讲究。迎面便是黄琉璃瓦歇山顶碑亭，四面辟券门，四周一片开阔，碑亭旁有古松荫蔽，亭中立赑屃驮负着高大光洁的石碑，光绪御书，满汉两种文字撰写，为其父歌功颂德。

碑亭后面便是月牙状池塘，池塘两壁有四个向内注水的兽头，而今池水干涸。河池上跨石拱神桥一座，该桥坡度极为陡峭且无台阶，过桥再登两排青石台阶，便是园寝的正门——隆恩门及南北朝房。隆恩门面阔三间，中间辟为大门，绿琉璃瓦硬山顶。门前平台宽广，两株古松姿态飘逸古雅，意境绝佳。门前的北朝房经百年的风雨剥蚀，已陈旧破败，南朝房已毁，仅存遗址。过隆恩门有两株高大的白皮松，人称之为"白袍将军"，门内正面原为主殿隆恩殿，仅存殿基。过享殿再拾阶而上，入陵门，为一半圆形院落，即墓地的宝城部分。

墓院用高高的半圆形弧墙围起，院中有宝顶四座，正中最大的宝顶，是七王和他的大福晋叶赫那拉氏的合葬墓。叶赫那拉氏是慈禧太后的胞妹，慈禧为了拉拢七王，指定了这桩政治性的婚姻，奕譞的二子载湉即是后来的光绪皇帝。墓院北侧有一座较小的宝顶，埋葬着七王的侧福晋颜扎氏。颜扎氏本内务府一名秀女，慈禧为进一步笼络七王，选来特赐给七王，两年后颜扎氏病死。宝顶前竖着一通青石短碑，阴面刻着奕譞的一首七律，此诗在奕譞的诗集中题为《钦奉懿旨颜扎氏追封侧福晋敬纪》，全文如下："流芳遗挂都无迹，丹棘青棠莫慰情。戚戚鸡窗悲维帐，煌煌鸾诰降瑶京。梵文妙谛千华藏，仙馔奇珍七定羹。没受殊恩生拜赐，旁妻几见此哀荣。"南边两座埋葬的是侧福晋刘佳氏和李佳氏，南墙外另有几座小墓冢，埋葬着七王早殇的几位子女。

醇亲王陵寝旧址有林木之胜，墓院中有30多株高大的白皮松，墓院后是一片松柏林，古木参天，寂静幽深。明代《帝京景物略》和《珂雪斋集》均记载此处有两株高大的银杏，"计寺为院时，松已森森，银杏已幡幡"；袁中道记妙高峰法云寺也提到："近寺有双泉，鸣于左右……此双泉交会处也。其上有银杏二株，大数十围。"金代时银杏已被视为古树，晚清只剩一株，位于阴宅西墙外的陵寝之侧。此银杏树生长近千年，数人合围，树冠荫及数亩地。而由此引发的一段故事使醇亲王死后也难安。前文提到的奕譞在看定妙高峰风水的卧碑诗中句下有注："老松高六丈许，银杏一株，围三丈五尺，清阴盈亩，垂实累累，皆数百年物也。水源出石罅，周砌以石，鱼游千余头，堪舆云是生气。"光绪二十三年（1897年）四月，位于宝顶之侧的银杏树被"懿旨锯去"。曾任礼部主事的王照在其所著《方家园杂咏纪事》中对此事作了详细记载。内务府大臣英年，兼步军总兵，素讲堪舆，曾为慈禧太后择定普陀峪万年吉地。他急于升官，见皇帝与太后不和，便向慈禧太后献媚："醇亲王园寝有古白果树一株，高十余丈，树阴数亩，形如翠盖，罩在墓上，按地理有帝陵之象。而且白果的白字，加于王字之上，明明是个皇字，于皇家本支不利，应请旨速伐此树。"慈禧欲立即命人将树砍去，受到光绪帝阻抗，于是慈禧亲自带内务府人前往醇亲王园寝将树砍伐。光绪帝听闻急忙命驾出城，奔至红山口，遥见亭亭如盖的白果树没了踪影，不禁号啕大哭。连哭二十余里，至园，太后已去，树身倒卧，数百人正围着砍树根。周围还挖了十余丈的深池，用千余袋石灰沃水灌其根，以防止复生芽蘖。光绪帝默然无语，步行绕墓三周，顿足拭泪而归。光绪帝的师傅、大学士翁同龢光绪二十三年（1897年）五月初七日的日记也明确记载道："园寝有银杏一株，金元时物，似前月廿三事，懿旨锯去。"

清朝覆亡后，这里的地面建筑没有遭到大的破坏，只是抗战时期曾有人乘机盗掘醇亲王墓室。后因为北京城市建设和水库建设需要，先后拆除征用了墓地和花园的部分石料。1984年，整座园寝和退潜别墅以"醇亲王墓"建筑群的名义被公布为北京市重点文物保护单位，此后得到有效的保护和局部修缮。

石拱神桥

月牙池

池塘内的神兽出水口

隆恩门

墓院宝顶

白皮松

退潜别墅的园林建筑

在七王坟北侧，与阴宅隔山沟相望，有一依山而建、层层升高的五重院落，这就是七王坟的阳宅，奕譞称其为"退潜别墅"。

同治七年（1868年）九月，奕譞开始预营自己的园寝，同时也不断改造周围地形，建亭造榭、移花栽木以作游赏之所。同治九年（1870年）奕譞先在附近的一个山湾建造了留春亭和小隐山房，之后又在西侧山坡上建舒啸轩作为临时居所。光绪初年在内务府样式房的协助下，奕譞将园寝的阴宅部分全部修建完成，还在北侧建成一组完整的别墅花园作为阳宅，之后又在附近梨树沟添建香雪亭，在双莲峰续建灵泉庵、栖云亭和桃园小榭。

醇亲王园寝与退潜别墅连为一体，坐西朝东。从整体格局来看，阴宅建筑平面与清代园寝规制吻合，为前方后圆。其格局遵照清代亲王墓的规制，在几级台地上依次设置碑亭、石拱桥、门殿、享殿和宝顶。退潜别墅位于园寝北侧，与园寝平行，平面略呈反写"凸"字，后侧围墙并未如园寝一般修筑成平整的弧形，而是顺应地势走向，呈不规则花瓣形，对比之下，既有园寝之庄重，又表现出别墅之轻松、活泼的建筑特征。

退潜别墅自东向西依山势而建，东西总长近190米，宽度约75米，前后共有五进院落。阳宅的大门形制如同城关，东侧院墙采用砖砌城关的形式，东南角辟有拱门，其上有"隔尘入胜"四字题额，门内为宽阔的夹道。通过夹道旁的边门进入第一进院落，是一个横长的院子，东边设一排倒座房，是看院人和仆人的住室和车马库，南北两边各开一个边门，西面的高台以上有南北两路院落。沿高台两侧石阶而上，便是第二进南路院落，院门为三间卷棚硬山顶正门，门上曾悬"退潜别墅"匾额。二进院落为前庭后院的布局，西为五间正房"纳云堂"，院左右各有三间厢房，分别为"待月轩"和"抚松室"，院中对称种植4株油松，奕譞《纳云堂即事》曾描述过此处景致："山云深处学云停，松盖翻涛翠罨庭。檐下野禽声不断，吟诗相答静时听。"纳云堂后由南北爬山游廊和卡子墙围合而成的小院，辟为竹池、花圃；再后面院子的正房为院落的主体建筑，为一座七间祠堂，祠堂前挖有长条形水池一方。古人云，"凡以器斟酌于水谓之挹"，祭祀之前手掬清泉，荡涤尘埃，方恭拜先人，以示至诚至孝。南北厢房各三间，北为"挹清芬"，南为"吟（唫）翠黛"。最西的院子面积较小，设有后罩房七间，南有圆形水池一眼，泉水从山谷汇入方池经石渠引入醇亲王园寝和退潜别墅，作为景观用水及生活用水，房和水池现已不存。以上是南路的院落，共四进。

北路为三进院落，北跨院为别墅花园。自垂花门入第一进院，是一座别致的小花园，它也是花园的主体部分。四周沿墙围以假山，叠石嶙峋，树木葱茏。院内两旁分立一亭一房，东南方的山巅建有亭曰"吟（唫）秋亭"，六角攒尖，通往亭的山石题有"拨云蹬"三字。东北侧建房名"卧云山房"，面阔三间，现仅存台基遗址。北侧"洗心"一间；院落中央凿一湾曲池，溪水蜿蜒而过，池上架设曲桥曰"湾转桥"，现桥已不在；池西是一座三间单檐歇山顶水榭敞厅，曾名"水镜堂"，后悬"邱壑前缘"额，不设门窗，四面开敞。敞厅内有石碑一通立于须弥底座之上，正面镌刻同治七年（1868年）奕𫍽亲笔所书《九月十九日看定妙高峰风水志喜并序》，记录园寝选址的经过，背面刻光绪十五年（1889年）慈禧太后嘉奖奕𫍽的懿旨。院内西侧沿上层台地的边缘堆叠假山，正中山洞上有一个题有"藏真"的石窟，偏北处为"寒漱"小池，其上引水作小瀑布，池边山洞斗室之上刻"洗心"二字，而今瀑布和小潭均已干涸。

绕至敞厅之后，由石间小径穿屏门而出，可至北路第二进院落——进深较小。北侧建有两层三间的"会心楼"，楼前两方小泉谓之"牡丹池"；南面正对宗祠院落的北厢房为"挹清芬"，此屋北檐下另悬"延春榭"匾额，身兼二用。第三进院落布局更为紧凑，北侧为面阔、进深各三间的"味道轩"，当年被奕𫍽用作卧室。这些建筑通过游廊向上延伸将"吟翠黛"和"延春榭"相接后继续延长，串接祠堂、味道轩及会心楼，名曰"觅旬廊"。味道轩西南另有三间名为"静因"的小室，南连耳房一间，其名颇有佛意，壁有友人李竹庵所画梅花数株；味道轩对面是一座方形平面的流杯亭，背依宗祠北山墙，悬"逸少遗风"匾额，亭中曲水可流觞，泉水由西房后的石槽引来。现亭只剩下凿有蜿蜒水渠的石台基，味道轩和静因室均废。

　　从南路院落后罩房或北路院落静因室穿过屏门，进入一座开敞院落，溪流穿院而过，往西跨过石桥，来到一层台地，在中间位置设一处独立的院落，东为砖砌门楼，门内西侧为五间高大的正房"澹远斋"，前廊下有一株耸天古柏，旁各一耳房，两侧配房各三间，由正房、两配房围合而成的院子外南北两边各有房一座三间，院落应为主人休息、居住之所。沿澹远斋南北两面顺山势堆砌的踏垛往上，即为退潜别墅最后一进院落。此处地势高敞，视野开阔，半圆形顺地势而围合的西院墙之下竹木丛生，掩藏着三间"攀丛山馆"，屋前放置了一对须弥底座的石桌，院内散置石凳石椅，此处是品茗弈棋、纳凉赏月之所，俯瞰山林秀色，别有情趣。奕譞有《雨中望攀丛山馆作》吟咏此处景物："万壑阴容雨未开，篔筜深处小徘徊。披衣试茗泉初汲，卷幔看山云又来。檐角奇峰张笋箨，树头矮崖傲楼台。棒芒刈尽栽花木，也似人寰干济才。"这座阳宅构思精巧，顺乎自然，清幽静谧，寄意悠闲，俨然是一座修身养性的别墅。

　　醇亲王阴阳宅后面靠山坡下有一大片空地，这里是香水院、法云寺之原址及"香水"的发源地。绕小路到此，只见荒草杂木间散落着许多石筑构件，空地中有遗存的建筑基址，院中有泉水池，被青石和铁皮覆盖，现在仍有泉水流出供附近居民饮用。醇亲王在将此地建为阴阳宅后，又于此修了鱼池及亭台，并在山石之上多处题字，使其成为享受山水乐趣之雅地。在山根处有大片散乱的堆石，曾经是堆叠的假山，下方可见水池的基址，水池上方发现刻有"徼潭"二字的石头，徼潭上方，叠石林立，一块2米高的青石上刻着"漱石枕流"，还有"挂月""洗心""插云""煮松影""翠萝风""渔乐"等石刻。往上是一片松柏森林，古树叶密荫浓，山坡上有一巨石矗立，刻有"云片"两个大字，背面刻着"一卷永镇"，据说这些刻字都是奕譞的手迹。

　　除了主体院落之外，园寝周围的山坡上，还散落着多处独立的景点建筑和一些附属设施。与别墅隔河相望的北面山坡上有"缋秋草堂"三间，光绪十五年（1889年）初春时节，奕譞前往退潜别墅闲住，曾记云："自缋（秋）草堂筑已七年，今始一至，园中叠石此院为最。"顺山向西有"灵泉庵"和"栖云"，各三楹，坐北朝南；别墅西面沿蜿蜒山路向阳台山方向依次为"香雪亭""小隐山房"和"留春亭"，应四时气象，早春赏景、盛夏避暑、金秋登高、隆冬赏梅。

醇亲王奕譞隐退之后，收拾纷扰繁复的政治生活中的无奈心理，寄情山水，使心灵得到安顿与慰藉。退潜别墅用典题名富含诗意，是主人审美情趣、精神境界和园居者当下生活的表达，是清代私家园林的成功之作。

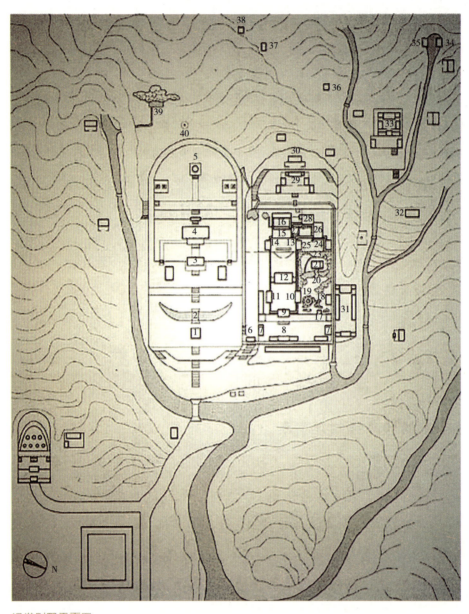

退潜别墅平面图

1. 北亭；2. 石拱桥；3. 门殿；4. 享殿；5. 宝顶；6. 隔尘入胜；7 边门；8. 侧座房；9. 正门；10. 待月轩；
11. 抚松室；12. 纳云堂；13. 挹清芬；14. 吟翠黛；15. 宗祠；16. 后罩房；17. 垂花门；18. 卧云山房；
19. 吟秋亭；20. 曲桥；21. 丘壑前缘；22. 洗心；23. 藏真石窟；24. 会心楼；25. 延春榭；26. 味道轩；
27. 流杯亭；28. 静因；29. 沧远斋；30. 攀丛山馆；31. 马圈；32. 缋秋草堂；33. 暂安处；34. 灵泉庵；
35. 栖云亭；36. 香雪亭；37. 小隐山房；38. 留春亭；39. 泉流发源处；40. 古银杏

图片来源：《北京西郊退潜别墅》(贾珺，马之野)。

花园敞厅和水池

曲水流觞

游廊外墙

香水院发源处及假山、水池和题刻

灵水院

参差云影几千重，高出云鬟迥不同。
金色界中兜率景，碧莲花里梵王宫。
鹤惊清露三更月，虎啸疏林万壑风。
试拂花笺为摹写，诗成任适自非工。

——金章宗

灵水院——栖隐寺的初创

栖隐寺位于京西门头沟樱桃沟村东北部仰山之上，也称仰山栖隐禅寺。明蒋一葵《长安客话》云："仰山峰峦拱秀，中顶如莲花，旁有五峰，曰独秀、翠微、紫盖、妙高、紫微。中多禅刹。以在西山外更西四十余里，故人迹罕到。"仰山在西山之外四十余里，形如莲花，有独秀、翠微、紫盖、妙高、紫微五峰，辽金时期这里禅道兴隆，高僧辈出，成为皇家恩宠之地，是著名的皇家寺院。金代章宗游幸至此，建立了八大水院之灵水院。

栖隐寺的初创时间有几种说法。其一是唐代说。《门头沟文物志》中记载："唐朝末年，沩仰宗北传幽州，其门徒在西山创建仰山院。五代后梁开平四年，寺院《铸钟碑》称该寺名为'幽州幽都县仰山院'。"《元一统志》记载了碑文内容：

栖隐禅寺在宛平县。在仰山，有梁开平四年铸钟记。碑云：幽州幽都县仰山院。又按寺记：金天会戊申，青州禅师受德真通辩大师之请，住持此山，丛席大备，禅道兴隆。世宗大定壬午岁，太师尚书令南阳郡王请于朝，赐名栖隐。明昌五年八月戊寅，章宗临幸仰山，赐钱兴建大殿、佛像、经藏。

这段记载说明，栖隐寺在五代时后梁开平四年（910年）就已存在，属地为幽州幽都县，最初寺名为仰山院，金世宗于大定壬午年（1162年）赐名栖隐寺。

在通向仰山的山道旁，曾发现多处在粗糙的石壁上凿刻的摩崖石刻，虽然有些字已经风化缺损，但多数字体还可以辨别出来。岩面自右至左竖刻"古仰山栖隐寺碑记自唐……国朝虽屡经修葺"等字样。该摩崖石刻为清光绪年间重修仰山寺时所刻，其中提到的仰山寺创自唐朝一说，为考证仰山栖隐寺创建年代提供了一条线索。

其二是辽代说。元代赵孟頫奉敕撰写的《仰山栖隐寺满禅师道行碑》云："栖隐寺始建于辽，至（满禅）师为二十六代。"《光绪顺天府志》记载："栖隐寺，古刹遗址，明正统间重建也，在仰山。寺始于辽。（寺院册。按：赵孟頫仰山栖隐寺满禅师道行碑称，寺始建于辽，至师为二十六代，则又不自金始矣。今据补。）"关于创建于辽代的说法，没有查到更多出处。有学者出于史源学方面的考虑，认同辽代说。

其三是金代说。许多文献有关于仰山栖隐寺创建于金代的记载。明刘侗、于奕正著《帝京景物略》卷七记载：

仰山去京八十里……崖壁无有断处，是名仰山岭。有村焉，是名仰山村。曲折上而北，一峰东南有瀑练下，涧水源也。又上又折，是名仰山。山上栖隐寺，金大定寺也。峰五，亭八，章宗数游，有诗刻石，亡数十年矣。断石三，其一山场榜，上刻大兴府西连山等字。相传药王药上二童子炼药此，今药碾药池存苑草中。宣德间重修之，而学士刘定之记。又莲花峰下有小释迦塔。岁梨花时，山则银色。实时，所苦险僻，市不得致，僧熟梨餐之，干梨糗之，不胜食，以供雀鼠，雀鼠亦不胜也，落而为泥，以粪树，树亦勤花实。

文中明确说栖隐寺建于金大定年间，有五峰八亭，竞相争秀，章宗多次来此游玩，制诗题刻。栖隐寺成为章宗入庙进香、游玩和秋山游猎的行宫，为章宗八大水院之——"灵水院"。宣德年间曾经重修，但明崇祯时栖隐寺已经衰落，仅存一些断石、碑刻、药碾等。

明宋启明撰《长安可游记》中的记述与上文相似，有断石记载栖隐寺于金大定年间初建："下黄牛冈口，取仰山道转一冈，为南庄，复历峻坂，土中有三断石，读之乃知为大兴府西连山栖隐寺，金大定初建。有五峰八亭，章宗屡游之，尝题诗刻石，今亡矣。惟二碾药铁轮尚存，又有学士刘定之记。绝顶曰莲花峰，有舍利塔，右一峰为笔架峰。八亭惟列宿、招凉可记，余俱为雅驯。"明时栖隐寺除了约碾、碑记尚存，还有舍利塔，八亭只有列宿、招凉二亭可记。

明翰林院学士刘定之撰《重修仰山栖隐寺碑记》，碑云："京师之西，连山苍翠，蟠亘霄汉，所谓西山是也。仰山乃其支垄，而蜿蜒起伏，特为雄胜。所止之处，外固中宽，栖隐寺据之，创始于金时。金之诸王屡尝临幸，有章宗所题诗在焉。"

清代文献多沿袭此说。《天府广记》记载："金大定寺，章宗建，有诗刻石。今改栖隐寺，在仰山。今石刻尚存。"《康熙宛平县志》记载："至仰山村，曲折北上，又上又折，登其岭，仰山也。山上栖隐寺，金寺也。"《日下旧闻考》多处引用《燕山纪游》《续文献通考》《长安客话》《长安可游记》等，认为仰山栖隐寺创建于金代。

栖隐寺最早的创建时间说，是认为其源于北魏时期修建的隆寿寺。近年出版的《千年禅刹隆寿寺志》较系统地介绍了仰山栖隐寺的历史沿革，中国佛教协会名誉会长一诚大师为书作序：

京西隆寿寺肇始于北魏孝文帝太和十八年（494年），代代有高僧驻锡大行禅法，领众修行，法炬明耀，从者云集，盛极一时。当时九州法源皆出于此，深入中原，涉及南亚，远播高丽、日本诸国，一大禅林，名威四海，傲立佛门，历世而名满天下。其寺兴盛于东魏、北齐、北周、隋、唐五朝，历宋辽金元明清而不衰，香火绵延至今。史载隋唐之际，时有江西袁州（今宜春市）北上幽州传法的沩仰宗法嗣湖南籍僧人住持京西，发愿中兴，为尊法嗣而定名仰山院。辽时更名仰山寺，时为刻印契丹版《大藏经》之要地。明清以降，隆寿寺历经变迁，代代虽有遭劫兴废之难，然亦朝朝能承名，名冠燕京至幸。

这段序言说明隆寿寺为栖隐寺的前身，但现有史志文献没有查到唐以前隆寿寺的记载，有待从佛教文献寺志中再去考证。

仰山栖隐寺的历史沿革

　　唐朝末年昭宗时，沩仰宗北传幽州，其门徒在西山创建仰山院。仰山之名实本出江西，今江西省宜春市大仰山集云峰下的栖隐寺，为慧寂禅师所创，是禅宗"五家七派"中的沩（山）仰（山）宗祖庭之一。慧寂圆寂后，他的弟子得其真传，北上幽州传播沩仰派之法。当他来到幽州西的一座山下，见四周群峰叠翠，仿佛张开的莲花瓣，中心的小山如莲心胎座，很像江西仰山禅宗祖庭的形状，于是这位高僧在此建立寺院，名为"仰山院"。

　　自后晋时期燕云十六州被割让给契丹后，幽州的仰山院归属辽国。辽代时仰山院扩建，改称"仰山寺"，皇家开始重视它，划定了寺院周边范围和庙产归属，现在妙峰山地区就在寺院的管辖范围。当时仰山寺已拥有广阔的山地种植玫瑰花，并提炼玫瑰油贡纳朝廷。仰山寺也是当时编纂印刷辽代《大藏经》即著名的《契丹藏》或《辽藏》的重要场所，对佛教的传播发展起到了重要作用。

　　到了金代，金天会六年（1128年），著名的曹洞宗高僧希辩和尚（史称辩公和尚或青州长老）住持仰山寺。希辩在禅寺开坛言法，四方僧徒汇聚仰山研学禅法，曹洞禅风远播。金世宗大定二年（1162年）赐寺额为"仰山大栖隐禅寺"，仰山寺改称仰山栖隐寺。

　　《续文献通考》记载："大定二十年正月，敕建仰山栖隐禅寺，命元冥颢公开山，赐田设会，度僧万人。"金大定二十年（1180年），金世宗敕建仰山栖隐禅寺，由皇家出钱，命高僧元冥颢公开山建寺，赏赐田产，举行法会，度僧万人。此时的栖隐寺规模极其宏大，享誉海内，栖隐寺由此成为名副其实的皇家寺院。金章宗于明昌五年（1194年）八月临幸仰山，再度修建大殿、经藏阁，精造佛像，栖隐寺在金代达到了辉煌鼎盛时期。

　　《宸垣识略》卷十五记载："仰山栖隐禅寺，金大定间建，命元冥颢公开山，赐田设会，度僧万人。泰和中，主事僧奏请万松老人住持。"章宗泰和年间，栖隐寺奏请让燕京著名的佛教领袖人物万松老人行秀出任仰山栖隐寺住持。万松老人名万松行秀，金元时期高僧，善于机辩，佛学造诣和儒学研究皆很高深。

275

这一时期，万松行秀倡法仰山，继续弘扬曹洞禅宗，一时栖隐寺名声大振。万松弟子众多，当时著名的政治家耶律楚材向其学习佛法，"冒寒暑，无昼夜者三年，尽得其道"。耶律楚材对万松行秀推崇备至，认为他身集禅宗之曹洞、云门、临济三派特长，"抉择玄微，全曹洞之血脉；判断语缘，具云门之善巧；拈提公案，备临济之机锋"，为一代佛学大宗师。据说万松圆寂后，其弟子分建多塔供奉其舍利子，北京西城区西四现存的那座八角九级砖塔就是其中之一，号万松老人塔。

金章宗时期万松老人住持的栖隐禅寺香火极盛，为燕京之最。章宗与万松老人交往深厚，二人交往的故事被后世传播。章宗入庙行香，多次向万松垂问时政，万松对答提供建议。

《日下旧闻考》引耶律楚材《湛然居士集》，收录了一则关于章宗和万松老人的趣闻：

> 仰峤丛林为燕京之最，泰和中，主事僧奏请万松老人住持，上许之。万松忻然奉诏，其后章庙秋猎于山。主事辈白师："故事车驾巡幸，本寺必进珍玩，不尔则有司必有诘问。"师曰："富有四海，贵为一人，岂需吾曹珍货哉？"手录偈一章，有"成汤狩野恢天网，吕尚渔矶浸月沟"之句，诣行宫进之，大蒙称赏。翼日章庙入山行香，屡垂顾问，乃御书诗一章遗之。车驾还宫，遣使赐钱二百万，使者传敕，命师跪听。师曰："出家儿安有此例？"竟焚香立听诏旨。

金代因皇室贵族尊崇提倡，寺院经济较发达，常以余力举办公益事业，如舍药和赈饥。舍药大多就在寺内设置药局，施与贫民。其制之创，始于青州希辩禅师，后各地相继效仿，成为普遍的做法。

金元著名文学家、历史学家元好问撰《少林药局记》对此有记述：

> 少林英禅师为余言：昔青州辩公初开堂仰山，自山下十五里负米以给大众。其后，得知医者新公，度为僧，俾主药局。仍不许出子钱致赢余，恐以利心而妨道业。新殁，继以其子能。二十年间，斋厨仰给，而病者亦安之。故百年以

来，诸禅刹之有药局，自青州始。兴定末，东林隆住少林，檀施有以白金为百年斋者，自寇彦温而下百家。图为悠久计，乃复用青州故事，取世所必用、疗疾之功博者百余方，以为药，使病者自择焉。僧德僧浃靖深而周密，又廉于财，众请主之。故少林之有药局，自东林隆始。局事之备，迨予三年矣。予幸以文记之。

仰山栖隐寺因希辩禅师创议，寺内设有药局，至民国期间尚有药王殿，殿前铁药池一，铁轮大小各一，并有药王、药上二童子像。此举是中国佛教的首创，除起到扩大教化的作用，还与民间需要很好地结合起来，弥补了民间缺医少药的状况。这种制度的延续，直到20世纪七八十年代还有迹可寻，在百花山显光寺、斋堂灵岳寺、上清水双林寺都有保留。清末民初和尚们既禅修，又学医，并为乡民出诊看病，为贫苦百姓送医送药，解除病患，形成以医养寺的特色。这一京西山区独特的社会现象，传承延续至今已800多年，创始人青州希辩禅师备受景仰。

元大德年间（1297—1307年），皇子海山镇守北疆时，向仰山栖隐寺施钱万贯造文殊菩萨像。元至大年间（1308—1311年）海山登基为帝（元武宗）后，又施钱扩建栖隐寺，在山中建尊胜佛塔一座，凉亭两座，称为明远亭、观光亭，为仰山增添了多处胜迹。元皇庆元年（1312年）元仁宗登基为帝后，派工部尚书郑伯颜率工匠修葺、扩建栖隐寺，"凡土木之故而敝者，画图之；久而漫者，咸易而新之"。又垒巨石为高台以扩大寺基，有的垒石高达百余尺。增建殿、堂、亭、台，又造普贤、观音菩萨像，连寺内陈设"凡几格供张什器之物，靡所不备"。此次大加整修后，仰山栖隐寺金碧辉煌，焕然一新。

元初大文学家、书法家赵孟頫奉敕撰写了《仰山栖隐寺满禅师道行碑》，《日下旧闻考》引碑文略：

师名行满，字万山，俗姓曾氏。其先出东鲁曾子后，祖仕江右，遂为太和人。至元庚辰至仰山，有会心处，遂留薙发，礼泽庵为师，更今名。又参学四方，云门临济，皆得其髓。大德癸卯，仰山学者请师归旧隐，声闻大振。梵僧宣政使沙克嘉实哩、功德司大使年札克策喇实相慕为道友。武宗在北边，下令施钞万贯，造文殊菩萨像，思幸其寺，施金百两，银五百两，钞六万贯，赐号佛慧镜智普照大禅师。勒尚方造织成金龙锦缘僧伽大衣，穷工极巧，经岁乃成。命有司作尊胜塔于东岭，及建明远、观光二亭，以备临幸。盖栖隐寺始建于辽，至师为二十六代云。铭曰："峨峨仰山，如青莲华。中有宝坊，古佛之家。天王卫门，地神扶栋。参差珠阁，葳蕤金凤。郁郁青松，罗苍玉林。清风过之，振海潮音。住此山中，有大禅老。宴处寂静，万缘皆了。师以佛心，为国回向。遍恒河沙，功德无量。"

沿袭金制，栖隐寺在元时期仍然是巍峨辉煌的皇家寺院。当时禅宗的另一著名高僧为万山行满。至元十七年（1280年）由老家山东北上大都，至仰山，先后拜泽庵、素庵为师，深得云门，临济二宗精要。成宗大德年，遂于仰山栖隐寺升堂说法，自是"声闻大振"。武宗时，赐其号为"佛慧镜智普照大禅师"，并为其织造金龙锦缘僧伽大衣，"穷极工巧"。仁宗即位之初，又"制授师银青荣禄大夫、司空"。藏传佛教一派的领袖人物，如宣政使相迦失里、功德使大司徒辇真吃刺思等，亦与其相结交，研讨佛理，时有往还。

元末明初，栖隐寺一度荒废。明朝永乐初年，西域梵僧时年92岁的吉祥大师"知栖隐胜景，惜其废燹，基存，意将鼎建"，后由其徒智广禅师在宣德年间（1425—1435年），受明宣宗钦命重建仰山寺。明沈榜《宛署杂记》记载："栖隐寺，在仰山，金时创。宣德年僧智广有道行，钦赐住持。"明天顺三年（1459年），翰林院学士永新刘定之撰《重修仰山栖隐寺碑记》，《日下旧闻考》引碑文史略记：

历年既久，寺宇因而废燹，惟址尚存。自大金自我朝永乐之初年，有西域吉祥上师知栖隐胜境，惜其废燹，基存，意将鼎建。时年九旬有二，遽然圆寂。其徒智广禅师龆年从学，已得旨趣，有志峥嵘，不负师愿。宣德间，禅师以道明德播，遂承钦依，重开仰山，为第一代住持，是果了师愿力。正统丁卯，司礼监太监王公振暨司设监太监吴公亮，同举诚心，施资财以造焉。至天顺戊寅秋，又得（缺六字）及惜薪司中贵吴公琪等，大舍己资，鼎建殿宇，庄严金像，廊庑阶级，焚器僧舍，云厨碑石，悉已完毕，焕然辉耀。请予文以彰重修之由，永垂悠久。

这段文字透露了元末明初栖隐寺的大致情形。明初，元王朝虽退出大都，但蒙古军队不时南下袭扰北京，西山一带寺观多被蒙古军焚毁，栖隐寺也没有侥幸逃过，碑文中废燹的"燹"，释义为野火，多指兵乱中纵火焚烧，所以只存了基址。宣德年间，智广禅师不负师愿，重修仰山栖隐寺。明英宗正统、天顺年间，大太监王振、吴亮和吴琪奉敕旨先后捐巨资重建，英宗特赐寺额，殿宇庙堂又焕然一新。

清代栖隐寺日渐凋敝，又经修建。光绪二十二年（1896年），清内务府三品顶戴玉斌（字兰圃）题仰山道石刻记中称：仰山栖隐寺自唐代始创，大殿、群房、山门、佛像庄严。此后一千多年屡经修葺，至清末"壁均有倾颓，而佛像亦有损坏"。自光绪十八年至二十年（1892—1894年），殿宇、佛像、钟楼、墙垣均"竭力重修"，至光绪二十二年（1896年）全工告成。

清末妙峰山香会兴旺一时，仰山栖隐寺于每年四月举行药王庙会，香火极盛。民国初年，奉宽于1914年以后在妙峰山寻访古迹，记录摹抄其附近的庙宇、村庄、碑碣、塔像风景，经数十年的专门研究、考证，汇著《妙峰山琐记》。在其卷四中对仰山栖隐寺建筑做了详细记载："现在寺额，为光绪癸巳年（1893年）己酉月题。后殿奉关帝、药王、碧霞元君诸像，皆新塑者。"

奉宽又记："寺常住者，久非僧侣。光绪以来，历归内务府人玉兰圃斌及李宫监文泰经管。国变后又易新主矣。"

抗日战争全面爆发后，日本侵略军炮轰仰山寺，使寺院残破不堪。新中国成立后特别是"文革"中仰山栖隐寺剩余的建筑物遭到人为破坏，房梁、柱子被拆，寺内高大的古树被砍伐，当作燃料或建筑材料被运走，寺内80多座辽金元时期的佛塔被炸得支离破碎，被当作垒建"大寨田"的原料，最终仅余三座佛塔，仰山栖隐寺彻底被毁。

1995年北京史地民俗学会专门派出小组深入昔日妙峰山朝顶进香古盘道及娘娘庙考察，常华著《妙峰香道考察记》，记载了南道上的栖隐寺："寺内正院前殿奉关帝，二殿奉药王，后殿奉碧霞元君像，为清末重修。"清末栖隐寺也经过重修，但是从供奉的碧霞元君像来看，应该是与当年妙峰山兴盛的香会有关，已经不再是以往的栖隐禅寺了。

2015年妙峰山镇樱桃沟村出土民国九年（1920年）刻仰山栖隐寺残碑，专家推测，此残碑证实民国时期又对仰山栖隐寺进行重建，并将寺周围的地形地貌刻于碑后，以昭示后人。

近几年，因当地搞旅游开发，寺庙建筑正在逐步恢复之中，寺外的一圈高大围墙为该寺的原有建筑，围墙是用金代勾纹方砖层层垒砌的，触目皆是。金元时期，寺外僧塔多达800余座，为当时北京地区最大的塔林，寺院历经劫难，现只剩几处残垣、碑碣、古塔和辽砖。

古人有诗赞仰山曰：

步尽艰难岭外村，又盘又折始山根。

风飞柏雨归悬瀑，月拥梨云照石门。

场榜古苔亭迹隐，碾池细草药香存。

五峰登罢不能去，向路回望客意频。

昔日辉煌的仰山栖隐寺，而今却只能在史籍碑刻中仰止回望了。

仰山形胜和栖隐寺行宫的建筑遗存

仰山栖隐寺建于仰山之巅，仰山明代以前遍指妙峰山地区，明代以后广义的仰山又名仰山岭，大致为牛心坨延绵至仰岭十八盘，属妙峰山东南方位。《元一统志》记载："仰山在宛平县，按旧记有云：有仰山者，苍翠砗矼，窈窕邃深，冠出岩壑之上，如尊特之坐朝贱幼者。风雨晦明，寒暑凋荣，千态万状，莫可得而形容也。"奉宽《妙峰山琐记》记载："自（樱桃沟村）而东，而北，登峰造极，是为仰山。有栖隐寺。寺以五峰为屏，天然奇胜，所谓'仰峰莲顶'是也。绝顶曰莲花峰，亦名级级峰，俗名牛心坨，有佛舍利塔，俗谓镇山塔，今圮。"仰山苍翠高耸，窈窕深邃，五峰形如莲花，仰峰为莲花顶，栖隐寺坐落其中，以五峰为屏，为天然奇胜。

我们先随明刘侗、于奕正《帝京景物略》的记载，来领略从京西磨石口到仰山栖隐寺，一路艰辛跋涉的过程和山间景致：

仰山去京八十里，从磨石口，西过隆恩寺……村数百家。村尽，出浑河崖，河水赤浊如血，沸涌声力，动摇两岸，岸草木错愕立。八里，过军庄，道如栈，内倚绝壁，外临绝壁。下窥水作仄浪，不得流，其声战战，逢潭鼓钟，过石擂炮。凡行者正面目前，履逐目处，壁左右容肘，乃行也。步步余地，踵约趾开，踝左右交过，容两足并，乃行也。崖道窄，又窄处，不成行已。拊壁移踵以过，既过，相顾胁息，目乃瞬睫，色青黄无定。上一峡，截然流中，波弱者回，怒者啸，盛者飞崖上作雨。二里，望一林，辣辣翳翳，枣园也。渐河声小，入山深矣。崖壁无有断处，是名仰山岭。绕岭数十，入桃源村，山多岩洞，昔人避兵岩洞中。又入峭壁，又见洞流。壁上秋开花五色，菊也，紫铎也，金铃也。石色忽紫忽碧，洞石中边泉，空空，见水中石，不见水也。洞左右度，泉石亦左右变。有村焉，是名仰山村。曲折上而北，一峰东南，有瀑练下，洞水源也。又上又折，是名仰山。山上栖隐寺，金大定寺也。峰五，亭八，章宗数游，有诗刻石……又莲花峰下，有小释迦塔。岁梨花时，山则银色，实时，所苦险僻，市不得致，僧熟梨餐之，干梨糗之。不胜食，以供雀鼠，雀鼠亦不胜也。落而为泥，以粪树，树益勤花实。

古代，永定河又称浑河，流经西山峡谷地段，两岸山势对峙陡峭，水流湍急，夏季常常洪水暴涨，泥沙俱下，每多灾患。去往仰山栖隐寺山路须沿着永定河的河谷前行，山路狭窄，悬崖峭壁，河水喧腾，十分险峻；绕仰山岭，过桃源村，达仰山村，曲折北上，见东南山峰瀑布，再折上才到莲花顶的仰山栖隐寺，五峰八亭尽收眼底。虽路途艰险，但途中也有美景相伴：山石、草木、涧泉、瀑布、春花、果实……仰山栖隐寺的地理环境，足以满足古刹圣地的选址条件。

金章宗喜欢这里的景致，常游幸仰山，栖隐寺为出行游猎、进香的行宫，是八大水院之一的灵水院。对于当时行宫的建筑形制文献中没有记载，而作为行宫部分的八亭记载却较多。然而，随着时间的推移，八亭也早已消失，遗迹不可考，文献记载也有差异，但从这些记载中大致也可以窥见当时行宫的规模之大了。

《元一统志》记载："仰山，山之旁惟有峰曰独秀、曰翠微、曰紫盖、曰妙高、曰紫微。山之寺亭前后有曰列翠、曰万山，西有潇然、妙高，东有回星、临源，废址尤在。寺有金章宗游幸此山制诗刻石。"

仰山五峰为独秀峰、翠微峰、紫盖峰、妙高峰、紫微峰；栖隐寺前后有八亭，分别称作列翠亭、万山亭、潇然亭、妙高亭、回星亭、临源亭，还有漱玉亭，另一亭名已失传。这里的五峰八亭由金章宗亲自定名。章宗与住持万松行秀交往深厚，常与之对答时政，相谈甚好，为了表达对万松行秀的崇敬，特将仰山东门突出的一座山峰命名为"独秀峰"，取意为一峰独秀，应万松行秀法名中的"秀"字，因此，独秀峰也被称为"行秀峰"。

明代天顺年间栖隐寺再次重修，翰林学士刘定之奉敕撰写《重修仰山栖隐寺碑记》，描绘了仰山五峰形胜，重新命名了五峰八亭。《日下旧闻考》引碑文略记：

京师之西，连山苍翠，蟠亘霄汉，所谓西山是也。仰山乃其支垄，而蜿蜒起伏，特为雄胜。所止之处，外固中宽。栖隐寺据之，创始于金时。金之诸主，屡尝临幸。有章宗所题诗在焉。固以宗奉其教之故，亦爱其景而然也。今其遗迹犹可指数者，五峰八亭，北曰级级峰，言高峻也，有佛舍利塔在其绝顶。西曰锦绣峰，言艳丽也。锦绣峰之外，有水自西折而南，又折而东，水外正南为笔架峰，自寺望之，屹然三尖，与寺门对，出乎层青叠碧之表。寺东曰独秀峰，西曰莲花峰，是为五峰。金主之幸寺也，群臣从之。与寺东山口有接官亭，又至于寺东有回香亭，又至于寺门，双亭对峙，东为洗面亭，西为具服亭，盖将由此以入谒于佛也。寺之正北有列宿亭，列宿之东北有龙王亭，亭下水一泓，清而甘，南流入于方井。龙王之东北有梨园亭，寺之西北有招凉亭。招凉、梨园皆最上，在级级峰左右，是为八亭，皆金主所尝至也。环寺之地若干里，章宗以定四至：东则羊头石，南则豆平石，西则铁岭道，北则塔地庵。刻之于碣，以为寺永业，民不得与焉。浴有堂，葬有塔，列近与寺。山林有收，田园有熟，悉入于常住。

刘定之撰写的碑文，称五峰易名为级级峰、莲花峰、笔架峰、独秀峰、锦绣峰，八亭为龙王亭、列宿亭、招凉亭、具服亭、洗面亭、接官亭、回香亭、梨园亭。

根据刘定之碑记，仰山一带山峦雄胜，当年以栖隐寺为中心，北部级级峰是仰山一带最高峰，峻拔险要，绝顶建有佛舍利塔。西部锦绣峰，艳丽俊秀，青松翠柏簇拥，其峰下有泉眼，泉水自西折而南，再转向东。南为笔架峰，正面对栖隐寺，故站在寺内向南望之"屹然三尖"。东为独秀峰，东岭建有尊胜塔，又名六郎塔。栖隐寺所处位置为莲花峰，此即为五峰。

八亭是皇帝带领大臣游幸时的必经之处，由于先要焚香礼佛，所以八亭就有了接驾的功能，是迎拜、净面、更衣、降香、赏花、纳凉、饮宴、休宿之所在，由此也表现出恭迎皇帝临幸的庄重威严的仪式感。除了皇帝到栖隐寺进香拜谒，来此的朝廷官员也甚多，特别是万松老人住持时，故特设八亭。

接官亭位于樱桃沟村北上栖隐寺的山口处，为迎接来寺要员的地方。具服亭与洗面亭位于栖隐寺山门外，双亭东为洗面亭，西为具服亭，为来此谒佛之人提供服务。列宿亭位于栖隐寺正北，其东北为龙王亭，亭下有泉水一泓，清而甘甜，南流八方井。龙王亭之东北为梨园亭，招凉亭位于栖隐寺之西北。梨园亭、招凉亭并列级级峰左右，位于最高处。回香亭位于栖隐寺山门以东，为进香后出山门必经之地。

奉宽在《妙峰山琐记》中对刘定之碑文内容做了如下评论："所云笔架峰与寺门相对；《长安可游记》谓绝顶莲花，左右一峰为笔架峰，与刘碑异。所云寺始于金，亦未见赵松雪满禅师碑记也。"

早期的栖隐寺具体规模和建筑布局史料上没有详细记载。唐和五代时期的仰山院，寺庙规模不大，但也有数十僧人。辽代仰山寺周边妙峰山的玫瑰园在当时都是仰山寺的庙产。到了金代金世宗重修仰山寺，赐额"仰山大栖隐禅寺"，栖隐寺成为皇家行宫寺院，度僧万人，规模极其宏大。直到金章宗再度修建，寺院面积达一万平方米，而环寺之地若干里，仰山栖隐寺达到鼎盛期。金章宗在四面立界石，作为寺界，刻石定为寺业；百姓不准入内，僧人不能轻易外出，林田有收成，沐浴有堂，入葬有塔。至元代时，又经武宗、仁宗扩建重修，栖隐寺规模仍为"燕京之最"。

明清后有史料记载仰山栖隐寺的规制：仰山栖隐寺依山而建，自山门起，建筑层层升高。寺内建筑分为三路，寺庙坐北朝南。中路为山门、天王殿，前院有观音殿，后院有罗汉殿三间；西路前院为方丈院，有北房七间，东西厢房各三间，后有藏经房七间，最后一间为狐仙殿；东路有药房五间，后院有药师殿五间。寺院整体为南北长、东西短的长方形，围以虎皮石墙。中路的天王殿、观音殿和正殿均为重檐九脊黄琉璃瓦顶，表示此为皇家寺院。明清时期的栖隐寺是在原废燹的基址上重建的，规模远不及金元时期。

清代栖隐寺日渐凋敝，有关遗存史料零星有记，《日下旧闻考》记载：

仰山栖隐寺今仅存明碑一，翰林院学士永新刘定之撰，天顺三年立。据刘碑，山有五峰八亭，今八亭内惟龙王亭改为龙王庙，余址不可考矣；栖隐寺碾药铁轮二，今尚存，外又有铁池一；仰山东岭尊胜塔今尚存，明远、观光二亭亦废，赵孟頫碑亦久无存。

民国初年奉宽《妙峰山琐记》记录了当时的遗存：

东岭之尊胜塔，土名六郎塔，今尚存。塔下有水一泓，曰马刨泉。又有溜马亭旧基。俗并以宋杨延昭事迹实之。以地位名义考之，似即刘碑所云接官亭，赵碑所云明远、观光二亭也。寺西北山脚林薄中，有证公和尚及灵泉果公和尚灵塔多座，今皆亡恙。现存者只有：药王殿前铁药碾池一，铁轮大小各一，颇巨。东院明天顺三年翰林学士刘定之碑一。此外，寺西僧塔多座。寺门阶栏，有觚形石幢半段，微有字迹。碑额一，篆书"转大藏经报恩"字，皆不知何代物。

在仰山栖隐寺的北面山下，是该寺最大的塔院，这是仰山寺历代高僧长眠之地，金章宗亲自划定的栖隐寺北界即为塔地庵。自辽代始，这座塔院最"盛"时有七八百座和尚塔，蔚为壮观，堪称北京地区最大的塔林之一。历经日本侵略、"文革"动乱等破坏，塔林已毁坏殆尽。如今只有三座残墓塔，均为金元时砖石密檐塔，其中的一座组合塔独具风格，是京西为数不多的异形古塔。在塔院遗址东侧，一石雕水槽长约1米，判断附近原有泉眼，泉眼之上即为龙王亭遗址，现仅存部分基石，旧时的"亭下泉水一泓"早已不见，金章宗的灵水院的泉水大概出于此处。

现今仰山五峰依然雄在，愈加苍郁高峻，而八亭及元时增加的另外二亭则无一存在，自龙王亭遗址东南行，正对寺北墙山涧处，可判断出列宿亭具体位置，只是无迹可寻。梨园亭处于寺北的另一座山峰之上，其位置已确定。具服亭和洗面亭均位于寺山门外的第一层台地，位置明显，仅存部分基石、残砖。

金章宗游幸仰山栖隐寺，题诗刻石早已无存，所幸被文献记载：

参差云影几千重，高出云巘迥不同。
金色界中兜率景，碧莲花里梵王宫。
鹤惊清露三更月，虎啸疏林万壑风。
试拂花笺为摹写，诗成任适自非工。

如今，兴盛辉煌一时的栖隐禅寺废毁后仅剩下了几处残垣、几块辽砖和三座残塔，"金色界中兜率景，碧莲花里梵王宫"的繁盛景象成为历史。

八大水院

泉水院

玉泉山，山以泉名。泉出石罅间，潴而为池，广三丈许，名玉泉池。……水色清而碧，细石流沙，绿藻翠荇，一一可辨。池东跨小石桥，水经桥下东流入西湖，为京师八景之一，曰『玉泉垂虹』。玉泉山顶有金行宫芙蓉殿故址，相传章宗尝避暑于此。

——明·蒋一葵《长安客话》

泉水院——芙蓉殿及玉泉山风景建设

玉泉山位于颐和园西五六里，六峰连缀，逶迤南北，是西山东麓的支脉，在山之阳，"土纹隐起，作苍龙鳞，沙痕石隙，随地皆泉"。明蒋一葵《长安客话·玉泉山》记载："玉泉山，山以泉名。泉出石罅间，潴而为池，广三丈许，名玉泉池。池内如明珠万斛，拥起不绝，知为源也。水色清而碧，细石流沙，绿藻翠荇，一一可辨。池东跨小石桥，水经桥下东流入西湖，为京师八景之一，曰'玉泉垂虹'。玉泉山顶有金行宫芙蓉殿故址，相传章宗尝避暑于此。"玉泉山的泉水清而碧，澄洁似玉，故称"玉泉"，有"天下第一泉"的美誉，山也因此被称为"玉泉山"。山上有金章宗创建的避暑行宫芙蓉殿，又称芙蓉阁或芙蓉宫，是金章宗八大水院之一的"泉水院"。

玉泉水从山上石罅流出，潴而为池，池名为玉泉池，池东跨小石桥，水经桥下东流汇入西湖（今昆明湖）。明刘侗、于奕正著《帝京景物略》，描写了玉泉山一带的流泉、湖光、山色和古迹遗存：

山，块然石也，鳞起为苍龙皮。山根碎石卓卓，泉亦碎而涌流，声短短不属，杂然难静听，絮如语。去山不数武，遂湖，裂帛湖也。泉逆湖底，伏如练帛，裂而珠之，直弹湖面，涣然合于湖。盖伏趋方怒，虽得湖以散，而怒未有泄，阳动而上，泡若沫若。阴阳不相受，故油中水珠，水中亦珠，动静相摩，有光轮之。故空轮流火，水亦轮水，及乎面水则泄，是固然矣。湖方数丈，水澄以鲜，深而浮色，定而荡光，数石朱碧，屑屑历历，漾沙金色，波波紫紫，一客一影，一荇一影，容无匿发，荇无匿丝矣。水拂荇也，如风拂柳，条条皆东。湖水冷，于冰齐分，夏无敢涉，春秋无敢盥，无敢啜者。

此段描述尤为精彩，似随着作者的脚步移动，从玉泉山开始，由远及近，山、泉、湖一一映入眼帘，这里描写到玉泉山、裂帛湖和湖底逆流而出的泉水，文笔隽雅、清新别致，寥寥数语，便写出了湖光山色，有声有色、有静有动，形象生动、情趣盎然。

去湖遂溪，缘山修修，岸柳低回而不得留。石梁过溪，亭其湖左，曰望湖亭，宣庙驻跸者，今圮焉。存者，南史氏庄。又南，上下华严寺，嘉靖庚戌虏阑入，寺毁焉。寺存者二洞：华严、七真。洞壁刻元耶律氏词也，人曰楚材者，讹。又南，周皇亲别墅，今方盛。迁而西，观音庵，庵洞曰吕公，今存。昔吕仙憩此，去而洞名也。又北金山寺，寺今荒破，未废尔。寺亦洞，曰七宝。是诸洞者，惟一华严，洞中度以丈，丈三之，其六曰洞，可狸鼠相蔽窥也。

离开裂帛湖，绕石梁过溪水，有望湖亭、宣庙（已圮）、南史氏庄、上下华严寺，以及华严、七真二洞等一系列建筑遗存。又往南，有周皇亲别墅，周皇亲即崇祯皇后周氏之父周奎。往西有观音庵、吕公洞。往北便是荒破未废的金山寺和华严诸洞。

径寺登乎山，望西湖，月半规，西堤柳，虹青一道，溪壑间，民方田作时，大河悠悠，小河箭流，高田满岬，低田满碱。今湖日以亭围，堤柳日以浓，田日以开。山旧有芙蓉殿，金章宗行宫也。昭化寺，元世祖建也。志存焉，今不可复迹其址。

从寺的山径登上山，可瞭望西湖全景，堤岸边溪壑间开田农作，一派江南水乡景色。山上过去有金章宗行宫芙蓉殿，元世祖在此修建了昭化寺，这些都存于史志记载，明时其遗址已不可寻了。

玉泉山以泉著名，历代不乏赞美诗歌。《帝京景物略》中《玉泉山》一文后汇编诗赋八十余篇，咏赞玉泉之山、泉、湖、亭、寺。明曾棨赋诗描绘了泉绕芙蓉殿的旧日美景：

跳珠溅玉出岩多，尽日寒声洒薜萝。秋影涵空翻雪练，晓光横野落银河。潺潺旧绕芙蓉殿，漾漾今生太液波。更待西湖春浪阔，尊罍再听濯缨歌。

关于玉泉山有金章宗行宫芙蓉殿的说法，史籍多有记载。

《金史·地理上》记载："宛平，有玉泉山行宫。"

明蒋一葵《长安客话》记载："玉泉山顶有金行宫芙蓉殿故址，相传章宗尝避暑于此。"

清缪荃荪《顺天府志》引《元一统志》记载："玉泉山……山顶有芙蓉殿遗址，故老相传金章宗尝避暑于此。"

清孙承泽《天府广记》记载："玉泉山在京西二十余里，山顶悬崖旧刻玉泉二字，水自石罅中出，鸣如杂佩。金章宗行宫芙蓉殿之故址也。半岭有吕公岩，广盈丈许，深倍之，相传吕仙宴坐处。""五湖朱长春记云：游自玉泉山始。其泉流为西湖，玉河发焉。其上又有洞，其顶有故金芙蓉宫址，章宗避暑宫也。"

清于敏中《日下旧闻考》记载："青龙桥西为玉泉山，金章宗建行宫于此，元明以来皆为游幸之所。""静明园在玉泉山之阳，园西山势窈深，灵源浚发，奇征趵突，是为玉泉。山麓旧传有金章宗芙蓉殿，址无考，惟华严、吕公诸洞尚存"。引《戴司成集》云："玉泉在京城西三十里西山之麓。有石洞，泉自中而出，洞门刻玉泉二字，泉味甘洌。上有石岩，名吕公洞。其上有芙蓉阁，金章宗避暑处。其在山之阳者，泉自下涌，鸣若杂佩，泓澄百顷，合流而入都城。逶迤曲折，宛若流虹。"《前溪集》亦云："相传金章宗避暑于此，上有芙蓉殿，漫不可寻，但黄榛碧瓦而已。"

清吴长元《宸垣识略》记载："玉泉山在瓮山北青龙桥西，金章宗建行宫于此，元明以来，皆为游幸之所。本朝康熙间修葺，圣祖赐名静明园。"

金章宗多次游幸玉泉山行宫，《金史·章宗纪》有详细记载："明昌元年（1190年）八月……壬辰，幸玉泉山，即日还宫。""明昌四年（1193年）三月……甲申，幸香山永安寺及玉泉山。""明昌六年（1195年）夏四月……丙子，幸玉泉山。""承安元年（1196年）八月乙酉，猎于近郊。癸丑，幸玉泉山。""泰和元年（1201年）五月……壬戌，幸玉泉山。""泰和三年（1203年）三月……甲午，如玉泉山。""泰和七年（1207年）五月……己丑，幸玉泉山。"金章宗共计七次游幸玉泉山。皇帝出行必有浩浩荡荡的随行人员，芙蓉殿就是供其休息宴居的行宫。李濂题玉泉山诗："章宗避暑玉泉山，宫女随銮到此阁。昔日翠华歌舞地，于今犹见五云还。"

以上关于金代章宗开创玉泉行宫的文献，是玉泉山风景建设最早的文字记载。金章宗将此处泉水命名为"玉泉垂虹"，它作为"燕京八景"之一而闻名。金初曾引玉泉山水向东南流入高梁河，以补充大宁宫附近水量之不足，明人王英《玉泉》诗云："山下泉流似玉虹，清冷不与众泉同。地连琼岛瀛洲近，源与蓬莱翠水通。出洞晓光斜映月，入湖春浪细含风。道迢终见归沧海，万物皆资润泽功。"诗中描写了引玉泉水入中都的情况。

自辽始，经金、元、明、清历代，玉泉山都是皇帝游幸避暑之地，吕公岩、上下华严寺和金山寺至明代时已成为旧址遗迹。

《长安客话》记吕公岩："玉泉山有吕公岩，相传纯阳往来处。下临一潭，广丈余，水净苔深，绝无世间寒燠。"又记华严寺："玉泉山有古台基三，即辽金元主游幸之地，故名上下华严。登玉泉之巅，望华严在燕云缥缈，神秀然，山为增胜。嘉靖庚戌，为虏火所烧。上华严寺下华严寺并正统间建额，即英庙所敕赐也。华严寺有洞二，一在山腰若鼠穴，道甚险。一在殿后，深数十武，曰七真洞。寺北石壁甚巉，亦有泉喷出，作裂帛声，俗称裂帛泉。七真洞壁间镌元丞相耶律楚材及先相国夏言鹧鸪天二词。"又记金山寺："华严寺东半里为金山寺，山有玉龙洞，洞出泉，昔人甃石为暗渠，引水伏流，约五里许入西湖，名曰龙泉。上建有望湖亭。"

元代至元年间（1264—1294年），元世祖忽必烈在玉泉山建昭化寺。元统治者重视玉泉水的利用，重新修整了金河故道，把汇聚在大泊湖（今昆明湖）的玉泉水，引入大都城内，作为宫廷专用水源。

明代正统年间（1436—1449年）英宗朱祁镇敕建上下华严寺于山之南坡并赐庙额。华严寺寺内及附近有华严洞、七真洞两个石洞。七真洞内有元耶律楚材《鹧鸪天·题七真洞》一阕镌于壁间："花界倾颓事已迁，浩歌遥望意茫然。江山王气空千劫，桃李春风又一年。……不知何限人间梦，并触沈思到酒边。"刘侗认为此壁题为耶律氏而非耶律楚材，寺内还有许多题刻。华严寺以东半里许有金山寺，旁有玉龙洞，泉水自洞内流出，即龙泉。其上建有望湖亭，明末已圮毁。上下华严寺于嘉靖二十九年（1550年）在庚戌之变中被蒙古军烧毁。

此外，山麓还有崇真观、观音寺。玉泉池旁山坡上有补陀寺，寺内有吕公洞。除去这些佛寺、道观、石洞外，还有看花台、卷缦楼等风景点，文人墨客、僧侣、百姓至此郊游、进香、踏青，明代的玉泉山，成为北京西北郊的一个重要风景游览区。

清朝康、雍、乾盛世，北京西北郊掀起了大规模的造园活动，一些大型的皇家园林和离宫别苑，都是这一时期营建的。康熙十九年（1680年）将玉泉山原有行宫、寺庙翻修扩建，改为行宫，初名澄心园，康熙三十一年（1692年）改名为静明园。乾隆初年，又对玉泉山静明园加以修葺扩建，将玉泉山及河湖全部圈入园墙以内，至乾隆十八年（1753年），此园已有十六景，成为三山五园中的一山一园。以三山五园为主体的西郊园林的修建，造就了皇家园林的鼎盛时期。静明园十六景，即廓然大公、芙蓉晴照、玉泉趵突、竹垆山房、圣因综绘、绣壁诗态、溪田课耕、清凉禅窟、采香云径、峡雪琴音、玉峰塔影、风篁清听、影镜涵虚、裂帛湖光、云外钟声、翠云嘉荫，乾隆二十四年（1759年）全部建成，后又增加十六景，即清音斋、华滋馆、冠峰亭、观音洞、赏遇楼、飞云岫、试墨泉、分鉴曲、写琴廊、延绿厅、犁云亭、罗汉洞、如如室、层明宇、进珠泉、心远阁。乾隆五十七年（1792年），全园又进行了一次大修，此为玉泉山建设的极盛时代。

咸丰十年（1860年）北京西北郊诸园遇到英法侵略军的焚掠，静明园亦未幸免于难。园内建筑物大部分被毁，光绪年间曾部分修复，民国以后此园曾作为公园开放，新中国成立后于1957年被列为北京市第一批文物保护单位。

静明园的园林布局

　　静明园位于北京西郊玉泉山麓颐和园的西面，是清代著名的三山五园之一。玉泉山的风景建设，最早见于文字记载的是金代。金章宗完颜璟在西北郊建了行宫芙蓉殿，即今香山玉泉山一带，位置大约在山南坡玉泉附近。"玉泉垂虹"作为"燕京八景"之一而闻名。至元年间，元世祖忽必烈在玉泉山建昭化寺。又至正统年间，明英宗敕建上下华严寺。康熙十九年（1680年）在玉泉山前代园林基础上修建行宫，名"澄心园"。康熙三十一年（1692年），又改称静明园。

　　康、雍时期静明园的范围大致在玉泉山的南坡和玉泉湖、裂帛湖一带。乾隆十五年（1750年）对静明园进行了大规模扩建，玉泉山及山麓的河湖地段全部被圈入宫墙之内，乾隆十八年（1753年）基本完工，乾隆钦定静明园十六景。乾隆二十四年（1759年）全部建成。乾隆五十七年（1792年）又大修一次，这是玉泉山园林建设的极盛时期。

　　静明园在玉泉山阳，南北长1 350米，东西宽590米，面积约65公顷。共有六座门。南宫门为正门，五楹，南向，门外有东西朝房各三楹，左右罩门共两座，前为高水湖。园之东为东宫门、小南门，又东为小东门；园之西为夹墙门，稍南为西宫门，其中有水城关闸一，与东宫门南闸共同宣泄玉泉，由高水湖东南引金河，与昆明湖水合流为长河。乾隆时期静明园内共有大小三十余处建筑群，其中寺庙有十余座，山上建有四座不同形式的佛塔。全园可分为南山景区、东山景区和西山景区。

一、南山景区

　　南山景区是以玉泉湖为中心的全园建筑精华荟萃之地。主要在山的南坡，朝向好，沿山麓平地布列着玉泉湖和裂帛湖以及迂曲萦回的河道，比较开阔。西北两面以山为屏，山峰上点缀着华藏塔、玉峰塔，使得这一区襟山带湖，开合得宜，高低错落，四面皆景。

　　湖的南岸紧接南宫门的一组建筑是"廓然大公"。第一进院的正殿悬乾隆御书"廓然大公"匾额，正殿七楹，东西配殿各五楹。第二进院的后殿额"涵万象"，北临玉泉湖。这是静明园的宫廷区，也是听政之所，布局对称，与北面湖中的"乐景阁"和南面的南宫门形成一条南北中轴线。湖东岸的东宫门，与乐景阁相对应，形成东西向的次轴线。

玉泉湖是园中最大的一处湖面，东西宽约150米，南北长约200米。湖中布列三岛，沿袭了皇家园林"一池三山"的传统。当中的大岛上有正厅"乐景阁"，为"芙蓉晴照"一景，因背后映衬着玉泉山形似莲花萼的峰峦，山巅相传为金章宗所建芙蓉殿的遗址，故得此景题。乾隆御制诗曰："玉泉山峰崿如青莲华，其巅相传为金章宗芙蓉殿遗址，名适暗合，非相袭也。秋水南华趣，春光六月红。羞称张氏面，不断卓家风。无意峰光落，恰看晴照同。更传称别殿，旧迹仰睎中。"

湖西岸山畔有泉，景题为"玉泉趵突"，即玉泉泉眼所在，泉旁立有两座石碑，左为乾隆御书"天下第一泉"，右为乾隆御制汪由敦书《玉泉山天下第一泉记》。泉上有龙王庙，额为"永泽皇畿"，其南循石径而入即为仿无锡惠山听松庵而建的"竹炉山房"。湖西岸的山坡上竹炉山房以南为"开锦斋"，后为"观音洞"，其上为"赏遇楼"。观音洞前有"真武庙"，题额为"辰居资佑"，后面有"吕祖洞"，题额为"鸾鹤悠然"，旁边还有"双关帝庙"，题额为"文经武纬"。湖西岸建筑群背山濒水，上下天光，互相掩映，又与山顶的华藏塔遥相呼应，构成一幅颇为动人的风景画面。

湖北岸坐落着有园中园之称的"翠云嘉荫"，这里满院竹篁丛生，又有两株千年古树郁然竞秀，浓荫匝地，故以"翠云嘉荫"为景题。西半部临湖的两进院落名叫"华滋馆"和"翠云堂"，华滋馆是当年乾隆帝游幸静明园时的驻跸之所，楠木梁柱，装修极考究。东半部为"甄心斋"及"湛华堂"小庭院，曲廊粉垣环抱着山石水池，环境幽静。

玉泉山迤南山麓侧峰顶上有佛寺"华藏海"，寺后有石塔"华藏塔"，塔为八角七级密檐式，塔身雕刻释迦出家的故事。山坡一带有"漱芳斋""层明宇""福地幽居""冠峰亭""圣因综绘""绣壁诗态"等景观。由华藏海循山，从东南行，俯临溪河，河水引玉泉西南流，由水城关达高水湖。玉泉山山麓南端有"迸珠泉"，附近水道迂回，园内自"垂虹桥"以西，濒河皆水田，这里就是有江南情调的"溪田课耕"。乾隆御制溪田课耕诗:"疏泉灌稻畦,每过辄与田翁课晴量雨,农家景色历历在目。引泉辟溪町,不藉水车鸣。略具江南意,每观春月耕。嘉生辨粳稻,农节较阴晴。四海吾方寸,悠哉望岁情。"

玉泉湖北岸山麓是玉泉山主峰,上有依山势而建的一组佛寺建筑群——香岩寺、普门观和玉峰塔,构成了南山景区最主要的景点。居中的是仿镇江金山寺塔而建的八角七层琉璃砖塔"玉峰塔",塔各层供铜制佛像,中有旋梯,这里是全园的制高点,可登临旋梯远眺湖光山色、平畴沃野、村舍田园。在园内外各处均可见"玉峰塔影"之景,它与南侧峰顶的华藏塔、北侧峰顶的妙高塔相呼应,成为西北郊诸园的借景对象和西北郊风景区内成景的主题之一。乾隆御制玉峰塔影诗:"浮图九层,仿金山妙高峰为之,高踞重峦,影入虚牖。窣堵最高处,岩岩霄汉间。天风摩鹳鹤,浩劫镇瀛寰。结揽八窗达,登临一晌间。俯凭云海幻,揭尔忆金山。"乾隆御制诗所写为九层,不知为何和实际相差两层。玉峰塔影之后,北峰上为妙高寺,殿后为妙高塔,再后为该妙斋。

香岩寺以南山坡上有很多石洞,如刻五百罗汉像的罗汉洞、供观音像的华严洞以及伏魔洞、水月洞、资生洞等,明代的上下华严寺遗址就在华严洞前,寺后为"云外钟声"一景。乾隆御制云外钟声诗:"园西望西山梵刹,钟声远近相应,寒山夜半殆不足云。静室花宫侧,钟声发上方。隔云音越迥,警俗意弥长。似共天花落,何殊梵偈扬?七条如可悟,不必问真常。"

玉泉山以东山麓有裂帛湖,湖泉自石壁出溢为渠,涌泉如珠,迸流溅雪,作裂帛声,"裂帛湖光"即此景。乾隆御制裂帛湖光诗:"山东麓为裂帛湖,昔人谓泉从石根出溢为渠者是也。由昆明湖放舟以达园中,傍岸置织局,桑畴映带,有中吴风景。湖名传日下,此日偶重题。縠影风前裂,机声烟外低。噞喁乐鲦鲤,翔翥集凫鹥。讵止歌清浊,还因会管倪。"裂帛湖水流经园东墙闸口注入玉河流往昆明湖。

裂帛湖西岸山坡上有观音阁,北岸临水有清音斋,乾隆御制清音斋诗:"数竿竹是湘灵瑟,一派泉真流水琴。净洗闻尘澄耳观,不知何处觅清音。"清音斋自成一个幽邃小园林,斋西山麓为碧云深处,东为心远阁,斋北为"含晖堂",其东接小东门。

295

二、东山景区

东山景区包括玉泉山的东坡及山麓的许多小湖泊，景区的重点在狭长形的影镜湖，湖长22米，宽9米，沿湖建筑环列，成为一座水景园。最北部以北峰的妙高塔为结束。

主要建筑在影镜湖北岸，楼阁错落，回廊曲折，竹子丝生其间，故名"风篁清听"。乾隆御制风篁清听诗："竹近水则韵益清，凉飔暂至，萧然有渭滨淇澳之想。水木翳然处，端宜植此君。每因机虑息，常有静声闻。鸾戛风中籁，龙飞月下文。王家多子弟，应尔独超群。"

湖东岸临水有水榭"延绿厅"，设船坞，西岸即为"影镜涵虚"一景。乾隆御制影镜涵虚诗："泉至前除，汇为平池，澄泓见底，荇藻罗罗，轻鯈如空中行，潨流沸出，若大珠小珠错落盘中。济上曾流憩，珍珠故此如。淙淙常漱玉，朗朗镇涵虚。曲折千廊绕，团圞一镜储。宁无于水鉴，絜矩试凭诸。"沿湖岸之水廊"分鉴曲"和"写琴廊"逶迤而南，直达试墨泉。

影镜湖北是宝珠湖，由宝珠泉水汇集而成。湖西岸沿山坡建有两进院落"含经堂"，前面是临水的"书画舫"和游船码头，后面道路可达山顶。北侧峰顶上的"妙高寺"是东山景区的主要山地建筑，妙高寺前石坊额曰"灵鹫支峰"，殿内额曰"江天如是"，寺后有覆钵式妙高塔，再后为"该妙斋"。崇霭轩在妙高峰之西，其东为"含醇室"，后为"咏素堂"。峰南面山坡上有楞伽洞、小飞来、吸乐洞等景洞，在山脊凹处中央小岗上的是架岩跨涧而建的二进院落，是观赏山泉景观的好地方，景名为"峡雪琴音"。另有几座小型亭阁点缀于山间。乾隆御制峡雪琴音诗："山巅涌泉潺潺，石峡中晴雪飞洒，琅然清圆，其醉翁操耶！抟壁上层椒，琤然仙乐调。色疑舞縰六，制不出雷霄。云雾生衣湿，川原入目遥。置身尘以外，得句亦因超。"

三、西山景区

西山景区即山脊以西的全部区域。山西麓的开阔平坦地段上建置园内最大的一组建筑群，包括道观、佛寺和小园林，形成以宗教建筑为主的景观特色。

道观东岳庙居中，坐东朝西，规模很可观，共有四进院落。第一进山门殿前是三座牌楼围合成的庙前广场，第二进正殿仁育宫，第三进后殿玉宸宝殿，第四进后照殿泰钧楼。东岳庙的南面是一小佛寺"圣缘寺"，规模稍小，也是四进院落，一进是山门和天王殿，二进正殿名能仁殿，三进后殿名慈云殿，四进为庭院和琉璃塔。东岳庙北有小园林"清凉禅窟"，正厅坐北朝南，周围的亭台楼榭曲廊相连，错落于假山叠石之间。

东岳庙东北沿山道盘行就到鸟语花香的"采香云径"一景。其南有楼名"静怡书屋"。乾隆御制采香云径诗："由禅窟右转，东北行，磴道盘纡，山苗硐叶，馡馥缘径。松径招提出，兰衢宛转通。植援防鹿逸，学圃望鱼丰。是药文殊采，非云八伯丛。欲因知野趣，匪事慕莼菘。"

清凉禅窟北是含漪湖，湖北岸临水建有"含漪斋"和游船码头。自此处循山的西麓往北可到有两进院落的"崇霭轩"，这是观赏山间朝岚夕霭的好地方。乾隆御制题崇霭轩诗："朝岚夕霭无定形，只以峰崇有奇状。由后山左过山右，在右之隩更西向。铺空白绵常映带，时或清闳时疏旷。以之兴咏咏亦佳，以之散襟襟实畅。作者何人称得宜，云间士龙曾手抗。"

含漪斋之东即园之角门，角门外的石铺御道南连南宫门，往西直达香山静宜园。自香山经石渡槽导引过来的泉水在此穿水门而汇入玉泉水系。玉泉之水流绕乐景阁前汇为湖，其流一由西南水城关出，一由东宫门前南闸出，同入高水湖，又自北闸汇裂帛湖诸水，经小东门外，东入昆明湖。

静明园南宫门外西南为影湖楼，影湖楼在高水湖中，东南为养水湖，蓄水以灌溉稻田。影湖楼四面环水，成为静明园墙外的一处以水景取胜的景点。登楼观赏玉泉山、万寿山以及远近美景，面面俱佳，乾隆御制诗曰："玉峰塔影近窗外，万寿山光远镜中。"小东门外长堤石桥上建二坊，东为界湖楼。石桥下水北注玉河，沿河皆稻田，北为石道，迤逦至青龙桥，达清漪园之辇道。

玉泉山静明园是乾隆时期京西三山五园之一，得天独厚的泉水和山峦，加以众多的佛刹道观和修筑在山巅的玉峰、妙高两塔，天然景色和人工点缀可谓造就了玉泉山的独特风景。

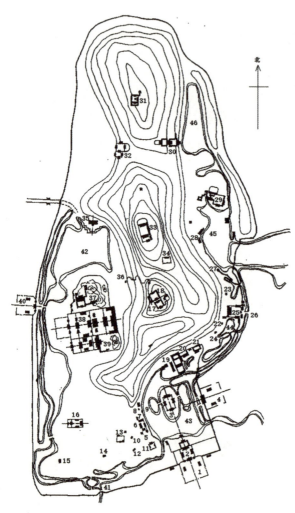

北京西山

八大水院

北

1. 南宫门　　　　2. 廓然大公
3. 芙蓉晴照　　　4. 东宫门
5. 双关帝庙　　　6. 真武庙
7. 竹炉山房　　　8. 龙王庙
9. 玉泉趵突　　　10. 绣壁诗态
11. 圣因综绘　　　12. 福地幽居
13. 华藏海　　　　14. 漱芳斋
15. 溪田课耕　　　16. 水月庵
17. 香岩寺　　　　18. 玉峰塔影
19. 翠云嘉荫　　　20. 甄心斋
21. 湛华堂　　　　22. 碧云深处
23. 坚固林　　　　24. 裂帛湖光
25. 含晖堂　　　　26. 小东门
27. 写琴廊　　　　28. 影镜涵虚
29. 风篁清听　　　30. 书画舫
31. 妙高寺　　　　32. 崇霭轩
33. 峡雪琴音　　　34. 丛云室
35. 含远斋　　　　36. 采香云径
37. 清凉禅窟　　　38. 东岳庙
39. 圣缘寺　　　　40. 西宫门
41. 水城关　　　　42. 含漪湖
43. 玉泉湖　　　　44. 裂帛湖
45. 影镜湖　　　　46. 宝珠湖

静明园平面图

图片来源:《中国古典园林史》(周维权)。

八大水院

潭水院

京师天下之观，香山寺当其首游也。……寺旧名甘露，以泉名也。……山多迹，葛稚川井也，曰丹井。金章宗之台、之松、之泉也，曰祭星台，曰护驾松，曰梦感泉。仙所弈也，曰棋盘石。石所形也，曰蟾蜍石。山所名也，曰香鑪石。或曰：香山，杏花香，香山也。

——明·刘侗、于奕正《帝京景物略》

潭水院——香山寺的初创和发展

香山地处西山东麓腹心，山峰挺秀，丘壑起伏，南北有两侧岭，呈递减环抱之势向东延伸，形成"万山空而止，两岭南北抱"的地势形胜，因其风景秀丽、林泉优美，有"小清凉"的美誉。《元一统志》关于香山的描述如下：

香山，在宛平县。金大定二十六年，尚书吏部侍郎兼翰林直学士李宴所撰碑有云：天都右界，西山苍苍，上干云霄，腾掷而东去，不知其几千里。穹然而高，窕然而深，回环掩抱，重岗叠阜。风云奔趋，来朝皇阙，如众星之拱北辰。中有古道场曰香山，山有大石，状如香炉。山之麓万山缭绕，山顶有泉，出自山腹，清洁甘冽。凿高通绝，螭口喷流，下注溪谷。又按金泰和元年翰林应奉虞良弼有记云：都城之乾隅三十里，曰香山，亦号小清凉。

香山名称的由来有两种说法：一种来自此山中的大片杏花，每年春天，满山杏树，蕊红花白，浓郁芳香，弥漫四野，因而得"香山"之名；另一说法是，香山有大石如香炉，故而得名。《帝京景物略·香山寺》描写道："山所名也，曰香鑪石。或曰：香山，杏花香，香山也。"

自金代始，历代帝王都非常看重这里的山水，皆在此修筑皇家园林、寺庙苑囿。香山腹麓的香山寺遗址，坐西朝东，曾经有金章宗会景楼、祭星台、梦感泉、护驾松等古迹，又山顶有泉，清洁甘冽，蜿蜒潺流，下注溪谷，因此香山寺被认为是金代章宗西山八大水院之一的潭水院。

香山寺，寺以山名，其最早创建记载始于唐代。《宛署杂记·志遗》载有明朝商辂大学士撰写的《香山永安寺记》："香山在都城西北三十里，以山有大石如香炉，故名，盖胜境也。永安寺创自李唐，沿于辽金，兴废莫详，而遗址仅存。"香山自古为道场，香山寺初创于唐代，延续至辽金，明时仅存遗址。

另一说法，香山寺是辽代创建。《日下旧闻考》引徐善《泠然志》记载："香山寺址，辽中丞阿勒弥所舍。殿前二碑载舍宅始末，光润如玉，白质紫章，寺僧目为鹰爪石。又云寺即金章宗会景楼也。"这说明此地原本就有寺院，是辽朝官员舍宅所建。辽末，耶律淳死后葬于香山，《辽史本纪》记载："耶律淳者，世号为北辽，兴宗第四孙。百官伪谥曰孝章皇帝，庙号宣宗，葬燕西香山永安寺陵。"这是香山初次为帝王家所用。

金太宗初年香山寺已经存在，金史更有明确记载。《金史本纪》记："天会间大军下河北，胡砺为军士所掠，行至燕，亡匿香山寺。"考金史胡砺传："胡砺，字元化，磁州武安人。少嗜学。天会间，大军下河北，胡砺为军士所掠，行至燕，亡匿香山寺，与佣保杂处。""天会间"指的是金太宗初年，即天会五年（1127年）左右，胡砺被金军从家乡掳掠到燕京，逃到香山寺藏身，此时辽和北宋相继被金军灭亡，南宋刚刚建立。他于天会十年（1132年）中进士第一，"授右拾遗，权翰林修撰，得海陵王器重"。《光绪顺天府志·寺观》也有记："今考金史胡砺传，天会间大军下河北，胡砺为军士所掠，行至燕，亡匿香山寺。是金太宗时，已有此寺，或大定间即辽旧址重建，未可知也。"《金史·世宗纪》又记载："大定二十六年三月，香山寺成，幸其寺，赐名大永安，给田二千亩，栗七千株，钱二万贯。"由此可知，金太宗时，已有香山寺，可能在金军和辽宋的连年战乱中香山寺遭到重创，大定间在辽寺旧址上重建，于大定二十六年（1186年）修建而成，金世宗幸香山寺，赐名"大永安寺"。

金时的大永安寺原为上下二院，上院香山寺，下院安集寺。《元一统志·大都路》详细记载了永安寺的营建始末及其至元代时的建筑格局：

大永安寺在京师之乾隅一舍地香山。按旧记：金翰林修撰党怀英奉敕书。昔有上下二院，皆狭隘，凿山拓地而增广之。上院则因山之高前后建大阁，复道相属，阻以栏槛，俯而不危。其北曰翠华殿，以待临达，下瞰众山，田畴绮错。轩之西叠石为峰，交植松竹，有亭临泉上。钟楼经藏、轩窗亭户，各随地之宜。下院之前树三门，中起佛殿，后为丈室云堂、禅寮客舍，旁则廊庑厨库之属，靡不毕兴。千楹林立，万瓦鳞次，向之土木，化为金碧丹砂、旃檀琉璃。种种庄严，如入众香之国。金大定二十六年，太中大夫尚书礼部侍郎兼翰林直学士李晏撰碑云。又按泰和元年四月翰林应奉虞良弼碑记亦云：旧有二寺，上日香山，下曰安集。金世宗重道，思振宗风，乃诏有司合为一，于是赐名永安寺。

文中提到两块金代石碑，一块是金世宗大定二十六年（1186年）太中大夫尚书礼部侍郎兼翰林直学士李晏撰写的碑，一块是金章宗泰和元年（1201年）四月翰林应奉虞良弼作碑记中的碑。史料说明，大永安寺是金世宗于金大定二十六年（1186年）在原有香山寺和安集寺的基础上将二寺合而为一重新修建的。大永安寺经凿山拓地，范围扩大，建筑组群纵贯香山上下，通过登山通道辅以栏槛相通连，布局形成"上宫下寺"。《宸垣识略》记载："香山寺殿五重，崇广略等，斜廊平栏，翼以轩阁。"上院香山寺坐西朝东，五重殿，前后修建大阁，北面是翠华殿，可俯瞰众山，田畴交错。旁边是轩，轩的西面有叠石为峰，松竹交相种植，泉上有亭。钟楼、经藏、轩窗、亭户等随地形而建。下院的安集寺是典型的"伽蓝七堂"制式布局，原址上又增建了寺门、佛殿、丈室、云堂、禅寮、客舍、廊房、厨库等建筑。佛堂殿宇规模宏大，千楹林立，万瓦鳞次，金碧丹砂，如入众香之国。整个永安寺佛堂殿宇、亭台楼阁交相辉映，庄严壮丽，又极富园林意境。

永安寺其后又多有续修扩建，据《金史本纪》载："大定中，诏匡构与近臣同经营香山行宫及佛舍。"这时香山寺正式成为帝王行宫，世宗幸寺曰："西山一带，香山独有翠色。"金世宗独爱香山翠色，而金章宗常游猎香山驻跸于此。《金史·章宗纪》记载："明昌四年三月，幸香山永安寺及玉泉山；承安三年七月，幸香山；八月，猎于香山；四年八月，猎于香山；五年八月，壬辰幸香山；乙未，至自香山；泰和元年六月，幸香山；六年九月，幸香山。"自明昌四年（1193年）至泰和六年（1206年）的十三年间，金章宗完颜璟八次游猎香山，香山永安寺成为他游猎避暑的常驻行宫。他以西山雪景命名的"西山积雪"，为著名的燕京八景之一，后又被清代乾隆皇帝改为"西山晴雪"，流传至今。

元朝时期，曾有两次重修香山永安寺，但其规模均未得到较大的扩展。一次是在中统四年（1263年），《元一统志》记载："元朝兴修，庄严殊胜于旧。有中统四年太保刘秉忠号藏春散人十咏。"这是元代皇室定都北京后，对香山的初次营建。另一次是皇庆元年（1312年）四月，元仁宗爱育黎拔力八达拨款万锭修香山永安寺，并将其更名为"甘露寺"。《元史·仁宗纪》记载："皇庆元年四月，给钞万锭，修香山永安寺。"

明朝时期，皇家在北京的西山、香山、瓮山和西湖一带大兴土木，修建佛寺，所谓"西山三百寺，十日遍行经"。这些寺庙中，敕建的和由贵族、皇亲、官宦、太监捐资修建的一般都有园林，处在这样一个历史环境中的香山寺，也陆续得到了几次修缮。《天府广记》记载："香山寺，建于大定中。明正统间，内侍范宏重建，费银七十余万。旁一轩，万历御题曰来青。"《香山永安寺记》记载："国朝正统间，司礼太监范公弘捐赀市材，命工重建，殿堂、楼阁、廊庑、像设焕然一新，规制宏丽，蔚为巨刹。事闻，乃赐额永安禅寺。于是请颁《大藏经》及护敕，俾僧众看诵，祝延皇祚，其用心勤矣。景泰中，特升天界寺住持道清以左觉义同宗师行聚兼住领众。时太监王公诚，继志修葺，寺刹赖之。天顺、成化以来，累蒙颁赐经典，增饰绘像。戊子之冬，御马太监郑公同虑将来寺宇、田园、林木或致侵毁，请之于上，复赐敕谕禁护，以住持僧戒缙为右觉义主之，恩典崇重，诚一时盛事。"明正统年间（1436—1449年），明英宗朱祁镇命工重修香山寺，司礼太监范弘（又为"范宏"）为监理并于正统六年（1441年）捐白银七十余万两，使香山寺的殿堂、楼阁、廊庑、像设焕然一新。扩建后的永安寺规模宏大，寺庙的规制宏丽，"蔚为巨刹"，堪称西山诸寺之冠，皇帝钦赐匾额"永安禅寺"。范弘之后，明景泰年（1450—1457年）间，太监王诚继承其遗志，继续对永安寺进行修缮。天顺、成化年间，永安寺多次得到皇帝恩典，增饰绘像，甚至得到皇家禁令，以保障安全，成为当时一大盛事。

《宛署杂记》又记："香山永安禅寺，在香山，一曰香山寺，以山有巨石如香鼎，故名。正统六年太监范弘建，奏请敕赐今名。太常寺卿程南云记。有钦赐藏经一。正德、嘉靖驾俱临幸。嘉靖玉音云：香山尽有青翠。万历御书'来青轩'三大字。"明朝正德、嘉靖时期，皇帝都曾临幸香山永安禅寺，万历皇帝明神宗朱翊钧还为寺御书题写"来青轩"三字。

《宸垣识略》详细记载了香山寺于明代时的建筑布局、园林环境，还记述了金章宗的古迹遗存和梦感泉的传说：

> 香山寺，即金章宗之会景楼也。香山寺殿五重，崇广略等。斜廊平栏，翼以轩阁。世宗幸其寺，曰：西山一带，香山独有翠色。神宗题轩曰来青轩。右转而北，为无量殿；转而西，曰流憩亭。山多名迹，有葛稚川丹井、金章宗祭星台、护驾松、梦感泉、棋盘石、蟾蜍石、香炉石。香山门径宽博，乔木夹道，流泉界之，依山污隆，以为殿宇殿前古松二株，虬龙诘曲。左来青轩，如衫袖忽开。下临绝壁，玉泉诸峰，按伏其前。宾轩为金章宗祭星台。其西南道上，章宗经此，有松密覆，因呼为护驾松。又记：寺亦名甘露。石梁下有方池，正统间，遣中官以金鱼数十投其中，今巨者盈尺矣。上有金刚殿，后有古椿六。又上由画廊登慈恩殿。其右为香炉冈，冈下有蟾蜍石二，状如蛤蟆。石下二井，相去丈许，水深三四尺，俯手可濯。香炉冈乃乳峰石，时嘘云雾，类匡庐香炉峰，故名。又有梦感泉，金章宗尝至其地，梦矢发泉涌，旦起掘地，果得泉。其后僧以泉浅，浚之，遂隐。

显然明时的香山寺又增加了许多建筑，如来青轩、流憩亭等，园林环境更加丰富，金时章宗的遗存已成为名迹和传说。

《日下旧闻考》引《南濠集》也记述了章宗时常临幸香山并感梦得泉的传说：

> 香山永安寺亦名甘露，石梁下有方池，正统间，遣中官以金鱼数十投其中，今巨者盈尺矣。上金刚殿后有古椿六，又上由画廊登慈恩殿，其右为香炉冈，冈下有蟾蜍石、丹井，又有梦感泉。金章宗常至其地，梦矢发泉涌，旦起掘地，果得泉。其后僧以泉浅浚之，遂隐。蟾蜍石即今之蟾蜍峰，丹井殆即今之双井也。梦感泉无考。

香山寺右有香炉峰，香炉峰因山上乳峰石似匡庐的香炉峰而得名，山下有两块石似蛤蟆，得名蟾蜍石，石下有二井，相距不远，名双井。瀑泉自双井迤逦东注，汇至桥下方池。相传晋代葛洪在此炼丹，双井又称葛稚川井、丹井，井水深三四尺，清澈见底。这里曾有梦感泉，当年，金章宗常到此，一天做了一梦，梦见弯弓搭箭一射，地上竟然出了泉水，醒后，忙派人去挖，地上果真出了泉水，泉水由此而得。后来，僧人觉得泉眼小，水又浅，想扩大规模，再挖，泉水反而消失了。现今位于香山寺下的双清别墅，前身为香山静宜园之一的松坞云庄，处于香山南麓的山腰位置，西面临近陡峭山峰，东、南、北三面有远山映带，四周山林密布，环境极为清幽。双井水从山上流出，绕至松坞云庄西南面壁崖上，形成两股清泉，从岩崖上的山石中翻滚而出，水极晶莹，清雅喜人，乾隆帝御笔题写了"双清"二字刻于岩壁之上，双清别墅因双清泉而得名。双清泉顺石壁下面的石槽注入双清别墅的池内，流经清音亭，沿山间路旁的石槽汇入山下的知乐濠和静翠湖，此水为香山南部的源头之水，现在仍有保存完好的金代石水槽。

香山多古迹，有葛稚川丹井、金章宗祭星台、护驾松、梦感泉、棋盘石、蟾蜍石、香炉石。而这些古迹多为金章宗所遗，他的祭星台、护驾松以及燕京八景之一的"西山积雪"被后人赋以诗词流传深广。元人萨都剌有祭星台诗："章宗曾为祭星来，凿石诛茅筑此台。野鸟未能随鹤化，山花犹自傍人开。直期荧惑迁三舍，不向人间劝酒杯。梯磴高盘回辇处，马蹄无数印苍苔。"又有护驾松诗："銮舆西幸日重辉，五老掀髯拱翠微。风撼碧涛寒落座，鹤翻清露冷沾衣。根柯夭矫蟠金辇，枝叶阴森障绣帏。记得瑶池开宴处，梦花香里驻旌旗。"

《帝京景物略·香山寺》描写了香山寺内诸多的佛寺建筑、园林环境和香山一带的独有景色，文中写道：

京师天下之观，香山寺当其首游也。……入寺门，廓廓落落然，风树从容，泉流有云。寺旧名甘露，以泉名也。泉上石桥，桥下方池，朱鱼千头，投饵是肥，头头迎客，履音以期。级石上殿，殿五重，崇广略等，而高下致殊，山高下也。斜廊平檐，两两翼垂，左之而阁而轩。至乎轩，山意尽收，如臂右舒，曲抱过左。轩又尽望：望林拤拤，望塔芊芊，望刹脊脊。青望麦朝，黄望稻晚，晶望潦夏，绿望柳春。望九门双阙，如日月晕，如日月光。世宗幸寺，曰：西山一带，香山独有翠色。神宗题轩曰来青。来青轩而右上，转而北者，无量殿，其石径廉以闳，其木松。转而右西者，流憩亭，其石径渐渐，其木也，不可名种。山多迹，葛稚川井也，曰丹井。金章宗之台、之松、之泉也，曰祭星台，曰护驾松，曰梦感泉。仙所弈也，曰棋盘石。石所形也，曰蟾蜍石。山所名也，曰香鑪石。或曰：香山，杏花香，香山也。香山士女，时节群游，而杏花天，十里一红白，游人鼻无他馥，经蕊红飞白之间。

明代刘侗、于奕正描写的扩建后的香山寺，廓廓落落，风树从容，流泉有云，石桥、殿阁、轩亭等等，极富园林意境；登轩远眺，山意尽收，眼下林木茂盛，佛塔、佛刹林立交错，稻田随季节青黄交替映现，杏花香馥十里红白，一派翠色山川和佛刹兴盛的景象。他盛赞香山寺为"京师天下之观，香山寺当其首游也"。其文后收录有诗作数十篇。

清朝康乾盛世时期，皇家统治者在西山一带的造园活动再度兴盛起来，西山的开发进入了顶峰时期。自康熙十六年（1677年），帝王开始修建西北郊皇家园林，在香山中修缮佛殿并建立了游赏驻跸的行宫以"避喧听政"。乾隆时，在香山进行了进一步大规模的营建，乾隆十年（1745年）秋七月，香山历代最大的营建工程——静宜园营建工程开始，乾隆动用了巨大的人力物力，在原规制上扩建，于林隙崖间增建殿台亭阁，修建宫门、朝房，加修了一道周长十余里的外垣，形成前街、中寺、后苑的寺院园林格局，成为规模宏丽的皇家行宫苑囿，乾隆赐名"静宜园"，园内命名二十八景。乾隆四十五年（1780年），此次营建工程以宗镜大昭之庙的建成为标志宣告完成，香山寺成为静宜园中最有名的佛教古刹，而后香山以其地位崇高的皇家园林而威名远扬。

1860年和1900年，外国侵略者分别对中国五座皇家园林进行了大规模野蛮的抢掠和毁灭性的焚烧，静宜园等五座皇家大型园林两度遭受严重摧残，最终沦为废墟。静宜园中的香山寺亦不能幸免，木构部分全部被焚毁，现今仅留存下来知乐濠、娑罗树御制碑、石屏等石质遗物。

明人郭正域《香山寺》诗曰：

寺入香山古道斜，琳宫一半白云遮。
回廊小院流春水，万壑千崖种杏花。
墙外珠林疑鹿苑，路旁石磴转羊车。
四天天上知何处，咫尺轮王帝子家。

自金至明清，一座千年帝王行宫寺庙，只存在于历史的画卷中了，而香山的杏花，每年依然红白飞蕊，香彻四野。

双清别墅内的双清泉遗址

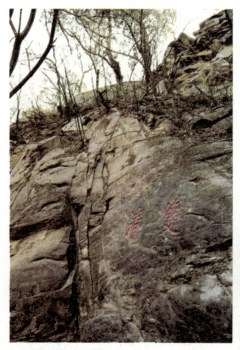

双清泉的两股水道

香山寺的园林建筑布局及复原

香山寺，旧时称永安寺或甘露寺，是金代世宗于辽寺院旧址上重新修建而成的皇家行宫，金章宗明昌年间又增建了会景楼、祭星台等，成为游猎驻跸的行宫。历经元、明两代又有所扩建。清康熙十六年（1677年）建香山行宫，乾隆十年（1745年）更是大张旗鼓地修建了殿堂、台榭、亭阁和庙宇，围墙环绕蜿蜒于峰峦之间，形成规模宏丽的皇家行宫苑囿，乾隆给该园定名为"静宜园"，该园成为清朝京郊著名的"三山五园"皇家御苑之一。历几代兴衰沉浮，香山寺几经修葺与扩建，到清朝乾隆年间达到巅峰。

《日下旧闻考·国朝苑囿》对静宜园的建筑组群布局进行了详细的描述。

据记载，静宜园包括"内垣""外垣"和"别垣"三个部分，共有建筑群、风景点、小园林八十余处。乾隆皇帝题署静宜园二十八景，并为每一景配制御诗。

内垣位于静宜园东南部，设园门六座，是静宜园的主要建筑物荟萃之区，其中包括著名的古刹香山寺。自勤政殿至雨香馆共二十景：勤政殿、丽瞩楼、绿云舫、虚朗斋、璎珞岩、翠微亭、青未了、驯鹿坡、蟾蜍峰、栖云楼、知乐濠、香山寺、听法松、来青轩、唳霜皋、香岩室、霞标磴、玉乳泉、绚秋林、雨香馆。

外垣是静宜园高山区，自晞阳阿至隔云钟共八景：晞阳阿、芙蓉坪、香雾窟、栖月崖、重翠崿、玉华岫、森玉笏、隔云钟。另外还零散地分布着十几个景点，其中绝大多数为纯自然景观。

别垣位于静宜园东北，建置较晚，主要有昭庙和见心斋两组建筑群。

《日下旧闻考》关于静宜园内垣部分的建筑布局记载摘录如下：

静宜园前为城关二，由城关入，东西各建坊楔，中架石桥，下为月河，度桥左右朝房各三楹，宫门五楹。……宫门内为勤政殿五楹，南北配殿各五楹，殿前为月河。勤政殿后北为致远斋，南向，五楹。斋西为韵琴斋，为听雪轩，东有楼为正直和平。勤政殿后西为横秀馆，东向。其南亭为日夕佳，北为清寄轩、横秀馆。后建坊座，内为丽瞩楼，五楹，后为多云亭。丽瞩楼后南为绿云舫。丽瞩楼迤南为虚朗斋，斋前石渠为流觞曲水，南为画禅室，后为学古堂，东为郁兰堂，西为伫芳楼，又后宇为物外超然，其外东西南北四面各设宫门。

东宫门外石路二，南达香山寺，东建城关，达于带水屏山。带水屏山，门宇三楹南向，西为对瀑，北为怀风楼，其左为琢情之阁，东南为得一书屋，西为山阳一曲精庐。带水屏山瀑泉自双井迤逦东注，至是汇为池。带水屏山之西为璎珞岩，其上厅宇三楹为绿筠深处。璎珞岩东稍南为翠微亭，亭东有亭为青未了。青未了迤西，岩际为驯鹿坡。驯鹿坡迤西有龙王庙，下为双井，其上为蟾蜍峰。双井水东北注松坞云庄池内，入知乐濠，由清音亭过带水屏山，绕出园门外，是为南源之水。蟾蜍峰北稍东为松坞云庄，又东有楼为凭襟致爽，后为栖云楼。香山寺前石桥下方池为知乐濠。

香山寺在璎珞岩之西。前建坊楔，山门东向，南北为钟鼓楼，上为戒坛，内正殿七楹。殿后厅宇为眼界宽，又后六方楼三层，又后山巅楼宇上下各六楹。香山寺正殿门外有听法松，山门内有娑罗树。

香山寺北为观音阁，后为海棠院，院东为来青轩，西为妙高堂。香山寺北有无量殿。来青轩西南为欢喜园，东西各有坊楔。香山寺北稍西六方亭为唳霜皋。香山寺西北由盘道上为洪光寺，山门东北向，内建毗卢圆殿，正殿五楹，左为太虚室，又左为香岩室。洪光寺盘道，即所谓十八盘也。洪光寺前盘道间敞宇三楹为霞标磴。霞标磴之北为玉乳泉。玉乳泉西稍南为绚秋林。绚秋林北为雨香馆，后为洒兰书屋，其南为林天石海。自勤政殿以迄雨香馆，是为内垣，为景凡二十。内垣凡六门，曰东南门，曰东北门，西曰约白门，西南曰如意门，西北曰中亭子门，北曰进膳门。

香山寺现在的形制大体上仍延续金代上宫下寺的布局，现代研究者通过对香山寺遗址的测绘，以及对二十八景图等史料的研究，对香山寺的布局进行了复原。李媛《香山寺研究及其复原设计》中对复原后香山寺建筑布局进行了研究，经整理摘录如下：

香山寺坐西朝东，随山势由东向西依次增高，气势恢宏。寺院主要分为前街、中寺和后苑三区，中寺区亦称佛殿区。香山寺院落五重，寺院的前街区不包含在五重院落之中，只是一个进入寺院的过渡空间；中寺佛殿区由两重院落组成，院落主体建筑分别是接引佛殿、西佛殿、两座八方碑亭和圆灵应现殿；后苑区由三重院落组成，多造园林景观，形成一个独立的花园行宫，供人休憩游玩。香山寺后苑区的建筑仍然由轴线控制，布局严谨规整，两旁的游廊、亭轩、叠石、泉瀑、松竹、山林又营造出了优美的园林意境。

1. 前街

香山寺的前街由香云入座牌坊、知乐濠、买卖街和香山寺牌楼组成。寺院开始于香山寺牌楼，北接一条买卖街，买卖街西边尽头止于一个方形水池，池上建有一座石桥，水池与池上桥被命名为"知乐濠"。知乐濠西侧为一座三开间的牌坊，坊额名"香云入座"。穿过牌坊，寺前的广场前侧南北两边各布置着一座经幡旗杆。

2. 第一进院落

从寺前广场向西顺石阶而上，第二层平台上修建着香山寺的山门——接引佛殿。接引佛殿为三开间的单檐歇山顶建筑，进深两间，两侧有八字影壁，内置接引弥勒佛，正殿外前檐向东挂"香山永安寺"匾一面。山门西侧的地势继续增高，平台上建有西佛殿，也称天王殿。西佛殿的形制与接引佛殿的形制较为相似，三开间单檐歇山顶。地势升高了两个平台，在第一层平台上，靠院墙建有钟楼、鼓楼，南北各一座。由乾隆二十八景图可推知，钟楼和鼓楼形制基本相似，皆为两层楼阁建筑，上层檐为歇山顶。在第二层平台上，中轴线两侧各建有八方碑亭，皆为八角攒尖亭。山门、西佛殿、八方碑亭及其南北两侧的钟鼓楼、院墙围合成了香山寺的第一进院落。在垂直方向上，这些建筑分别修建在四个不同高度的水平面上，即从山门到八方碑亭共增高了53.2尺，约17米。向西往上一丈，进入第二进院落。

3. 第二进院落

第一进和第二进院落组成了香山寺的佛院区，面积约占全寺院的四分之三，说明佛院区仍然是全寺院中最重要的部分。

此院落开始于一座东西朝向的冲天牌楼，位于中轴线上，四柱三间三楼，上书"永安寺"三字。此为香山寺的永安寺牌楼，已被修复。圆灵应现殿为第二进院落的主要建筑，面阔七间，前后皆带廊，五彩斗拱，歇山顶。殿前建月台，月台上最西端建有牌楼，牌楼后建有香山寺石屏，高3.25米，宽7.1米，约建于乾隆十八年（1753年）。普贤菩萨殿与文殊菩萨殿为圆灵应现殿的配殿，东西接临院墙建造，北为普贤菩萨殿，南为文殊菩萨殿。普贤菩萨殿和文殊菩萨殿形制相似，皆为三开间，前后带廊，硬山顶式建筑。永安寺牌楼、普贤菩萨殿、文殊菩萨殿和圆灵应现殿组成香山寺的第二进院落。

4. 第三进院落

由东向西依次为眼界宽殿、詹匍香林阁、水月空明殿（西殿）、青霞寄逸

流憩亭

楼，均处于中轴线上。此四座建筑、洋式门、砖砌坡道、假山叠石以及贯通全院边界的爬山游廊，组成了香山寺的后苑院落。

由于眼界宽殿远高于圆灵应现殿，因此在眼界宽殿和圆灵应现殿之间各修建了南北走向的台阶，南北对称将第二进院与后院区连通，引导佛教徒们从二进院南侧的洋式门到达眼界宽殿前的约宽一丈的小型月台上，由此进入后院区。眼界宽殿是一座三开间歇山式灰脊顶建筑，四周环绕一圈外廊，明间外檐向东柱有"眼界宽"匾一面，为粉油蓝字乾隆手书。

5. 第四进院落

詹匋香林阁为三重檐六角攒尖式建筑，坐落在高台之上。詹匋香林阁之后是西殿，又称水月空明殿。其形制较为简单，是一座三开间前出廊的硬山卷棚

式屋顶建筑，屋顶前后不对称。这是全院的第四进院落，四周环绕一圈回廊。

6. 第五进院落

　　最后的青霞寄逸楼处于全寺最高的位置，为香山寺的最后一座建筑，为二层楼阁式，面阔三间，进深一间，四周皆有回廊，硬山屋顶。青霞寄逸楼及其前平台自成一院落。

　　后三进院落组成了香山寺的后院区，面积虽然只占了整座寺院的四分之一左右，但其在空间上的变化丰富程度却远超中寺区，营造的氛围较为轻松、谐趣，

复原中的香山寺

妙致横生。

香山寺现存的历史图样资料有：清乾隆时期张若澄绘制的《静宜园二十八景》（香山寺图）；清代董邦达画静宜园二十八景轴（香山寺和静宜园全貌图）；样式雷家族对香山寺的测绘图。

2011年2月15日，由罗哲文等古建专家组成的专家组，给出了香山寺遗址复原意见，最终决定依照清朝乾隆时期的形制进行复原。目前，香山公园内的香山寺遗址正在全面复原修建中。

永安寺牌坊

护法松和蟾蜍峰

圣水院

《敕赐妙觉寺记》碑载：『灵山高耸，圣泉中流，真胜境也。』

圣水院——黄普院和明照洞瑞云庵

位于北京西山的凤凰岭，山势险要，石壁峭立，石多呈白色，曾有金章宗题壁"驻跸"二字，是金章宗时期著名的驻跸山。从聂各庄沿妙峰山进香北道西行进入凤凰岭，有著名的金刚石塔高踞一突兀巨石之上，在群山环抱中卓立醒目，巨石之旁是一座城关式山门，山门、巨石与塔三位一体，浑然天成，门额书"明照洞瑞云庵"，落款"大明弘治十四年八月立"，此院即明照禅院，又名瑞云庵或明照洞瑞云庵。

在瑞云庵东南方向百米处即妙觉禅寺遗址，现存寺址房基、一花岗岩石供桌、一株古银杏以及两通明代石碑。一断碑残留，座向北倾斜，用条石支撑，为明成化二年（1466年）九月重九日妙觉寺第三代住持妙臻撰"敕赐妙觉禅寺"碑，碑上刻有龙、龟等图案；向东20米处是明正统四年（1439年）九月初一奉佛弟子尚膳监太监尹奉书"敕赐妙觉禅寺"圆首碑。

据《敕赐妙觉禅寺记》碑载："灵山高耸，圣泉中流，真胜境也。"又据《敕赐妙觉禅寺》残碑记："妙峰山，其山形势，秀气高巍，远接神山居庸一带，之林峦叠翠，溪涧流清，而有金章宗创建之古刹黄普院……敕赐曰妙觉禅寺。"因此断定黄普院是八大水院之一的圣水院，是金章宗于驻跸山一带出行游猎的行宫。

《昌平外志》记载："黄普院在妙峰庵南。妙觉寺成化二年碑：寺本金章宗创建之黄普院，正统二年赐曰妙觉禅寺。弘治十四年改名瑞云庵。一寺误重作二。"瑞云庵初始为金章宗创建的黄普院，后荒废。直到明代经过两次重新修建，于明正统二年（1437年）赐额妙觉禅寺，弘治十四年（1501年）又改称明照洞瑞云庵。

尹奉《敕赐妙觉禅寺》碑记：

奉佛弟子尚膳监太监尹奉，仰惟君亲之恩昊天，罔极图报，惟难佛化慈悲，洞达幽明，随感而应故世之善信，经色相音声种种功德，求之香火之间。于是崇其居，延其徒，阐而扬之，用期力济之功，无不获其效也。

弟子奉，切念微躯托生，有幸遭逢盛世，入侍禁廷，伏性眷宠之隆，劬育之德，欲报无能，夙夜在念。尝以公暇至昌平，闻有古道场一所，历世之变为榛莽，特往询之。前有石曰金刚石，后有洞曰明照禅院，佛刹左右相望，东曰上方，西曰□圆，南曰大觉。灵山高耸，圣泉中流，真胜境也。忒增感慨，用图兴复，以崇皈奉，以答恩慈。遂偕同志程成等，悉捐所殖，复相劝募，佣工抡材，因其旧规而充拓之。中建殿三楹，佛题曰：弘慈殿。前建殿三楹，奉天王，傍各为堂，左以奉伽蓝，右以奉祖师，堂之后为斋堂，为方丈，殿之后依山为阁，复于隙地为房，以居僧徒。缭以崇垣，题其山门曰：菩提境。自宣德九年秋肇工，至正统三年春告成。谨以上闻，赐名妙觉寺，以比丘性定主之。以兹一念，恭叩佛天，上祈皇图地久，圣寿天长，下及先亲眷属，或获超升幽冥，普率均沾惠利。谨述其事，以识永久云。

正统四年九月初一日，奉佛弟子尚膳监太监尹奉谨识。

又《敕赐妙觉禅寺》残碑记：

（上缺）藏圆嗣显密大宗师播阳道深撰。

（上缺）尚书、前太常寺少卿、三山赵荣书。

（上缺）方武臣、特进荣禄大夫、太保、柱国、会昌侯、济南孙继宗篆。

（上缺）妙峰山，其山形势，秀气高巍，远接神山居庸一带，之林峦叠翠，溪涧流清，而有金章宗创建之古刹黄普院（下缺）。宣德九年，蒙尚膳监太监尹公奉，偕今尚衣监太监崔公安与中贵赵泳、扬聪辈，先后各秉忠良，弘教报本之心，喜舍金帛，命比丘士能督工（下缺）。第一代开山方欲修建，因山水暴涨，坍塌旧基，遂易南向约百十步许，于正统二年具请敕赐额曰妙觉禅寺，礼部札付端公为第二代住持焉。由是修盖山门、天王殿、正殿、后殿、方丈，其余东西两廊总四十四间，以及伽蓝、祖师之堂、斋堂、僧堂、钟楼、鼓楼，其余山门之左有老太监之寿堂，为千载之佳城耳。则于正殿雕装释迦、文殊、普贤圣相，壁画观音、地藏、十八罗汉而于后殿，亦雕大悲观音四十二擘菩萨，安置敕书。敕赐大藏官经，则所以殿宇，则金碧交辉，设相则尊严微妙。其荡荡乎从无色相，以现幻相而作人，天之瞻仰，以示即色明空而空，色俱泯矣。上赞皇图巩固，下保斯民安乐之道场也。其皆赖众太监，同遐迩善信檀越，与端公之力□成就矣。尝谓名山大刹，必得其人而兴之，岂不然乎？已而天顺二年，见住持妙臻领春官文札为第三代继席欤，自是缁素归从宗风益振节，蒙钦度僧众若干百员，而诚为巨业林矣。谒为之记，以昭万年之不朽焉。

伏惟佛如来之道，广大高远，利济宏深，以兹修造之功，可谓惠泽法界，有情而名垂旷劫耳。第二代住持讳静端，道号天然，乃东昌人，有戒行，春秋七十七而终。昔受业于大庆寿，尊宿济源叟嗣制，封弘善普应大禅师，天童翁之初派。而第三代住持讳妙臻，道号古宗，乃永平迁安望族，即天然之上足高徒，至诚淳笃，为前钦依筑坛传戒戒坛主兼左街讲经知幼大师之法子也。并述为记。

成化二年九月重九，本山第三代住持妙臻立石。

明英宗朝尚膳监太监尹奉因公出差至昌平，听闻其西南有古道场，即黄普院旧址，去后赞曰"圣泉中流，真胜境也"，遂想在坍圮遗址建寺以度晚年，便出宫削发为僧，偕同尚衣监太监崔安等辈善舍金帛，雇工选材，在明照禅院洞前破土动工，因为山水暴涨，旧基坍塌，遂向南移址约百十步，另辟场地重建寺庙。按照旧的规制拓建正殿三楹名弘慈殿，前殿三楹奉天王像，两旁建堂，堂之后为方丈殿，再后依山有阁楼，又在空地建东西厢房四十余间供僧徒居住。寺院以高墙环绕，山门题曰"菩提境"，院中还有钟楼、鼓楼，寺内供奉释迦牟尼、观音、十八罗汉、四大天王诸神。从宣德九年（1434年）秋肇工至正统三年（1438年）春告成，明英宗赐额"妙觉禅寺"，尹奉成为该寺的开山住持。

残留的碑文证实，妙觉禅寺是因"坍塌旧基"而从金章宗的黄普院旧址迁移出来的。1941年，寺庙被日寇焚毁，遗址、古碑、银杏尚存。银杏树曾遭雷击，仅剩半棵依然富有生机。

到弘治十四年（1501年），距妙觉寺建成已六十三年，在原黄普院旧址重新修建，改名为"明照洞瑞云庵"。此庵坐北朝南，倚山向阳，位于"人"字形河谷之间。相传明代一位皇姑在此出家，故民间又称其为"皇姑院"。其山门建在金刚石塔旁，为花岗石砌成的无梁殿，上为盝顶，下辟券门一道，造型古朴，门额上书"明照洞瑞云庵"，旁题"大明弘治十四年八月立"。

山门右侧的天然巨大花岗石拔地而起，倾斜耸立，悬于深谷之上，陡峭不可攀，名"金刚石"，其高约15米，遍体殷红，质地坚硬。其上建一座通高约2.5米的六角形七层密檐砖塔，名金刚宝塔，堪称此处奇观。塔基方形，高1米，用青砖砌成，塔身六角形，每角处均有一个卷角羊头怪兽浮雕，它们头伸出塔外前昂，双角环曲，虽历经风雨有所破损，但神韵依旧。今塔存，宝葫芦塔顶已毁。据记载，该塔为妙觉禅寺第一代住持觉慧（即尚膳监太监尹奉）寿塔。觉慧七十七岁圆寂，他的弟子第二代住持静端和尚遵其遗嘱将其遗骨埋葬在金刚石顶的灵塔之下。

山门内原有前殿，现仅余台基、柱础残迹。最后为后殿，后殿因石洞而建，应当是"明照洞"名称之由来。该洞借助天然石洞开凿而成，分上、中、下三层，洞前建砖券门廊五间，造型小巧，与石筑山门及石塔遥相呼应。洞顶房垣尚存，从洞穴东侧人工刻制的石阶攀登可上；下层洞穴被阶条石和沙土覆盖；中层三开间俨然似庙舍，进深10余米。清末为保护洞体，用砖仿窑洞式样开洞门五间，中间三洞连在一起，具有石制门框、门楣，洞壁用白灰抹平，其顶雕刻着云、龙图案。中间正室洞内又有一穹形长洞，内有洞龛一座，前面有汉白玉供桌，四壁有佛座遗存，地面中间有石井一眼，直径30厘米左右，水从山崖石罅中流入井中，多年不竭。西侧旁洞，凹进地下米余，有泉水流出，这里的泉水清澈甘甜，昔日供奉龙王爷，天旱缺雨之年，附近村民常聚会到此祈雨，而今泉水已无。

关于金章宗的黄普院、明代的妙觉禅寺和明照洞瑞云庵，文献中还没有发现更多记载，但是关于寺院的民间传说却很多。寺内另有一残碑，碑文云："自塌自修，银子一沟，不在东沟在西沟。"多年来，到此探奇寻宝的人络绎不绝。

传说1924年，李石曾、段其光怀疑塔下有"镇物"，将塔拆毁，但没发现任何宝物，又怕后人耻笑，只好照原样重新仿建了一座。还有传说民国初年，后沙涧村有位樵夫来明照洞歇息，突然狂风四起，樵夫无法砍柴，无意中将龙王爷前的两支蜡钎背走，见上面刻有两行小字："远七里近七里，金子就在七七里。"樵夫不解其意，后来同村一个姓杨的铸铧人听说后将蜡钎低价买走，经砸碎化炼，发现里面居然是金的，从此姓杨的发了财，至今人们仍津津乐道地讲叙着这些故事。

明照洞瑞云庵山门

明照洞瑞云庵山门和金刚石塔

明照洞瑞云庵

敕赐妙觉禅寺残碑

妙觉禅寺遗址及敕赐妙觉禅寺圆首碑

八大水院

双水院

都城之西山，自太行迤逦而来，二千余里，层峦叠嶂，盘礴于翠云苍烟中，奇踪巨丽，甲于天下。释刹道观，往往各得其胜。有山名翠微者，左冈右泉，曲回旁峙，云岚飞动，土脉丰腴。以地有双泉，故又名双泉山，寺称双泉寺。

——《重修翠微山双泉寺记》

双水院——双泉寺的发展沿革

双泉山，位于京城西四十里的石景山区西部翠微山麓中，因古时山中涌出二泉，故而得名双泉山，寺称双泉寺。《日下旧闻考》引《明一统志》记载："双泉山在府西四十里，山有二泉，故名。东北二里许有黑龙湾。"又《顺天府志》记载："双泉山，山在城西四十里。按重修记云，山有二泉，唐时古道场也。东北约二里有黑龙湾，相传为神龙之所宅。观音殿有泉水，乃龙湾潜流之一派也，大青小青二灵物屡见于此。"据此，早在唐代双泉山就有佛刹，因毗邻黑龙湾之龙宫所在，二泉属于龙湾潜流，因此传说观音殿前的泉水里经常有大、小青龙出没。

双泉寺始建时间不明，现存双泉寺有两通石碑，一为《敕赐香盘禅寺报恩碑》，碑首刻"敕建香盘禅寺报恩记"九个篆书大字，双泉寺明成化年间重修时，一度改称香盘寺，碑应为明嘉靖元年（1522年）所立；另一为清光绪年所立的《重修翠微山双泉寺记碑》，字迹清晰，碑阴有"重修香盘禅寺碑新铭"几个字，清光绪年间再修双泉寺时，沿用明碑，镌以新铭。《敕赐香盘禅寺报恩碑》的碑文中，有"金章宗明昌五年，诣其寺潜暑"的记载，碑面风化严重，漫漶不清。《日下旧闻考》记载了该碑的内容：

明人香盘禅寺碑略。都城西四十余里有寺名双泉，有山名翠微。泉山幽胜，甲于他山。金章宗明昌五年（1194年），诣其寺潜暑。寺有双泉，因而得名。即建祈福宝塔于寺北。

金代的翠微山，也称双泉山，古木成荫，飞瀑流泉，是消夏避暑的理想处所。《重修翠微山双泉寺记》碑文，也对寺周围的景色进行了生动的描绘："有山名翠微者，左冈右泉，曲回旁峙，云岚飞动，土脉丰腴。以地有双泉，故又名双泉山，寺称双泉寺。"根据记载，双泉寺至少在金中期已有，章宗时辟为行宫，为金章宗八大水院之双水院。章宗"诣其寺潜暑"，相传金章宗曾在双泉寺避暑期间秘密求子，并在寺北建起一座祈福宝塔。

明代时双泉寺与皇家的关系更加密切。明朝年间对双泉寺至少进行过两次维修：一次是明宪宗于明成化年间重修，于成化五年（1469年）敕赐"香盘禅寺"；一次是明世宗于嘉靖元年（1522年）重修，恢复了双泉寺的寺名。《日下旧闻考》记载：

双泉山旧有双泉寺，明成化间改名香盘寺。寺内明碑一，无撰人姓名，嘉靖元年立。双泉在今寺右，左侧塔一，高约七丈余。距寺数百武为双泉桥。明翰林院修撰云间钱福撰记，弘治七年立。黑龙湾在黑石头村西二里，以石色黑故名。明人香盘禅寺碑略：至明成化五年十月，赐名"香盘禅林"。宣德二年十二月，奉旨与大能仁寺宏善妙智国师为下院。嘉靖元年，葺而新之。

成化年间的香盘寺是在金章宗避暑的双泉寺旧址重建的，在成化以前的宣德年间也曾进行过大规模的修缮，宣德二年（1427年）十二月，宣德皇帝命大能仁寺弘善妙智国师任双泉寺住持，统领全国佛教，双泉寺始为大能仁寺下院。弘善妙智国师圆寂后，葬于寺外左侧的山坡上，并建舍利塔，"左侧塔一，高约七丈余"，指的便是此塔。该塔在清代便已倒塌，光绪年间重修双泉寺时，将《弘善妙智国师塔铭》镶嵌在寺内的墙壁上，早先塔铭尚存，现已不知去向。大能仁寺在今西城区能仁胡同，残存。这段记载还说明，双泉寺坐北朝南，双泉在寺右，位于双泉寺现址以西。据记载，明嘉靖元年（1522年）太监冯重主持重修了双泉寺，并将任意流淌的双泉加以修治，形成了两个深约三尺的井和一个雕有龙头的蓄水池。数百年以来，双泉日夜流淌，从未停歇。

嘉靖元年后虽屡有增修，但到光绪年间，双泉寺已屋椽倾斜，门径萧索，寺已久圮，只有二碑屹立在庙前。福慧寺住持刘诚印等五人立愿重建，鸠工庀材，于清光绪九年（1883年）重修双泉寺，谢祖源撰、梁耀枢书《重修翠微山双泉寺记》，碑文有详细记载：

山之西旧有香盘寺，明成化间建，二碑尚屹立庙址，久圮。双泉在其左，为嘉靖元年太监冯重修。阅四百余年，虽屡有增葺，而榱桷倾欹，门径萧索，经函尘合，斋鱼不闻，过者增太息焉。

福慧寺住持刘诚印、张诚善、张诚五者，系龙门邱祖岔支霍山派第一代张真人名宗宗璠、字耕云老律师门下高弟，立愿重建，鸠工庀材。经始于光绪癸未三月初三日，落成于光绪甲申九月十九日。旧有大殿三间，焕然一新。顺大殿左右复增茸正客堂各三，耳室各一，二门罩壁颇壮观瞻。其外院亦东西茸客堂各三楹，抱厦一，山门一，角门、旗杆各二。缭以周垣，饰以金碧。寺之东南添过涧石桥一座，名曰万善。并舁香盘二碑于寺院，观者骇叹，而住持之心亦良苦矣。

工程从光绪九年（1883年）三月初三开始，光绪十年（1884年）九月十九日竣工。重修后，旧有大殿三间焕然一新，顺大殿左右复增修客堂各三间，又增修东西客堂各三间、耳室各一间，二门罩壁颇为壮观。在外院东西修客堂各三间、抱厦一间、山门一间、角门和旗杆各二，寺院围以墙垣、饰以彩绘。

光绪年间重修双泉寺时，将双泉寺改为道观。现存双泉寺的碑文中记载了"龙门邱祖岔支霍山派"重修双泉寺的情景。刘多生，法名刘诚印，又名刘明印，光绪十五年（1889年）被授予总管六宫事务之职。清同治年间，刘多生皈依道教，道号素云道人，从此与北京道教寺观结下了不解之缘，捐资重修福慧寺、双泉寺、宏恩观等寺观三十余所。

清代重修香盘寺时"并舁二碑于寺院"，香盘寺二碑，从原址处抬到寺内，明确指出现存双泉寺，并非在香盘寺故址重建。重修碑记载"双泉在其左"，说明成化年间的香盘寺位于双泉以西，而前引的《日下旧闻考》明确清代时"双泉在今寺右"，两相对比，说明双泉寺址往东迁移了，金章宗避暑的双泉寺，不在现址，而是位于双泉以西。也有说法是刘诚印将原来位于双泉寺左侧的塔院辟建为寺院，所以才有寺院的左移。如今双泉寺西有口井，井盖上留有两个比水桶稍大的洞，这是其中的一泉。另一泉的状况是，1958年双泉山开山炸石，把水源炸断，双泉变成了单泉。

双泉寺前有深壑，名曰黑龙湾。为了便于香客进香，明代时沟上有桥，距寺东南方数百步，名双泉桥，因年久而损坏。弘治六年（1493年）此石桥被重修，明翰林院修撰钱福撰《双泉桥碑记》，弘治七年（1494年）立，此碑记载："双泉桥去都城西北一舍许，寺曰香盘。桥在寺之东隅，盖架于山涧之上，路通四方。"碑文又称："因旧时帝王前往双泉寺避暑、拜神而建。"由于地处登妙峰山交通要道，清光绪十七年（1891年），刘诚印重修双泉桥，改其名为万善桥。据说原桥始建于金代，为木桥，称双泉桥，专供金章宗来双泉寺避暑而修建。木桥规模不大，而且低矮，沟中水大时会涨过桥面，成为漫水桥，后改建为石桥。

万善桥为单拱石桥，横跨在黑龙湾山壑之间，如虹卧波，拱券高大雄伟、夺势惊人。桥为全青石结构，桥台建筑在山脚岩石上，石砌桥台形似燕翅，拱券近似圆弧形，主拱券属镶边纵联分段并列式构造，是北京石拱桥中独一无二的结构方式。桥身长约18米，宽约3米，高约10米。青石桥基和桥栏板，石拱券顶两侧各有一个螭首吸水兽，护栏外侧桥中央有石刻"万善桥"三个大字。桥北数米有两株参天古柏，古柏间有一巨石，上刻明代石佛造像一尊。

昔年，每逢妙峰山香会，双泉寺前设有茶棚，很热闹。过往的香客和踏青的人们，许多在这里喝上一杯清香的双泉茶，歇一歇脚。双泉寺以北400米处的巨石上，留有两处石刻。一为"翠微山"石刻，隶书，50厘米见方。三字下面刻诗一首："转壑攀云路不迷，宫情尘虑暂相违。老禅究竟真空想，特为摩崖写翠微。"翠微山石刻以东2米许，有一"佛"字石刻，隶书，66厘米见方，此其二。

1928年北平进行寺庙登记，记双泉寺曰："面积南北约十五丈，东西约十一丈，山门前有地一亩半，瓦房二十四间，平台两间。管理及使用状况为除正殿三间供佛像外，其他房屋住人或置物，各房屋均尚完整。"1958年7月北京市进行文物古迹调查登记时，双泉寺尚存山门、东西厢房各三间、正殿三间及东西耳房各三间、东西配殿各三间、东耳房一间。二门北有砖石砌罩壁。院中有铁香炉一个，带亭高2.7米，口径0.6米，上铸字："大清光绪乙酉年清和月，翠微山双泉寺，东光素云道人刘诚印敬献。"二门前东西有碑各一，东碑为"重修翠微山双泉寺记"，西碑字迹不清。东旁门边的围墙上嵌有"弘善妙智国师塔铭"。

　　直到21世纪初，该寺建筑基本荒废，残破不堪，仅存二门前东西两碑、西厢房、东西配殿及东耳房。2010年，北京灵光寺方丈常藏大和尚来此重兴道场，比照史载，严谨恢复，依传统建筑工艺，历时三载，终于在2013年大体落成，使这座有着悠久历史的寺院重续香火，成为京西一处幽静清雅的佛教活动场所。

双泉寺历史旧照

万善桥

黑龙湾的泉水和双泉寺附近的泉井

金水院

妙峰山陟而上之，阳台山也。
山之巅则金仙寺也。寺之兴建
始末，远莫考矣。

——《修创金仙寺记》

金水院——金山寺（金仙寺）初考

在阳台山的东麓，沿金顶妙峰山的中北道上行约八里，有一座庙宇，名金山寺，坐落在群峰拥抱、古树参天、山泉潺流、景色绮丽的山坳中。西山有名的金山泉水，就发源于这里。

金山寺又名金仙寺、金仙庵，寺以山名，据传初为金章宗西山八大水院之一的金水院。在金山寺高台下的水池侧有两个一米多高的旗杆座，上面刻有"金山泉"三字，环寺翠碧幽谷，金水泉甘甜清冽，至今不衰。

金山寺始建年代不详，寺前院有重修金仙寺残碑一通，此碑明正德八年（1513年）由都察院右佥都御史陈天祥撰文，进士桂萼书，现已无存。奉宽《妙峰山琐记》中抄录了《修创金仙寺记》残碑碑文：

> 金仙寺，志乘失载，亦未见前人著录。碑词剥蚀不完，备录如下：
> 妙峰山陟而上之，阳台山也。山之巅则金仙寺也。寺之兴建始末，远莫考矣。其地幽间，人迹罕到，诚释家者流离俗究竟之所；非戒行精坚、神完志定者，弗能居也。前代殿宇寮舍，颓倾已尽，居之者惟诛茅结庵而已。成化之初，有曰归去者，来居于此；率徒众竭力修营，仅立佛殿三间，而僧房门墙，尚未弘敞。今圆觉上人，志欲修复旧观，力有不逮，惟晨夕焚修，罔敢殆忽。正德壬申，今上特建圣寿寺，并造七级浮图。时御马监太监谷公，奉命至止；游观之余，瞻仰其巅，顾而问之，遂扪萝跻登，慨其废坠，善念聿兴；遂捐白金千镒，派内官监少监李寅等，市材鸠工，拓其旧基。于旧殿之前，翼小殿于左右，以奉伽蓝祖师。增僧寮六间于殿前两掖。禅堂庖湢，门墙基砌，靡不毕备。挚石奋土，以固山麓。由是瓦砾荒凉之区，易为金碧宝坊之境。

金山寺，志乘失载，寺的兴建始末，早已无处考证。按此碑文中的说法，金山寺明时称金仙寺，仙与山二字相近，或者为了区别位于玉泉山北侧的金山寺。

金山寺地处幽僻，人迹罕到，"非戒行精坚、神完志定者，弗能居也"。明成化年初（1465年）之时已是"殿宇寮舍，颓倾已尽，居之者惟诛茅结庵而已"。有僧率领徒众竭力修营，仅立佛殿三间，后有志欲修复者也终力所不及。明正德壬申七年（1512年）建圣寿寺并造七级浮图，御马监太监谷大用奉命至此，慨其废坠，发善念心，遂捐白金千镒，召集工匠，大兴土木，重修、扩建金山寺。在其旧基上拓建，殿堂、僧寮、禅堂、庖湢、门墙基砌等全部具备，又用砻石畚土，以固山麓，明正德八年（1513年）竣工，原来的瓦砾荒凉之地变为金碧宝坊的境界。

清末光绪初年有悟璋和尚在此重修开山，改金仙庵名为金仙寺。《金仙庵悟璋和尚碑记》记载：

和尚俗姓刘氏，祖籍盛京，后迁顺天府大兴县，道光甲辰秋九月十一日寅时建生。初为长春宫御前总管，赏加花翎正三品，后侍坛于杏林。蒙济祖先度法心，归于禅门，在京西北安河金仙庵出家，法名上悟下璋，潜心修道，深知佛理。自进庙之后，见梵宇摧残，发心募化，重修开山，添建殿庭，改名金仙寺。兴修三年有余，未满僧愿，于光绪二年夏五月二十八日申时圆寂。兹有义弟李乐元、刘诚印，建修寿塔，并立碑记之。

清时传说慈禧的表妹金仙，削发为尼，在此出家修行，故此寺得名金仙庵，现寺院周边有许多有仙、庵字样的青花瓷碗残片被当地人捡拾到。又据奉宽《妙峰山琐记》记载："庵之南，有金山汽水公司。西南，金仙寺，旧刹也。"依此说，金仙寺位于金仙庵之西南。当地老乡说原有两处，一处住尼姑（庵），一处住和尚（寺），南庙北庵，相距甚近，现今合为一处，称金山寺。

奉宽在《妙峰山琐记》中记载："寺东向，门外方池二，山泉自龙口喷溢注于池。池内金鳞盈尺。东南丛薄处，小亭翼然，俯临大壑。前殿奉样尊。银杏树二株甚巨。后为玉清殿。殿前有康熙十四年孟冬鼎一。左三义殿，奉汉昭烈帝，以关张二公配。"民国初年，金山泉自龙口喷溢注入池中，池中有金鱼盈尺，有亭俯临大壑，寺内殿堂有供奉，古银杏树甚巨，还有康熙年间的孟冬鼎立于殿前，古刹在幽静深邃的山林中，极富生机和园林意境。

金山寺素以金山泉、公孙林和玉清殿关帝爷为"三绝"。据《北京妙峰山记略》记载：

西南为公孙林，盖古刹金仙寺而改造者也，现为中法大学第三农林试验场，即刻以"公孙林"三字，民国乙亥，吴敬恒题。山门内奉弥勒佛，旁塑四大天王，前殿奉释尊。院中南北有公孙树各一，其北者围约英尺十五尺五寸，南则十三尺，两树皆有旁枝侍立，果似孙之侍其祖也。殿下有明正德八年都察院右佥都御史陈天祥撰碑一，冬官膳部政桂萼书。后院突高与前殿檐齐，正殿名玉清殿。稍南悬"会业宝殿"横额，北额为："义昭千古"。中奉汉昭烈帝，而以关张为配，此外如封神传人物亦复不少。……出后院门，有假山，山上为浮图，葬僧悟璋。略读墓碑，知庵为明时重建，清时庵改称寺，而悟璋苦力劝募实主成之。寺垂成，而悟璋死矣，其信徒阉人某又捐资继之，卒抵于成。玉清殿前置康熙十四年孟冬鼎一。

金山寺坐西朝东，位于一个石砌高台之上，台高约7米，南北长约100米。台下是一方平展的开阔地，坐望对面西山诸峰，下临碧翠幽谷，金山泉从这里发源。山门前的高台呈八字形堤阶，堤下两个方池尚存，南面池已废弃无水，北面方池为花岗岩垒砌，池之西部上方嵌有汉白玉石雕龙头一个，泉水从龙口中喷出，落入池中，清清泉水，明澈见底。据说庙盛时，此池又作放生池，水中锦鳞游弋，成为庵庙一景。如今北京地下水位下降，许多泉眼断流，金山泉水仍然长年流量不减，泉水大部分被池水站抽取，沿铁水管引向山下，仅留一处水管出水不断，现在每日仍有不少到金山寺打水的人。金山泉清凉绵甜，沁人心脾，为古刹第一绝。

过金山寺山门入正殿院里，南北两侧有古银杏树两株，雌雄对峙，苍老遒劲，主干粗大，几人才能合围，估算其树龄有近千年了。山门高台下面一片银杏树称"公孙林"，景观壮丽，树大多是1927年中法大学第三农林试验场所种植的，棵棵葱茏挺拔，在一石崖处尚存"公孙林"三字刻石，此为古刹第二绝。

金山寺有三重殿宇，前殿为大雄宝殿，供奉释迦牟尼佛和文殊、普贤二菩萨，雕塑精美，妙相庄严，现无存。正殿为玉清殿，共七楹，南北配殿各三楹。正殿中奉关帝，关公塑像体形敦实，目光严峻，双手抱笏，仪态矜持，龛上回龙舞凤，为寺内第三绝。如今院内仅遗青石长方形基座一个，其他荡然无存。有趣的是作为金仙寺三绝之一的关帝爷，在同一座寺内，玉清殿后院左边三义殿，供奉汉昭烈帝刘备，而以关公、张飞作配。关公虽比刘备年长，却与张飞以兄事刘备，这正是民众所看重的相互忠诚信任的忠义精神表现之一。在妙峰山的香客之间，正是靠这种义气建立起相互关怀、援助的关系，结义成互相扶助、团结一致的香会组织。第三重有大殿五楹，原为三世佛殿，南北原立有十八罗汉塑像，现毫无踪影。

金山寺寺后靠山，苍松翠柏丛中，建有悟璋和尚墓塔。塔刹铜铃和墓穴底层早已被盗，塔基石条几处掉落，塔身正面琉璃莲花座上面被挖开一大洞，露出中心砖木，可惜现仍未补修。悟璋墓塔高十余米，底座由花岗岩阶条石砌成，高2米。塔身镶嵌上下两层绿琉璃荷花瓣，中间黄色琉璃珠相隔，似腰带一般。塔顶覆以伞形圆盖，周围镌刻"西方极乐世界阿弥陀佛"十个字，顶内周边刻有大明神咒"唵、嘛、呢、叭、咪、吽"六字真言。此塔造型与大觉寺寺后的白塔相仿，两塔同在主殿之上，同有白皮巨松护佑，所不同的是一在寺内，一在寺外。

在金山寺北山道旁有一小庙残迹，为旧时茶棚遗址，名"金仙庵普兴万缘净道香会茶棚"。《妙峰山琐记》载："金仙庵茶棚，南向。庵外长松荫数庙。有同治九年四月钟粹宫太监范平喜修整道路建立茶棚碑。"《北京妙峰山记略》又载："茶棚南向，为天津崇修堂茶棚，施送粥茶馒首补修老北道中北道。……庙外老松蔽日，苍翠欲滴。"传说同治年间，太监刘诚印和安德海为讨好慈禧而修治香道，砌成石阶，每铺石一块就得用银一两，故此香道称"善来金阶"。慈禧曾亲自上山降香，驻跸金仙庵坡下咫尺之遥的响塘庙，途中常有"向茶棚施舍"之举，至今在妙峰山娘娘庙还有慈禧太后题写的"慈光普照"匾额。

20世纪20年代，中法大学第三农林试验场曾建于此，40年代抗日战争时期被日本侵略军焚毁。50年代，有关部门在此处复建了前院一组建筑，并将其作为北京大学生物研究所用房。2001年，经文物部门批准，使用单位将50年代建造的房屋拆除，依据遗址实地勘察，对金山寺进行了复建，现在不少尾留工程有待进行。

金山寺遗址附近，有多株生长在岩石缝隙间的古松，苍翠奇特，虬枝盘曲。在南跨院的南侧，有一道东西向的沟堑，名大水涧，每逢盈水期，天水如注，激石上下，如同响谷。金山寺志乘失载，其初创已无从考证，但其地势得天独厚，青山苍翠环护，池水盈门，树古泉老，石拙苔陈，从山、林、泉的自然条件和辽金时期寺院坐西朝东的规制看，金山寺古刹遗址应该就是金章宗时期享有盛名的西山八大水院之一的金水院。

金山寺的高台和台前的公孙林

古银杏树

长流不息的金山泉

第三进院落平台

通向后进院落的青石石阶

寺后的悟璋和尚塔

散落的青石基座和石碑构件

金山寺周边遗拾的瓷片

参考文献

一、书籍著作

包世轩. 妙峰山庙会. 北京：北京美术摄影出版社，2014.

北京市档案馆. 北京寺庙历史资料. 北京：中国档案出版社，1997.

北京市海淀区地方志编纂委员会. 北京市海淀区志. 北京：北京出版社，2004.

北京市园林局史志办公室. 京华园林丛考. 北京：北京科学技术出版社，1996.

蔡蕃. 北京古运河与城市供水研究. 北京：北京出版社，1987.

曹子西. 北京史志文化备要. 北京：中国文史出版社，2008.

曹子西. 北京通史. 北京：中国书店，1994.

常华，等. 妙峰香道考察记. 北京：北京出版社，1997.

陈文良. 北京传统文化便览. 北京：北京燕山出版社，1992.

程妮娜. 金代政治制度研究. 长春：吉林大学出版社，1999.

傅乐焕. 辽史丛考. 北京：中华书局，1984.

高文瑞. 志趣京都. 北京：中国社会出版社，2010.

侯仁之. 北京城的生命印记. 北京：三联书店，2009.

侯仁之. 北京城市历史地理. 北京：北京燕山出版社，2000.

胡玉远. 春明叙旧. 北京：北京燕山出版社，1999.

胡玉远. 燕都说故. 北京：北京燕山出版社，1996.

焦雄. 北京西郊宅园记. 北京：北京燕山出版社，1996.

居阅时. 中国建筑与园林文化. 上海：上海人民出版社，2014.

李桂芝. 辽金简史. 福州：福建人民出版社，1996.

李玲九，李显深. 中国历代皇帝. 济南：济南出版社，1989.

李裕宏. 水和北京：城市水系变迁. 北京：方志出版社，2004.

刘敦桢. 中国古代建筑史. 北京：中国建筑工业出版社，1980.

倪琪. 园林文化. 北京：中国经济出版社，2013.

倪志云，等. 中国历代游记精华全编. 石家庄：河北教育出版社，1996.

施海. 北京郊区古树名木志. 北京：中国林业出版社，1995.

宋经伦. 北京风物佚闻录. 北京：中国戏剧出版社，2000.

苏天钧. 北京考古集成. 北京：北京出版社，2000.

孙荣芬，张蕴芬，宣立品. 大觉禅寺. 北京：北京出版社，2006.

汤用彬，等. 旧都文物略. 北京：北京古籍出版社，2000.

汪菊渊. 中国古代园林史纲要. 北京：北京林学院园林系，1980.

王灿炽. 北京史地风物书录. 北京：北京出版社，1985.

王毅. 中国园林文化史. 上海：上海人民出版社，2014.

乌力吉. 辽代墓葬艺术中的捺钵文化研究. 北京：文化艺术出版社，2013.

怡学. 辽金佛教研究. 北京：金城出版社，2012.

于杰，于光度. 金中都. 北京：北京出版社，1989.

张宝章，严宽. 京西名墓. 北京：北京燕山出版社，1996.

张博泉. 金史简编. 沈阳：辽宁人民出版社，1984.

张浪. 图解中国园林建筑艺术. 合肥：安徽科学技术出版社，1996.

赵光辉. 中国寺庙的园林环境. 北京：北京旅游出版社，1987.

赵兴华. 北京园林史话. 北京：中国林业出版社，2000.

政协北京市石景山区委员会文史资料委员会. 石景山文史资料：第三辑. 北京：政协北京市石景山委员会，1990.

中国国家博物馆. 文物中国史. 太原：山西教育出版社，2003.

中国科学院中国植物志编辑委员会. 中国植物志. 北京：科学出版社，2004.

周维权. 中国古典园林史. 北京：清华大学出版社，1990.

二、古籍文献

孛兰肹，等. 元一统志. 北京：中华书局，1966.

奉宽. 妙峰山琐记. 高雄：中山大学民俗学会，1929.

计成. 园冶图说. 济南：山东画报出版社，2010.

蒋一葵. 长安客话. 北京：北京古籍出版社，1982.

李慎言. 燕都名山游记. ［不详］：燕都学社，1936.

郦道元. 水经注. 北京：中华书局，2009.

麟庆，汪春泉. 鸿雪因缘图记. 北京：北京古籍出版社，1984.

刘侗，于奕正. 帝京景物略. 北京：紫禁城出版社，2013.

陆羽，陆廷灿. 茶经. 昆明：云南人民出版社，2006.

缪荃荪，等. 光绪昌平州志. 北京：北京古籍出版社，1989.

沈榜. 宛署杂记. 北京：北京古籍出版社，1980.

宋彦. 山行杂记. 北京：中华书局，1991.

孙承泽. 春明梦余录. 南京：江苏广陵古籍刻印社，1990.

孙承泽. 天府广记. 北京：北京古籍出版社，1984.

脱脱，等. 金史. 北京：中华书局，1975.

脱脱，等. 辽史. 台北：台湾商务印书馆股份有限公司，2010.

文震亨. 长物志. 南京：江苏文艺出版社，2015.

吴长元. 宸垣识略. 北京：北京古籍出版社，1982.

于敏中，等. 日下旧闻考. 北京：北京古籍出版社，1985.

袁中道. 珂雪斋近集. 上海：上海书店出版社，1982.

周家楣，缪荃荪，等. 光绪顺天府志. 北京：北京古籍出版社，1987.

朱权，田艺蘅. 茶谱　煮泉小品. 北京：中华书局，2012.

三、论文

曹子西. 北京历史演变的轨迹和特征. 北京社会科学，1987（4）.

邓辉，罗潇. 历史时期分布在北京平原上的泉水与湖泊. 地理科学，2011，31（11）.

范军. 论金章宗对北京西山风景名胜带形成的贡献. 北京建都850周年国际学术研讨会论文集，2003.

贾珺，马之野. 北京西郊退潜别墅. 建筑史，2012（1）.

金荷仙，华海镜．寺庙园林植物造景特色．中国园林，2004（12）．

李媛．香山寺研究及其复原设计．北京：北方工业大学，2013．

刘浦江．金代捺钵研究．文史，1999（49/50）．

刘托．金仙庵寻踪与复建．古建园林技术，2008（2）．

苗天娥，景爱．金章宗与西山八大水院考．文物春秋，2010（4，5）．

石晶晶．北京佛寺园林的环境研究．保定：河北农业大学，2013．

宋春悦．玉河古道——穿越京西千年．中华民居，2013（4）．

王河，康芬．天下第一泉北京玉泉宜茶古文献叙录．农业考古，2010（5）．

王茹茹．北京妙高峰退潜别墅园林赏析．中国园林，2011（8）．

王小玲．中国宗教园林植物景观营造初探．北京：北京林业大学，2010．

温宗勇，等．行走京城水脉，寻访生命之源——北京五大水系调查实录．北京规划
建设，2012（3）．

于光度．金中都的琼林苑．北京社会科学，1994（4）．

袁洁．佛教植物文化研究．杭州：浙江农林大学，2013．

赵光华．北京地区园林史略．古建园林技术，1986（1，2，3，4）．

周系皋．北京建都从宣南开始．北京档案，2013（10）．

后　记

2013年，我搬来西山脚下居住，开始喜欢上到西山徒步，越来越迷恋大西山。一年四季，我一遍一遍地徒步穿越在大西山中，完整走过了妙峰山进香古道的中道、中北道和北道。多少次走在高高的山脊上，三九天在大风口顶着凛冽的北风，翻越嶙峋山石或面对惊心断崖，三伏天欣赏烂漫的山花，流连忘返；多少次迷路在山涧中，为发现一处小小的山泉而兴奋不已……我还多次到杭州龙井访山问茶，到桂林泛舟漓江漂流在奇峰间，沿富春江北岸的富春山寻问黄公望的山居图成就地，还有骊山、崂山、峨眉山等等。我听泉品泉，寄情陶醉在山水中。终是大西山的寺院茶棚、古迹遗址，让我好奇地探寻这些遗迹的原本面貌、它的主人和它的故事。当我发现遗落在西山中的八大水院及它的建造者金章宗时，更是深深地被这位喜爱山水、极具人文浪漫情怀和魅力的金代皇帝以及西山八大水院吸引。

提到金代、金人，人们普遍印象是关于宋金的战争，岳飞、杨家将如何抵御外族的侵扰而英勇抗战，于是作为外来者的女真人便是马背上骁勇善战的彪悍样子，是攻城略地的"夷蛮"，而当你细细翻看关于金章宗的史籍，才知他更是一位非常喜爱山水的皇帝。他走遍了北京的山山水水，不仅仅满足于帝王传统的春水秋山的游猎活动，更是在中都近郊兴建了许多行宫、寺院与园林，享受山水之乐、游猎之趣。金中都城远近郊建造有二十余处行宫、御苑，以及这著名的西山八院、燕京八景。金代是北京古典园林文化奠基期，金章宗是北京西山风景名胜带的重要奠定者。抛开民族的偏见，我们发现，金章宗既能够做征服世界的英雄，也会被万物之美征服，又如诗人般成为大自然的赞美者。英雄对山水的情意，既可如痴如醉地热爱风景如出世的隐士，又可骑马打江山，龙椅坐天下，他是这片山河大地的主人，没有这份热爱和责任，又怎能舍生忘死守卫家园？唐克扬的一篇文章《凯旋在罗马》中有句话令我深有感触："访古是为了发现（西方）现代文明喷薄的未来而不是为了深挖过去。他所面对的被埋没的古代城市，现在只是自己内心世界的投影，被极大地浪漫化了。"回头看自己这几年爬山寻古的经历，何尝不也是将古人和古迹在心里浪漫化了呢？也正是这样的思古幽情使我内心动力满满。我们不是为了深挖过去，而是为了更好的未来！

八大水院的修建有深厚的历史背景和众多的综合环境因素，它是寺庙，又是金章宗出行游猎的行宫。探寻它的起源和发展沿革，涉及北京的历史沿革、宗教传承，辽金的民族习惯沿袭以及北京西山的环境地理、山泉水系、园林建筑等，想描述清楚这水院，要具有历史、地理、水利、园林、建筑、宗教、植物等多方面的知识。我非专业人士，凭着一腔的热情和对西山的热爱，想把这样一处消失的遗迹再呈现于世人面前。但我无法摹绘出那800年前水院的模样，也不能够给出一个结论性的定论。有的志乘失载，有的即使有记载，也是只言片语，有的要凭推理判断，比如关于水院，有两处是有其他猜测的，有些是存疑议和争议的，难以考证。我能做的只是查阅古籍文献和前辈们的书籍，从中找到有关的知识点，把它从源头一层一层抽剥出来，按照脉络框架构建水院文化和知识体系，分不同方面梳理成章，让读者自己去了解和理解、感悟其间的内在联系和形成发展过程，因为毕竟许多遗迹已经消失了。自金元至明清，历朝皇帝都重视皇家寺院的修建，寺院中的独立附园又成为皇家的行宫别苑，我想通过对行宫和寺庙园林的发展历史、环境特征、建筑布局、园林环境的空间处理以及由掇山理水等手法创造的园林意境的考察分析，再以现存的寺庙园林作为借鉴，也许可以获得一个关于水院的环境空间的想象。

如今，寻踪大西山的遗迹泉流，我还会为偶尔发现的一点点泉流而惊喜，却转而感叹：那寺院呢？那香火呢？那潺潺的泉流呢？那些诗那些画呢？……所有的美好印象都来自古籍资料，只能在脑海里构筑幻想，睁开眼，面对的是干涸的溪流和消失的古迹。古人面对自然是智慧的，是诗情画意的，而今人不仅仅失去了诗意的生活，甚至面临失去生存资源的危险，那么我们今人该做点什么？

北京建城史3 000多年，建都史逾860载，具有深厚的历史文化底蕴。这800

多年都城史的积淀，造就了北京不同于其他城市的浓厚的皇家文化，而皇家文化在很大程度上是通过皇家园林、建筑来体现的。北京的皇家园林建筑主要是明清时期遗留下来的，辽金保存下来的建筑实体或沦为遗址，或经过拆改变迁，已经渐渐淡出了人们的视野，消失在历史长河之中。作为北京封建王朝建都的肇始朝代，金代在北京史研究中占有相当重要的地位，对金代行宫苑囿、寺庙园林等建筑遗存进行深入挖掘，对拓展北京历史文化的研究视野，印证北京皇家文化及建筑传承关系是有益的。西山的八大水院，是北京园林的出发地，奠定了北京辉煌园林的基础，它们应该被印刻在北京记忆里……

最后，我要感谢冯惠玲教授，是她对北京记忆的情怀感染感动着我，是她的信任，使我作为一名学习者能够加入北京记忆的研究团队，独立完成关于西山水院的记忆专题；也感谢团队的每一位成员，是他们在各个方面帮助和支持了我。这个团队在研究北京记忆，其过程就是对每个人最好的奖励，也是人生最美好的记忆！

我爱北京，我爱你们！

王雪莲

2016.10

图书在版编目（CIP）数据

北京西山八大水院/王雪莲编著. —北京：中国人民大学出版社，2018.1
（北京记忆丛书）
ISBN 978-7-300-24167-8

Ⅰ.①北… Ⅱ.①王… Ⅲ.①园林-介绍-北京 Ⅳ.①K928.73

中国版本图书馆 CIP 数据核字（2017）第 025080 号

北京记忆丛书
北京西山八大水院
王雪莲　编著
Beijing Xishan Ba Da Shuiyuan

出版发行	中国人民大学出版社		
社　　址	北京中关村大街 31 号	**邮政编码**	100080
电　　话	010-62511242（总编室）	010-62511770（质管部）	
	010-82501766（邮购部）	010-62514148（门市部）	
	010-62515195（发行公司）	010-62515275（盗版举报）	
网　　址	http://www.crup.com.cn		
	http://www.ttrnet.com（人大教研网）		
经　　销	新华书店		
印　　刷	北京昌联印刷有限公司		
规　　格	170 mm×230 mm　16 开本	**版　　次**	2018 年 1 月第 1 版
印　　张	23　插页 1	**印　　次**	2018 年 1 月第 1 次印刷
字　　数	329 000	**定　　价**	108.00 元